コラプション

なぜ汚職は起こるのか

レイ・フィスマン
ミリアム・A・ゴールデン
山形浩生＋守岡桜［訳］

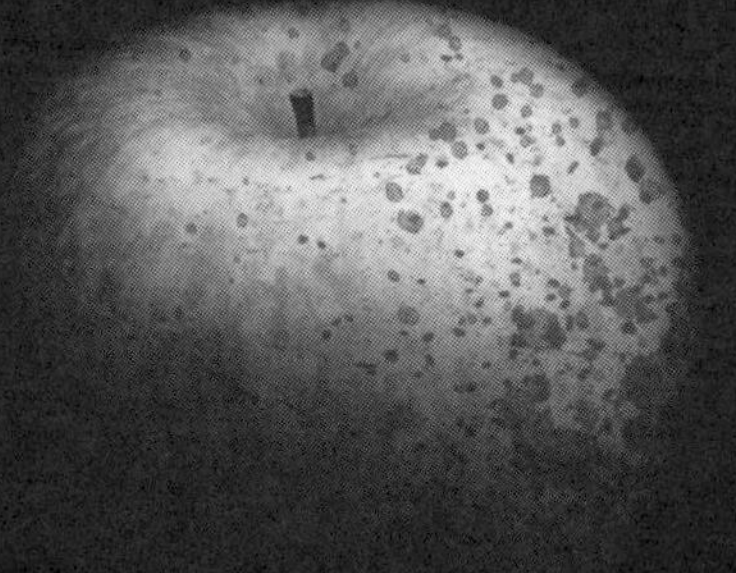

CORRUPTION

What Everyone Needs to Know

Ray Fisman and Miriam A. Golden

慶應義塾大学出版会

序文

本書を共同執筆したのはまったくの偶然、幸運な事故のおかげだった。オックスフォード大学出版局の編集者が私たち2人それぞれに、独立にこの本を書かないかと打診したのだった。レイは汚職に関する本を書くのに興味はあったが、共著者がほしいと思った。ミリアムは本書の執筆を引き受けようとしていて、ちょうどそれを考えている時にたまたまレイに出会った。共著のおかげで、1人だけ、あるいは同じ分野からの2人が書いた場合に比べても、ずっと幅広い知識や文献を活用できることになった。それに、書くのもずっと楽しくなった——それはこの先のページを読んでいただければ明らかであることを祈りたい。

私たちは、長年にわたりそれぞれ汚職を研究してきた学者2人だ。ミリアムは政治学者で、現場調査を行い、イタリア、インド、ガーナで汚職の各種側面についての独自データを集めた。レイは経済学者で、若い頃はずっと世界を旅して、インドネシア、インドなどで汚職について実地に理解したいと考えた（今日では、同じ問題をボストンの快適な自宅から研究している）。2人とも、本書にちがった分野の視点をもたらしている。たとえば共同執筆を始めるまで、レイは汚職の経済的な影響について主に考えていたし、ミリアムは政党が腐敗してしまうのはなぜかを考えていた。でも2人のアプローチは、各種のちがいよりも共通点のほうが多い。どちらも手に入る最高の証拠を慎重に細かく検討しようとするし、どちらも新しい研究技法——特に実験研究——が手元の問題に活用できないか興味を持っている。最後に、どちらもデータや証拠が指示する以上のあまりに強い結論を引き出すことには慎重だ——とはいえ、慎重ではあっても、すぐに告白するように、この誘惑をまったく感じないわけではない。

なぜ本書を書いたの？

今日の社会科学研究者たちはジレンマに直面する。ほとんどの研究は、査読付き論文として発表され、その基準もますます厳しくなる。これは、それ自体としては結構なことだし、査読がもたらす徹底した厳しい研究の審査を私たちは完全に支持する。でもジレンマとして出てくるのは、論文というのがまさにその性質上、単一の狭くしぼりこんだ研究の結果を発表するものだということだ——でも私たちは、学者として、さらには市民として、こうした各種の結果がどのようにはまりあうのかという概観も求めている。論文という形式では、研究結果は積み上がっても、問題への答えは蓄積しない——もちろん、単一の研究に絞れるような問題に対してなら話は別だが。言い換えると、論文というのは小さく考え、手短に書き、狭い質問をするように強制する。でも時には——決して常にというわけではないけれど——もっと大きく考え、長く書き、もっと広い質問に答えようとする必要がある。

汚職の研究は、本一冊にわたる概観が有益となる地点にきたと私たちは考えている。過去20年で、かなりの汚職研究が有益ながらも狭くしぼりこんだ結果を生み出してきた。これらの多くは、単一の国や、国の中でも特定地域だけにしぼったものだったり、あるいは特定の分析枠組みを提供したり、汚職の中でも極めて個別の性質を研究したりしている。おかげで、きわめて科学的に厳密な研究で求められ、可能なものよりも、もっと広く考える——そして大胆に考察する——場が求められる。つまり、私たちとしては本当だとは断言できないけれど、きわめて科学的に厳密な研究に基づいて言えそうなこと、ほのめかしさえされていることについては、はっきり言える場がほしい。これをやろうとした最新の本は、ジェイムズ・スコット『比較政治腐敗』[1]だろう。これは素晴らしい本だが、いまや40年前のものだ。本一冊かけた汚職研究は他にいろいろある。スーザン・ローズ=アッカーマン『汚職：政治経済学研究』[2]はミクロ経済学のツールの独創的な使い方と洞察の広さで傑出している。でもこの本もまた40年近く昔のものだ。それ以来、汚職を計測する新しい手法が考案され、結果として40年前、50年前に比べて汚職についてわかっていることはずっと増えた。また使える新しいツールもできた。特に因果関係についての新しい考え方から出てきたものが顕著だし、データ収集と分析の方法も変わった。さらに世界も当時とは変わっている。汚職は悪化はしていないかもしれないけれど、ずっと目につくようになり、その性質も変わってきた。汚職に対する世論の反対もずっと厳しいものになり、結果として各種の反汚職戦術や介入技法についても、その強みや弱みがずっといろいろわかってきた。本書が、こうした変化のもたらしたギャップを埋めてくれることを願いたい。

本書では、各種の主張や議論についてどのくらいの自信を持っているか明示している。おおむね、証拠に基づく結果については高い自信を持っている。これは実験（または実験に準ずる）研究から出てきたものだ。また系統的できちんと構築された観測データの記述分析の精度にも自信はある。だが扱う問題について長年考えてきて、（いまのところ）十分な実証的証拠を検討してきた経験から、私たちがおそらくは正しいだろうと考えているだけの内容も多い。最後に、本書では実証的な意味では真でも偽でもないような部分もある。これらはむしろ、汚職の各種側面を考えるにあたり、頭の整理のために便利だと考える枠組みだ。

想定読者は誰？

本章の主要読者はニュースでときどき見かけるような記述より深く汚職について知りたいと考える一般人（大学生を含む）だ。また本書が、学者、政策担当者など、この問題が自分の仕事や専門的な責務に関連してくるためにこの問題に関心を持つ人々にとっても、入門書となることを願う。執筆にあたっては、がっちりした社会科学の訓練なしで本書を手に取る人々にわかるよう努めた。というのも大学院生や同僚たちは、もっと一般読者向けのものでも読めるはずだし、一般読者は論点が専門用語や数式の裏に隠れている学術文献に興味がないのも知っているからだ。

また国際的な読者も念頭において、様々な国や状況からの事例を挙げるようにした。願わくば、そうすることで本書の議論が世界中の読者にとって関連の深い、意味あるものとなってほしい。汚職の多い国の読者には、彼らが日常生活で出くわすやりとりや交渉を理解する分析ツールを提供できればと願う。汚職がそれほど重要でない国の読者にとって、本書によって、その他世界のそれほど幸運でない仲間たちがどんな困難に直面しているか理解できるようになればと思う。

本書を補う電子版のリソースはあるの？

著者たちのホームページで、本書に付随する電子リソースをある程度提供する（ミリアムのページはwww.golden.polisci.ucla.edu、レイのページはsites.bu.edu/fisman）。グラフの一部のカラー版もあるし、もとになったデータも置いておくので、読者はお望みならばデータを分析しなおせる。

謝辞

まず感謝したいのは、２人を引き合わせてくれたアンドリュー・ゲルマンだ。彼が紹介してくれなければ、私たちは共著者にもなれず、この本が書かれることもなかった。

忙しい中で本書の原稿を読んでくれた学生や同僚たちに感謝したい。おかげで本書は大幅に改善された。本書の計画を考え抜くにおいて決定的な役割を果たした会合で、Jasper Cooper, Marko Klašnja, Paul Lagunes, Pablo Querbín, Joshua Tucker, Matthew Stephensonはニューヨークで一日の大半をかけて原稿について議論を行った。カリフォルニア大学ロサンゼルス校（ＵＣＬＡ）で、Ruth Carlitz, Eugenia Nazrullaeva, Manoel Gehrke Ryff Moreira, Alexandra Petrachkova, Arseniy Samsonov, Luke Sonnetも原稿を通読し、有益なコメントをくれた。他に通読してコメントをくれたのはJames Alt, Catherine de Vries, Luis Garicano, Lucio Picci, Shanker Satyanathである。

ミリアムは２０１５年秋学期にＰＳ１６９講義を履修してくれた学部生に感謝する。彼らは多くの章の初稿を読んだ。そしてそれを支援してくれたLuke Sonnetにも感謝する。

ミリアムは本書が着想され執筆開始されたときの、ジョン・サイモン・グッゲンハイム記念財団による金銭支援にも感謝する。またUCLAの学術評議員には、本書の仕上げを支援してくれて感謝する。原稿の完成は、オックスフォード大学の美しいナフィールドカレッジで客員を務めているときに行われた。

UCLAデジタル研究教育機関のEdson SmithとAndy Linが本書の図をデザインした。画像を作ったのはManoel Gehrke Ryff Moreiraである。

最後にオックスフォード大学出版局では、Scott Parrisのすさまじい熱意と、David McBrideとDavid Pervinの編集支援に後押しされた。

目次

第7章 政治制度が汚職に与える影響は？ 201

※本文中の〔　〕で囲われた部分は訳者による注です。

第1章

はじめに

1.1 この本の狙いは？

世界人口の優に半分以上は、汚職がかなり当たり前の国に暮らしていることが標準的なアンケート調査でわかっている。つまり地球上の人間のほとんどは、汚職の根本的ジレンマ——自分に必要で、享受する権利もあるはずの行政上の給付金やサービスを受けるために賄賂を払うか、それとも高い道徳性を貫いて、なしでやっていくか——と闘わなければならない状況下で生活している。一般市民は、自分たちが汚職の餌食になっていると十二分にわかっているのに、どうしようもないと思っている。本書の目的は、汚職から抜け出せない人たち、そして汚職を許せないと思う人たちに、汚職がもたらすジレンマを理解してもらうことだ。

筆者たちは2人とも——合計で50年以上に及ぶ——職業人生のほとんどを、汚職について考えて過ごしてきた。本書では汚職という複雑かつ多面的で、非常に重要な現象について、専門的にならず、読みやすい形で私たちの理解を示そうとしている。私たちの洞察をまとめるだけでなく、政治腐敗についての知見、つまり数多くの学者の研究が生み出した知識の概観も本書で提供していきたい。そうしてどこで、なぜ、どのようにして汚職がうまれるのか、読者（そして私たち自身）の理解を深めたいと思っている。

私たちは単なる読み手の教育以上のことをやりたいとは思う。汚職についての知見を伝えるだけでなく、どうやって汚職を減らすか考えるための枠組みを提供しよう。

私たちは全体として、汚職は社会的に良くない結果をもたらすという立場だ。汚職は経済効率をそこない、社会的格差を拡大し、民主主義の機能を損なう（この全体的な結論で驚く人はたぶんいないだろうけれど、これからご紹介する内容はたぶん意外なものが多いだろう）とみている。でも汚職は、ただちに、直接的に万人に害を及ぼすわけではない――だからこそ汚職は解決がむずかしい。汚職が社会全体にとって悪い結果をもたらすとしても、個人としては汚職取引で利益が得られるから、人は汚職に手を染める。汚職政治家や官僚は、その立場を不正利用することで利益を得る。この利益にはたいていの場合――それだけともかぎらないが――金銭的利益が含まれる。汚職環境にある一般市民は、賄賂から逃げられない。いけないことだと充分に知りつつも、賄賂を払わない結果――医者に診てもらえない、運転免許を取得できない、どうしても必要な政府の許認可が得られない――のほうがはるかにひどいので賄賂を支払わざるを得ないのだ。個人的には汚職行為を嫌っていても、短期的には汚職行為から利益を得られるということが、汚職をなくすのをひどく困難にしている。

最終章では、汚職との闘い方について具体案を議論する。でもそれにはまず、問題の本質的な理解に（本書の大半をつぎこんで）時間をかける必要がある。汚職が最も一般的なのはどこ？　関係者はだれ？　最も影響を受けやすい活動は何？　また、汚職を生みだすプロセスについての理解を深める必要もある。党派的な選挙競争は、どのように汚職を助長（あるいは抑制）するのか？　民主的な選挙によって汚職に歯止めがかかったり、なくなったりしないのはどうしてだろう？

1.2 なぜ汚職は大きな意味をもつの？

汚職について至極単純に考えるには、役人が業務の中で賄賂を受け取るところを想像するといい（次章ではこの見方をもっと複雑にするけれど、大差はない）。ごくささやかな一回限りの賄賂、少額の心付けもある。あるいは常習的な大金の支払いもある。たとえば多国籍企業が新型戦闘機の開発契約を政府から取りつけるために数百万ドル支払うなど。あらゆる賄賂を――取るに足らない金額から巨額の賄賂まで――合計しても、汚職がもたらす影響の全貌はわからない。賄賂が当たり前になると、社会のあり方がいろいろ変わるからだ。さまざまな種類の政治経済的なひずみが生じて公共の利益をそこない、さらなる汚職を招く。賄賂を贈って契約を獲得する企業は、実直な競合会社を業界から駆逐して、市場のあり方を変えてしまう。収賄側の役人は賄賂をもっと受け取るためだけに規則を増やし、規制環境をいっそう複雑にする。公務員になろうとするのは、市民の役に立つより賄賂を受け取ることを望む人たちになり、正直な役人は少なくなる。政界の大物は再選をめざす選挙活動費として賄賂をあてにするようになる。彼らは政府の職を大幅に増やし、任命の見返りとして賄賂の一部を政治家に上納する役人を増やそうとするから、政府の人件費は膨れ上がる。政府はさらなる賄賂を引きだすため、必要を上回る道路建設予算を組んで公共投資のあり方を変える。この道路すべてが本来必要とされる以上のセメントを使うから、またしても市場は歪む。結果的に被害をこうむるのは市民だ。医療と教育に充てられる予算が減り、賄賂を払わなければならないせいで、だれでも法的に受けられるはずのサービスへのアクセスが不公平になる。

このように汚職のコストは公僕に支払われる賄賂の総額にとどまらない。汚職はもっと政府と経済を蝕む――汚職の影響は、政治・市場制度を台無しにすることで大きくなる。汚職の蔓延による公的および人的資源の大規模な不適切配分が、政府と経済の機能を妨げる（だから世界中で多くの団体が、汚職の蔓延はもっと大規模な統治の失敗を示す指標だと見なしている）。

汚職の間接的影響は、賄賂、着服、あるいは不正利用された金銭の直接的コストよりまちがいなく――はるかに――大きい。本書では、だれが賄賂を渡したり、資金を着服したりするのか、またその理由についても調べる。その狙いは、汚職に歯止めをかけることが――だれも（あるいはほぼだれも）汚職を望んでいない場合ですら――とても難しいのはなぜかを理解することだ。それではまず、汚職が――悪影響を伴うにもかかわらず――どうしてこんなに根深いのか理解するために、基本的な枠組みを提供するところからはじめよう。

1.3　汚職を理解するための本書の枠組みとは

本書では汚職を、社会科学用語でいう均衡として考える。つまり、汚職は個人の相互作用の結果として生じるもので、その状況で他人がとる選択肢を考えれば、ある個人が別の行動を選択しても状態を改善できない状況で発生する。均衡としての汚職という考え方は、決して目新しくない。数十年前から、学者はこういう見方でこの問題に取り組んできた。でも汚職をこのようにとらえると、汚職

（これについては次章でもっと正確に定義する）をなくすのがとても難しい理由の理解にとりわけ役立つ。ここで基本的枠組みを示しておくのは、本書の中で繰り返し立ち返って参照していくことになるからだ。

汚職の関係者にはざっと4種類ある。選出された公職者（すなわち政治家）、官僚、企業、一般市民。少なくとも表面的にはそれぞれが汚職に関わる理由はわかりやすい。政治家と官僚——今挙げた関係者集団の最初の二つ——のインセンティブは特に明解だ。公選された政治家は職権を濫用して、政府契約や、都合の良い法制度の見返りとして企業から賄賂を巻き上げ、汚職によって利益を得る。公僕も同様に汚職から利益を得る。公的サービスを提供したり、規則違反にあえて目をつぶる見返りに市民から賄賂を受け取って、給料の足しにするのだ。企業は賄賂や人脈を利用して、実入りの良い公共契約で利益を得て、規制逃れに賄賂を贈って支出を減らす。では一般市民は？　公立病院で医者に診てもらったり、水道栓を開いてもらったり、駐車違反を見逃してもらったりして利益を得る。だが贈賄側を全体として見れば、汚職が利益になるかどうかはまったくわからない。なにしろ一般市民は多くの場合、法で保証された行政サービスのために賄賂を贈るのだから——正当に権利を持っているのに、どうして支払わなくてはいけないのだろうか。

企業についても同じことがいえる。企業がサービス——たとえば学校の建設や、研修の請負——を政府に売るにあたってキックバックを支払う利点ははっきりしない。契約を勝ち取った企業の利得は、他の企業の損失になるからだ。一斉に贈賄をやめようと合意できたなら、すべての企業にとって望ましいだろう。その場合も公共事業の入札は同じだけおこなわれるし、勝者は賄賂のための追加費用を予算に組み込む必要がなくなる。[1] ではどうして企業と一般市民は一致団結して支払いを拒もうとしないのだろうか？

この問いについて考えを組み立てるために、ノーベル経済学賞受賞者のトーマス・シェリングがとても読みやすい論集で行った古典的研究を使おう。[2] シェリングが関心を持っていたのは、いわゆる依存型行動（contingent behavior）、つまり他人の行動に左右される行動だ。人がどう行動するかというのは、ほとんどは他人に依存する。晩餐会にジーンズを穿いていくか、それとも夜会服を着ていくか。通勤に自家用車を利用するか、それともバスを利用するか。カフェで昼食をとるのは正午か、それとも午後2時か。人は自分が他の人たちに何を期待するか考えたうえで、こういったことを決める。同様に、汚職に手を染めるか、それとも糾弾するかという選択は、予測される他人の行動に依存する。汚職が当たり前の社会では、あえて声高に反対する人はほとんどいない。糾弾すると社会的非難や、身の危険まで招くおそれがあるし、他の人たちが参加しないかぎりあまり良い結果を生まない。つまり反対意見が大多数に達しないと効果はない。同様に、知り合いがみんな賄賂を贈って診察予約をとっていた場合、医者に診てもらいたければ賄賂用に貯金したほうがいいとあなたも判断する。どちらの例でも、賄賂を贈るか、それとも糾弾するかという決断は、他にどれだけ多くの人たちが賄賂を贈っているか、あるいは汚職を糾弾しているかにかかっている。

確かに、目に入る周囲の人たちがとる行動と選択が、かならずしも最善だったり、倫理的だったり、望ましいとは思えないこともある。この先の章で示すように、ほとんどの国の大部分の人たちは汚職に反対だと示す証拠はたくさんある。[3] でも汚職が当たり前のところでは、他に選択肢がないことも多い。逆に汚職がめったにないところでは、贈賄がすぐに糾弾されるので、結果として人々はそもそも賄賂を贈らない。チリ（中所得国だが非常に低汚職）で医者に個人的な配慮を求めたり、より良い治療を受けたりしようと贈賄を試みれば、恥をかき、物笑いの種になり、ことによっては刑務所で2、3ヵ月過ごすことになるかもしれない。ルーマニアで賄賂を贈ろうとしない人は、まったく医療なしで暮らすリスクを負う。

だから汚職はいわゆる複数均衡の現象といえる。汚職が蔓延している国がある一方で、一見すると似た環境なのに日常生活に汚職がほとんど見られない国がある。このちがいはおもに、みんなが他の人の行動をどう予測しているかによると私たちは考える。他の人たちが賄賂を贈るなら、あなたも同調する。だれもが贈収賄を糾弾すれば、あなたも糾弾する。繰り返すが、これは汚職が多い環境におかれた個人の倫理の羅針盤が緩んでいるせいとは限らない。個人の行動が規範や周囲の人たちの期待から逸脱すると高くつくからだ。その結果、経済発展の水準がほぼ同じ、似たような政治体制の国であっても、国民が共有する予測しだいで、汚職の水準はまったくちがう可能性がある。

均衡としての汚職という考え方を把握するために、ある社会で贈収賄という手段に出る人が増えた場合、贈収賄による利益が（誠実でいることによる利益との比較で）、そう変化するか考えてみるのも一つの手だ。この考え方を図1・1に示した。

この図は、予想される他人の誠実さと、贈収賄（あるいは誠実でいること）で一個人が得られる利益との間の関係と考えられるものを示した。図の「贈賄」線は、賄賂を贈ることで個人が得られる利益を表し、これは先述の通り、どれだけの人が同じように不正をはたらくかという予測によって変化する。「誠実」線は、汚職に手を染めないことによる利益を表していて、こちらも他人の動向に左右される。図の左端では、だれもが誠実だと予測される。あなたはどうするだろうか。そんな状況で汚職に手を染めるのは、汚職に関与することの利益の乏しさが示す通り、やりたくてもなかなか難しい。協力的な共犯者が足りないため、共謀して政府規制を逃れたり、政府の財源を横領したりする仲間を見つけるのに苦労する。だれにもかばってもらえず、誠実な同胞たちの海で一人泳いでいる。つまり捕まる（うえに、おそらく厳しい制裁を受ける）確率が高い。「誠実」な態度で得られる利益――これをAとする――は、贈賄による利益よりかなり大きい。

すこし右に動こう――ただしほんのわずか、2本の線が交差する点Bより左のあたりに移動しよう。ここには汚職に手を出す人がわずかながらいる――が、あまり多くない。汚職による利益はすこし大きくなる。犯罪の仲間はすこし見つけやすくなって、誠実さの利益はすこし小さくなる――ときには不誠実な企業に公共調達契約で出し抜かれるかもしれないし、汚職に手を染めた近所の家庭の子どもが、お金の力でいい学校に入るかもしれない。でも汚職を試みる人が多すぎないかぎり、誠実でいるほうがいい。だれもがそう考えるとしよう。するとすこしは汚職があっても、後に続こうとする人がいないので、だれも賄賂を受け取らない図表の左端に立ち戻る。つまりすこし右のほうでは、社会は均衡しない。汚職に関与する少数の人も、他人の行動を踏まえて、法を守って行動したがるようになる。こうして左端の位置の均衡状態に戻る。

でも、世の中の汚職の規模について、みんなの予想が大幅に拡大したとしよう――2本の線が交差する点Bよりさらに外側に向かったとする。点Bの右側では、誠実でいる価値があるとはだれ一人思

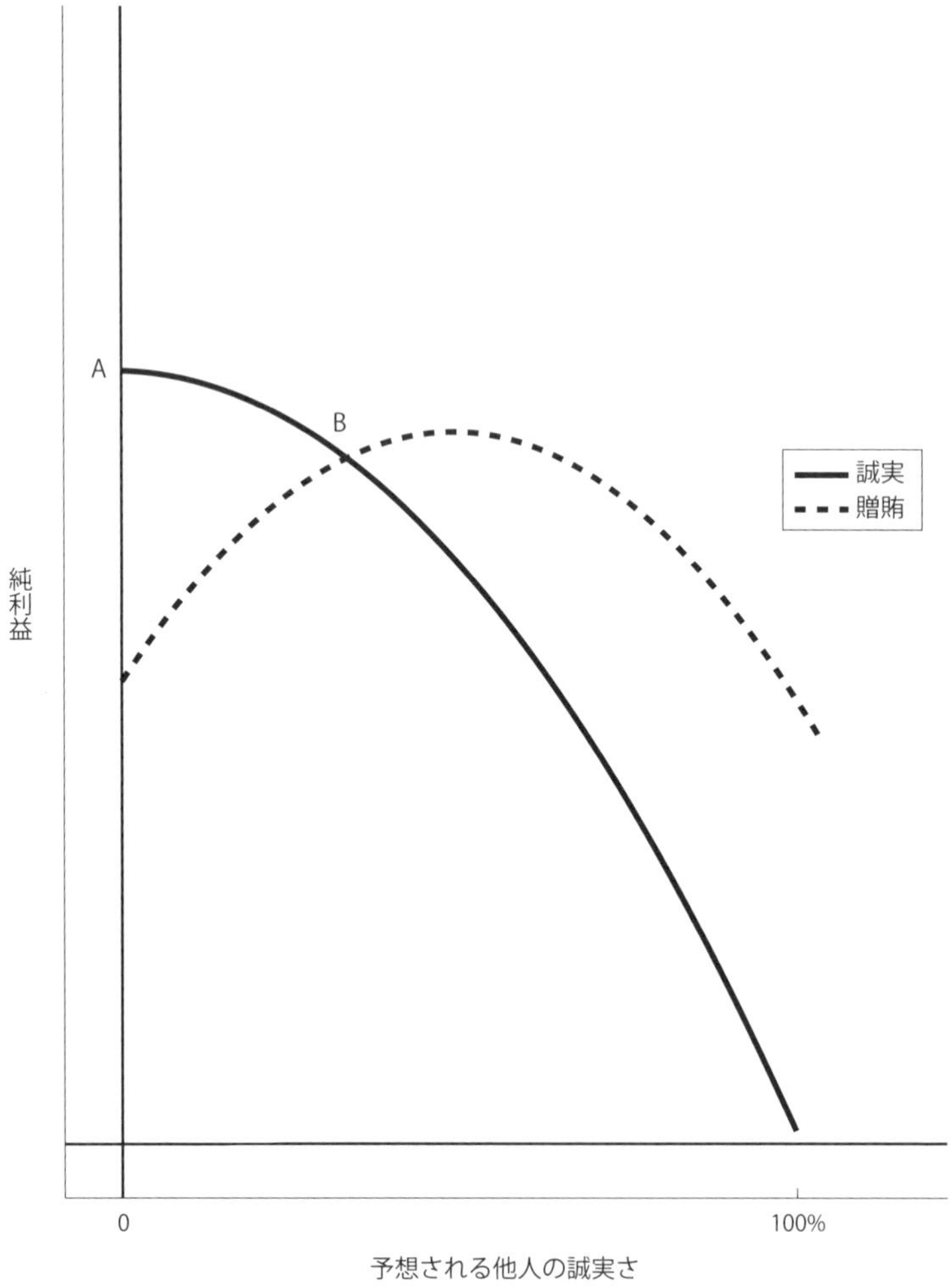

図1.1　汚職を複数均衡現象として描いた図
注：J. C. Andvig, The Economics of Corruption: A Survey, *Studi economici*, 1(43), 57-94 Figure 1 を元にした。

わない――契約、良い学校、基本的な行政サービスからも締め出されがちになってしまう。それにだれもがやっていると、不正行為であるという感覚は薄れる。結果的に、誠実だった少数の人も、しかたなく他人にならう。当然ながらこれでいっそう右に向かい、ついにはだれもが賄賂を受け取っていると考えて、みんな自分も賄賂を受け取る[4]。

結果として、賄賂を受け取る決断についての説明の中で安定状況は2種類しかないのがおわかりだろう。2本の線が交差する点Bより左を始点とすると、汚職に関わる価値をみとめる人は減っていき、最終的に図の左端に行き着く。好循環だ。点Bより右を始点とすると、この逆になる――汚職による利益は、誠実でいることで得られる利益を上回るといっそう多くの人が判断する。悪循環に陥るのだ。どちらの終点でも、だれ一人として汚職に関与しないか、だれもかれも汚職に関与するかのいずれかで、均衡状態となる。

汚職を均衡状態とするモデルの重要な面は、周囲の出来事のみを信じる場合、賄賂なしの環境を望んだとしても、賄賂を贈る状況から自分だけでは抜け出せないことだ。汚職は選ばれし少数のオリガルヒや、高い地位にある政府の悪徳役人など、儲けと賄賂を数百万ドルかき集める人たちにとっては良いかもしれない。しかしその他のすべての人にとって、汚職は次善の策だ。一般市民、企業、（賄賂を受け取る）官僚にとっても、最も望ましいものでは決してない。

一般市民と企業の場合、なぜそういえるかについては、すでに述べた通り。（汚職のない）並行世界では賄賂なしに受けられる行政サービスや契約のために、一般人が贈賄しなければならない。企業にとって賄賂は事業を営むさまざまなコストの一つで、政府との取引をいっそう高額で不確かなものにする。賄賂を受け取る官僚にとっても汚職の均衡状態が誠実さの均衡状態より望ましいかどうか、はっきりしない。医者や警官の立場になって考えてみてほしい——患者や生徒からお金を巻き上げて帳尻を合わせるつもり（というより前提）でわずかな給料を手にするか、それともまともな生活ができるお金を稼いで、コミュニティで尊敬される立場になるか。政界入りするとしたら、合法的な選挙献金をもとに他の候補者と対等な立場で闘うか、それとも（他の人たちと同様）政府の財源に手をつけて再選の資金源とするか。他の候補がやっているからと票を買う違法行為に選挙資金を使うか、それともテレビで選挙活動を宣伝するのにお金を使うか。私たちとしては、低汚職均衡のほうがほとんどの人にとって良いと主張したい。

この描き方だと、汚職は強制力を必要としない。賄賂を贈るほうも、身体に危害を加えられる危険を負わずに贈賄を拒むのは不可能ではない。意図的に不当な切符を切ろうとする交通警官に賄賂を贈らなかった場合、科されるのは鞭打ちではなく罰金だ。それでも賄賂を受け取る官僚と、法的に受ける権利がある行政サービスのために賄賂を贈る市民を対等な立場だと考えるのは何か変だ。賄賂を受け取る官僚は市民や企業をゆすっている。つまりこういった取引の根底には——暗黙のうちかもしれないが——脅しが存在するし、両者の権威と権力には格差がある。だから政治家が職権を利用、あるいは濫用して収賄すれば、非難されるのは当然なのだ。公職者には公権力が託されていて、特に一般市民への対処については一定の規範に従うことが求められている。それを怠って、権利を持つ市民に公共サービスを与えないと脅せるのは、まさに役人と市民の地位が平等でないからだ。

この所見が示すのは、汚職の均衡状態で個人が利益を得られるのは事実である一方、だれもが平等に利益を手にするわけではないということだ。一般に賄賂の受け手は、贈り手よりも利益が大きい。前者の権限のほうが大きいからだ。だから高汚職の均衡状態を変えるのは困難で、汚職を減らすための変化に対する支持の可能性は、収賄側よりも贈賄側のほうがずっと大きい。

賄賂と汚職についての予測はどこから生まれるのだろうか。賄賂のない均衡状態に到達する国もある一方で、他のだれもが賄賂を贈っている（ので、それに倣おう）と万人が信じこんでいる国もあるのは、いささか不可解だ。[5] 経済発展水準がだいたい同じでも、国によって汚職の度合いが大幅に違うことについて、本書で完璧な説明を提供できるとはいわない。たとえばチリには誠実な官僚が多い一方で、ベネズエラ――チリと同じくラテンアメリカの国で、少なくともごく最近までチリよりわずかに裕福だった――が世界でもっとも汚職まみれの国とされる理由について、完璧な説明は提供できない。だがどちらかの状態が主流になりやすい環境については議論できる。

現在、世界では誠実な政府――への期待――がいっそう求められつつあると信じたいところだ。いつ、どこで反汚職の十字軍が出発するのか、正確に予測するのは不可能だ。でも汚職問題を理解するための枠組みは、反汚職運動の誕生につながる結論を導き出すのに役立つと私たちは信じている。それが本書を書くにあたっての――野心的な――目標だ。

1.4　腐敗した国が低汚職均衡に移るには？

先の議論で示したように、汚職に関与する人が、たまたま低汚職の国に生まれついた私たちより道徳意識が低いとはかぎらない。だから道義的に訴えて、道に外れた振る舞いを変えられる見こみは薄そうだ。腐敗した社会の人は社会的コストがどうなろうと個人の利益を最優先するしかない厳しい状況に陥っていると考えたほうが、辻褄が合う。当然ながらどんな社会でも、道徳意識を堅持して、どんなリスクがあろうと他人に流されることなく、汚職に関与したいという誘惑に抗う人はいる。でも社会で汚職が当たり前になればなるほど、こういう人たちは少なくなり、さらに孤立してリスクも高まる。

一方の均衡状態から他方の均衡状態に切り替えるのが——だれもが望んだとしても——実に困難な理由を理解するために、社会行動における一見単純な変化について考えてみよう。たとえば自動車の右側通行から左側通行への変更のような変化だ。この切り替えを2009年に経験した南太平洋のサモア島の住民に、何があったか尋ねるといい。ほとんどのサモア人は、長期的にみると左側通行のほうが理にかなうという点で意見の一致をみた。サモアの近くに位置するオーストラリアに自動車と交通の規範を合わせることになり、車両の輸入が容易かつ安価になる。[6]

でも運転手一人ひとりに走行車線を変えるよう説得しても、運転の慣行は変えられない。全員が一斉に変更しなければ、左側通行、右側通行のきまりは文字通り衝突する。だから2009年9月7日午前6時にけたたましいサイレンと教会の鐘で告げられた変更に先立って、規範が変わることを全員に報せる公的な働きかけが数ヵ月がかりでおこなわれた（大惨事になるとの予測もあったが、すべて順調にすすんだ）。

サモア人にとって、この切り替えは比較的たやすかった。交通規範の変化は、切り替えに伴う交通規則の変更に促されるかたちで実現できた。9月8日に成り行きを見て、必要に応じて是正措置をとるのも容易だった。汚職と闘う改革者たちは、補完的な法的取締を活用したり、取り組みが実際にどんな変化をもたらしているか調べたりするのにもっと苦労する。汚職は、うまくやれば人目につかない。そして汚職が存在するのは、そもそも規則が守られていないからだ。汚職が多い国の国民の大部分が賄賂を何とかしたいと思っていたとしても、他の人たちも同じ変化に同調してくれるとわからなければ、警官への賄賂を拒んだり、もちかけられて大騒ぎしたりするのは難しい。

つまり重要なのは汚職を非倫理的で不道徳だと見なすかどうかではない。あなたの行動は、他のみんなが汚職についてどう感じているとあなたが思うか、そして他のみんなが汚職についてどうするとあなたが信じるか次第だ。だれだって城壁を急襲する一番手にはなりたくない。一人きりで敵に対峙する状況に陥りたくないからだ。汚職問題に効率的に取り組むには、反対する人たちが協調して取り組む必要がある。だからこそ汚職はなかなか変えられない問題なのだ。

社会が贈収賄の悪循環から脱するにはどうしたらいいのだろうか。ときには――多くはないが、ときに――汚職が解決することもある。本書を執筆している2016年の秋現在、ブラジルの政界のエリートほぼ全員が大規模な汚職に深く関与していたことが露見して世界を驚かせ、人びとが見守る中でいわゆるペトロブラススキャンダルが日ごとに明らかになりつつある。ブラジルは民主主義国家としては過去最大の汚職スキャンダルの渦中にある。汚職が日常習慣になっていた数十年間を経て、ふいに法的、および政治的懲罰が起こりそうになっている。たとえば2016年11月、リオデジャネイロ州の元知事が公共事業契約から数千万ドルを着服して刑務所行きになった。たった2、3年前には想像もできなかった出来事だ。この出来事はどのように、なぜそんなに急速に起きたのだろうか。

第8章で1990年代前半にイタリアで起きた汚職暴露について詳述する。これはペトロブラス社の汚職捜査をのぞくと、現代民主主義世界では最大規模の汚職スキャンダルだった。イタリアの政界エリートの失脚もやはりあっという間で、汚職の発覚は過去50年間イタリアを牛耳っていた数々の政党を突然崩壊させた。この例を使って、長く支配的立場にあった腐敗した政界エリートに対する突然の予期せぬ有権者の蜂起に（少なくともこの例では）必要らしい特徴を浮き彫りにする。そして経時的な変化を捉える手法により明らかとなったこととして、イタリアは相変わらず異常に汚職がはびこる富裕国だという評判にもかかわらず、イタリアの汚職文化が決定的に変わったという驚くような発見についても述べる。

こういった急激な行動の変化を研究しているのが著名な経済学者トーマス・シェリングだ（彼の依存型行動についての著作では、先に述べた汚職の均衡状態の骨組みをもたらした）。シェリングはこれらを「転換点（ティッピングポイント）」と称している。シェリングは転換点モデルを利用して、アメリカの住宅における人種的分離の動学について調査した。この研究は、たとえば住民の大半が白人である住宅地が突然「転換」して、臨界人数のアフリカ系アメリカ人が転入してくると、住民の大部分は（黒人と白人のどちらも）、人種分離された地域に積極的に住みたいと思っていなかったとしても、2、3年で黒人がほとんどになる理由などを知るのに役立った。これはどちらの人種に属する人も、少数派になりたくないために起きる。[7] シェリングの例では、人種による住み分けはコミュニティの住民が望んでいなくても生じかねない。

転換点の重要性を認識できても、それを実際に発生させる――つまり社会的規範の変化を引き起こす――となると話はまったく別ものだ。汚職の均衡がいかにして「転換」するか、過去に成功したアプローチも使って、第9章で考察する。

1.5 汚職について考えるその他の枠組みはあるの？

汚職を均衡と見なすやり方は、問題に枠組みを与えるうえでも、その対処方を考えるうえでも有効だと私たちは考える。このアプローチは汚職が社会的期待にもとづいていること、そしてこの期待を変えることが汚職との闘いに不可欠であることを浮き彫りにする。均衡に基づくアプローチは、汚職のかなり不可解な側面についても洞察を与えてくれる。たとえば、汚職を正すのはどうしてあんなに困難か、反汚職政策を掲げて選挙で選ばれた政治家が、結局は前職者と同じように汚職に手を染めてしまうのはなぜか。でもこの問題を考える方法はこれ一つではない。他のすぐれた枠組みについて、議論の概略を述べよう。

別の見方の一つが、汚職を貧困の産物と見なす考え方だ。これは近代化論と呼ばれ、リソースに乏しい政府が現実的に供給可能であるより多くのものを貧困者たちが求めるせいだとしている。結果的に十分な資力を持つ人たちは、数少ない病床を確保したり、子弟を良い学校に入れたり、また政府が提供するその他の乏しいサービスにアクセスするために賄賂を使う。貧困国では法の支配は弱く、このため官僚も賄賂を受け取りやすい。近代化仮説では、はびこる汚職に歯止めをかけられるのは、中流階級がかなり大規模に発展するときのみだ(8)。

この見解には私たちとしても賛同できる部分もある。国の中流階級が成長すると、はびこる汚職を放置するのは困難になるし、裕福な社会では汚職の発生率が低いのも確かだ。でもこの見解は、世界の貧しい中所得国の状況を説明するにはまったく不十分だ。こういった国は第3章で示すように、汚職の水準もさまざまだ。賄賂が当たり前の国がある一方で、世界で最も裕福な国に匹敵する低い汚職水準の国もある。このように近代化説は富裕国でみられる状況には合う一方、世界の大部分でみられるパターンを説明するには不十分だ。

二番目に挙げる汚職についての大きなとらえ方が、公務員と民間部門の人間によるいわゆるレントシーキングの一種と見なす考え方だ。この見方はかつて特に経済学者の間で普及していた。経済学者たちの多くは、認可と規制による経済への政府介入は、官僚からの特別待遇によって企業が利益を得る機会をもたらすと強く主張した。これらの利益を――企業が新たに富を創り出すときに生じる利益と区別するために――「レント」と称する。役人は、レントを生む許認可や貿易保護を行い、それと引き換えに受け取るお金という形でレントを共有する場合もある。レントの定義、そしてレントシーキングの性質について明確にするには、古典的な例が役に立つ。ある地主が自分の土地を流れる川の橋に料金所を設置したとする。この地主が通行料を求めても、川や橋の生産性向上にはまったく貢献していない――通行料の唯一の目的は、かつて無料だった橋を渡る人たちから支払いを引き出すことでしかない。さらに想像してみよう。そこである起業家が、通行料を徴収する権利をこの地主から買い上げるとする。これでさらなるレントシーキングが重なる。通行料の徴収者も橋を改良していないからだ。(9)タクシー免許、酒類販売許可、輸入許可――これらはすべて、多くの人から不必要なレントと見なされるものを政府がこしらえるやり方の通例で、企業はこれらを賄賂、影響力、あるいは――もっと当たり障りなく――幸運によって取得するというわけだ。

この見解についても、賛同できる部分はある。政府介入と経済活動の規制はたしかに汚職の機会をもたらす。だが私たちは、これらの機会が汚職の原因だとは考えない。政府が経済活動のさまざまな面を規制する――中でもスカンジナビアの国などは世界で最も汚職が少ない国の典型とされている――が、官僚が規制を実施しても一般に国民に賄賂を強要しない国もある。経済への政府介入は必要条件だが、汚職が発生する十分条件ではない。それに社会全体に役立つ規制は多い。たとえば建築請負業者、採掘会社に安全基準の規制がない社会では暮らしたくないものだ。これらの規則のおかげで高層オフィスビルが崩れたり、鉱山で労働者たちが生き埋めになったりしないようにつくられている。

三番目の見解は、政治学分野の研究に由来する。非民主的政権――専制主義体制、独裁主義とも呼ばれる――がしばしば腐敗するのに対して、民主的な政治体制は、役人の違法行為を抑制するメカニズムを持つと主張する研究だ。この見方は本書ではレジーム視点と呼ぶもので、その根底にある論理に非の打ちどころはない。選挙に直面しなくていい統治者は、国家の膨大なリソースを好きなように使える。その権力を利用して在任中に私腹を肥やさない理由はない。対照的に、選挙で選ばれる統治者は市民の意思に沿って行動することを強いられる――公金を盗む人間を有権者たちは選出しないし、再選もしない。この見解が選挙アカウンタビリティという概念の根底にある。有権者が悪漢を追放できる――つまり在任中の仕事ぶりが適切でない政治家を放り出せる――かぎり、選出された官僚は、自分を代表に選出した人たちの利益に尽くすというわけだ。[10]

レジーム視点の問題は、汚職と政治的な不正行為に関する限り、まったく当てはまらないという点だ。この先の章、特に第8章で見るように、自由かつ競争的な選挙によって汚職政治家を落選させられる場合ですら、有権者はそんなことはしない。汚職への関与が広く知られている公職者も、たいていは再選される。このように、民主的政治制度は汚職を排除する十分条件ではないし、実際には必要条件でさえない。選出を受けない首脳で、選挙による裁可なしでも政府を誠実に運営する人もいる。この謎については後半でかなりの頁を割き、選挙と有権者が汚職をなくすための障害に特に注目する。

最後に、制度的視点がある。支持者として最もよく知られているのが、経済学者ダロン・アセモグルと、政治学者ジェイムズ・ロビンソンだ。[11] アセモグルとロビンソンは財産権、市場指向性など、国が豊かになるか、停滞するかを分けるさまざまな経済制度を重要視している。これらの制度を組めるのは、さまざまな社会集団が権力とリソースを競う政治的プロセスだ。仮に、伝統的な支配層エリートが政治力を保ち続けるとしよう。盗賊政治家的な首脳は、基本制度を不正操作して国からリソースを巻き上げる。そしてこのリソースが、国民の願いとは無関係に、独裁者が権力の座に居座るのに必要な手段をもたらす。

この低開発についての制度的説明は、国の現状を決定するうえでの歴史の重要性を浮き彫りにする。先述の例のように、中央集権的で、お手盛り政府があるところでは、制度は自らを延命させがちだ。アセモグルとロビンソンの主張は、どれだけ多くの有害な制度が存続するか、そしてこれらはどんなときに最も変わりやすいかを説明するのにきわめて有用だ。私たちのアプローチは彼らの枠組みとおおおむね一致しているけれど、私たちは一般的な歴史のおさらいよりも、汚職の相互作用の詳細にもっと重点を置いている。

全般的に、これらの枠組みについて私たちの見解を述べると、それぞれに役立つ要素があるということになる。その一部は本書での議論に組み込む一方で、どれ一つとして汚職の最も重要な特性を理解するのに適したものはない。これらのアプローチに対して、筆者たちは非公式な制度——個人の信条、予測、行動規範——が果たす中心的な役割にもっと正面から向き合う。つまるところ、世界のどの国にも、国庫のお金を盗った、あるいは公的サービスを提供する見返りに賄賂を要求したことが露見した官僚を公式に処罰する成文法——すなわち法制度——がある。汚職を理解するには、なぜ人はこれらの規則に従うか——あるいは軽視するか——理解する必要があるのだ[12]。

1.6 この先の章には何が書いてあるの？

そもそも汚職はどれくらいあるのだろうか。手間暇かけて汚職を扱う前に、まず汚職の蔓延ぶりを把握しておきたい。熱狂的な反汚職主義者たちが主張するように、世界の大部分で当たり前になっているのだろうか。それとも注目を集める事件は多少はあるし、機能不全に陥った国の逸話もあるにしても、それほど大した問題ではないだろうか。第2章では、本書で汚職と言うとき何を意味しているか、またどうやって汚職の評価に取り組むか、明確化するところから始める。この作業が困難で、かつ興味深くもあるのは、汚職はうまくやると痕跡が残らないからだ。第3章では、平凡な市民相手の調査から悪名高いペルーのとある汚職官僚に関するビデオテープ資料まで、さまざまな情報源や手法を用いて、世界にはびこる汚職についての証拠を示す。

本書では、汚職は大規模で世界的な現象だと結論づける。でもそれは問題だとさえ言えるのだろうか？　近年まで、多くの学者（および世界銀行など多くの組織）は、反汚職の取り組みを、経済発展を妨げる「本当の」問題から注意を逸らすものと見なしていた。この見解だと、汚職との闘いは経済成長にとって逆効果のおそれがあるという。第4章で見るように、この考え方は変わった――いまでは、汚職は企業にとっても経済成長にとっても悪であり、政治体制に対する国民の信用をそこなうという点でほとんど意見が一致している。汚職は中国の炭鉱をいっそう危険なものにして、ウクライナで起業を阻む。ウガンダ政府の役人がワクチンを薄めて多数の死者を出した事件も汚職が原因だ。

これで話は、収賄はよくない社会的影響をもたらすのに、だれがなぜ贈収賄に手を出すのかという、この序章の冒頭で挙げた問題に戻ってくる。第5章では、政治家や企業が汚職行為から引き出す利益について、もっと掘り下げる。インドの政治家の資産が在任中にどう増えるか調べ、ジャカルタなどで投資家たちが証券取引所でどんな賭けをするかを分析する。また、企業が団結して汚職に打ち勝つのがなぜ非常に困難かという問題も再考する。その際に少し寄り道をして、有名な囚人のジレンマについても議論しよう。これには「汚職文化」という概念をさらに深刻に考えねばならないから、第6章では特定の――宗教、民族、歴史に基づく――社会集団が、他に比べて汚職に関与しやすいかどうかという問題に取り組まざるを得ない。文化と規範の議論は、汚職が均衡だという考え方に立ち戻り、汚職の均衡状態に変化をもたらすのが驚くほど難しい理由を考察するきっかけになる。

汚職は単なる個人の決断の結果だけではない。社会的制度は人それぞれがもつ汚職の機会に影響する。第7章では、民主的政治体制と政党の機能のあり方について掘り下げて、政治制度の変化が汚職を解消できるかどうか、理解を深める。非公式な規範と慣行の重要性と整合する形で、政治制度が汚職を回避できるのはだれもが規則に従う場合のみであると、この7章で結論づける——汚職がはびこるところではまさに、みんなが規則に従わないのだ。

すると、個人や社会集団として、私たち自身が汚職に対して何ができるかという問題にたどりつく。この議論の準備を第8章でおこない、先頃の汚職撲滅成功談を盛り込む。1990年代にイタリア議会を一掃したマーニ・プリート運動、そして2000年代前半にジョージア（グルジア）国の警察の汚職を無事撲滅した話を扱おう。第8章での力点は、有権者たちが協調して汚職政治家に対抗することの重要性にある。

私たちには、選挙の日に投票に出かける以外に、何ができるだろうか。汚職をやめさせる特効薬はない。そんな目標はそもそも実現不可能だ。だが最近の成功——そして失敗——を頼りに、もっと効率的に汚職と闘うのに役立つ何らかの包括的な原則を見出したい。第9章では大きな成功も、失敗もしてきた技術的イノベーションについて（汚職との闘いにおいてますます大きくなりつつあるソーシャルメディアの役割も含めて）議論する。官僚の給与を上げれば汚職は減らせるか——それとも高給は問題をいっそう悪化させるのかを考えよう。そして哲学科の元教授が演劇科の学生たちとカードの束の助けを借りて、無法のボゴタの町に秩序をもたらしたという、信じられないような話に触れる。反汚職作戦にはさまざまな形がある。読者のおかれた状況では、どの手口が最も適切か考える——ことによっては新たな手口を考案する——にあたって、本書が一助となることを願う。

第1章で学んだこと

◎汚職のコストはとても高いこともあり、支払われた賄賂と使い込まれた資金の合計をはるかに上回る。汚職は経済制度、および政治体制を歪めるからだ。

◎一般的な環境では、個人は汚職に関与することで利益を受ける——だから均衡が生じる。

◎汚職に関与するか否か決めるのは個人で、この決定は他人がどんな行動をとるかについての予測をもとにくだされる。だから汚職は規範を構成する。

◎汚職への関与は目先の利益をもたらすが、個人は必ずしも汚職が好きではない。またたいていの人は、汚職が当たり前ではない社会で生活したがる。

◎汚職は複数均衡の現象で、他の面ではよく似た国同士で汚職の度合いが大きくちがう場合がある。過去に登場した予測や規範がちがっているからだ。

第2章

汚職とは何だろう？

汚職の原因と結果や、その対処法を検討する前に、本書で汚職というとき何を意味しているか、認識を揃えておきたい。これは当然ながら、各国の汚職の規模をどう計測するか――これも本章で扱う話題だ――を議論する前に済ませる必要がある。結局のところ、計測するには、まず何を計測しているのか知る必要があるのだから。

これから見るように、汚職は1か0かの単純な定義でくくれない。政治家や官僚が、単独で、あるいは企業や市民と手を組んで実行する場合がある。10億ドルの契約が絡む場合もあれば、小銭の場合もあるし、職や選挙票が絡む場合もある。汚職は違法な場合もあるが、必ずしもそうとかぎらない（それでも私たちは法的な境界線を重視する）。汚職はさまざまな形をとるし、様相もさまざまだ。そこで「汚職とは何か」という問題に取り組み、それから汚職が最も横行しているところはどこか、どうして汚職が存在するか、なぜ汚職の高低が重要か、対処として何ができるかについて、後の章で検討する。

2.1 汚職をどう定義しようか？

定義を定めるには、まちがいなしの汚職の実例をいくつか見ると役に立つ。2011年、インドで最も人口が多いウッタルプラデシュ州の厚生相が、後に全国農村保健活動詐欺として知られる事件で告発された。ウッタルプラデシュ州の農村部の貧困層向け保健施設に使われるはずだった資金およそ1000億ルピー（150億USドル相当）の横領に関与していたのだ。翌年、アメリカではイリノイ州知事ロッド・ブラゴジェビッチが起訴された。イリノイ州選出の上院議席（バラク・オバマが州議会を離れて空席となった）を最も高く買ってくれる相手に売ろうと画策していたためだ。

これらは壮大な汚職の例で、解釈や意見のちがいの余地はほとんどない。何十億ドルもの公金を横領したり、自由に選出されるべき公職を売ったりするのは、汚職のどんな定義にも含まれる。

汚職はもっとささやかな規模でもおこなわれる――多くは人目のないところで。２０１４年、ニューヨーク市の建築検査官12人が建築請負業者から賄賂と引き換えに労働基準法違反を見逃して告発された。金額は数百ドル、あるいは数千ドルで、数十億ドルではなかったが、検査官たちが腐敗していたことに関してはだれもが納得するところだ。事実、汚職は車を運転する人が世界中の都市で日常的に経験している少額のゆすり――たとえば交通警官に賄賂を握らせると、特に理由もなく切られるところだった違反切符を切られずに済む――に至るまで幅広い。こういった例では、金額はささやかで、総額わずか2、3ドルにすぎない場合もある。でもまた一方で、どちらも議論の余地のない汚職の例だ。これらの行為が――いま述べた通りに起こった場合――公職者による合法的な行動と見なせると真顔で主張できる人はだれもいない。

これらの例に共通するのは、すべて公職を私益のために利用している点だ。多くの場合、汚職は公職者と一市民のやりとりを伴う――建築業者が建築検査官に贈賄したり、運転者が交通警官にお金をつかませたりといったように。また、公金を着服する場合のように、公職者が単独で行動することもある。でも私たちの定義によると、汚職にはかならず公職を利用して――公的ではなく――私的な利益を追求しようとする公職者が絡んでいる。

汚職の定義を拡大して、民間部門の人による搾取的行動を含めようとする人々もいる。たとえば世界で最も有名な反汚職組織、トランスペアレンシー・インターナショナル（ＴＩ）のウェブサイトには、つぎのような定義が掲げられている。「委ねられた権限を個人の利得のために濫用すること」[1]。この表現だと、株主の利益を最大化するために企業経営を任されている企業幹部の利己的な行動が含まれる。企業幹部が道徳的によろしくない行動をとる場合があるのは確かで、業績が悪いのに権限を利用して数百万ドル単位の給与を引き出したり、株主の利益を社用ジェット機などの道楽に浪費したりといった例もある。でもこの類いの不正行為の取締は、反汚職活動家よりも企業統治活動家に任せたほうがいい。私たちの「汚職」の定義の焦点は公共部門にあり、民間部門ではない（でも私たちの定義は、民間部門と公共部門とのやりとりも含む。たとえば企業が経済的利益を得るために役人に賄賂を贈る場合など[2]）。

何をもって個人の利得とするかについて、私たちは広い視野でとらえる。言うまでもなく政治家は現金の賄賂を受け取り（あるいは巻き上げ）、そのお金で自動車を買ったり、休暇をとったり、同伴者をもてなしたりする。政治家はまた、身内に仕事や契約を与えたりもできる（実際によく実践している）。政治家本人がそれで儲かるわけではないが、子ども、きょうだい、いとこを大切にする人物の場合、間接的ではあるが利益を得ているといえる[3]。私たちが汚職と呼ぶ利得の範囲は、候補者の党派的利害にも及ぶ。たとえば第二次世界大戦後の数十年間にイタリアに広がった政治汚職（後にマーニ・プリート運動といわれる法的取締で明らかになった。これについては第8章で述べる）について考えてみよう。１９８０年代、１９９０年代前半は、イタリア社会党の下級役人は公共事業の契約をめぐって巨額の賄賂を受け取るのが当たり前で、その5％は組織系統をたどって上納され、ローマにある党本部に納められた。党はこのお金を選挙運動資金の足しにしていた。また、立候補者の金融資産を使って票を直接買う場合もあった：1880年当時、ニューヨーク州エルマイラの立候補者が1票に支払った金額は10〜27ドル——そして多くの人は、票をお金で買うことがまちがったことだとは思っていなかった。票は飴でなく鞭でも「買えた」。2014年のハンガリー大統領選挙では、貧しい地方で生活保護を受けている有権者の多くが、「まちがった」投票をすれば給付金は打ち切りになると無記名投票であることをよく知っているはずの選挙運動員から脅されたと訴えた。(4) ここであげた個人の利得は、すべて私たちの汚職の定義に含まれる。

2.2　汚職はかならずしも違法だろうか？

ジェームズ・スコットは著書『比較政治腐敗』で、役人の行動が汚職かどうか定義するのに使える基準が三つあると述べている：公共の利益の基準、世論の基準、法の基準だ。(5) さらにスコットは、多くの場合この三つは一致すると述べている。前項で述べた、ウッタルプラデシュ州の厚生相による公金横領の例をみてみよう。地方の貧困層は保健医療にアクセスしにくくなったので、公共の利益がそこなわれている。インド国民は当然ながらスキャンダルに驚き、動揺したので、役職の適切な利用についての世論に反している。続いてこの厚生相が逮捕されたのは、州の資金の横領は違法だったからだ。この例では汚職のどの定義に照らしても、厚生相の行動は明らかに汚職行為だった。

本書で見る例のほぼすべてにおいて、私たちが汚職に分類する行動は三つの基準すべてに違反する。役人が公共事業の契約獲得の見返りに賄賂を受け取るのが合法とされる国を私たちは知らない。特定の政党を支持する有権者だけを公的医療機関が治療する国もない。どちらも明らかに違法で、正当性を欠く行為だ。

汚職に関する法的な境界は時の流れとともに、世界的にますます厳しくなり、いっそう標準化が進んでいる。19世紀のアメリカでは、国会議員の収賄は違法ではなかった。聖書の時代は、判事に論争を聞いてもらうために嘆願者が贈り物を持参することが期待されていた。だが今日、汚職とみなされる活動——横領、政府の仕事や契約を家族に与えること、選挙票の買収、公金の盗用——の大部分は、世界のほとんどすべての民主主義政権で違法だ。非民主主義国家はまた別の話だが、その多くでさえ、公共の領域と個人の利得の間にはきちんと定められた境界があり、（大部分の）役人の適切な行動については明確な制約が設けられている。

本書で検討する事例の一部は、まさに黒白がはっきりしないゆえに興味深い。違法ではないが、ほとんどの人にはなんだか不適切に思える行動を例にとろう。アメリカの財務長官ティモシー・ガイトナーが退任から1年あまりで２０１３年にウォーバーグ・ピンカス（彼が規制する立場にあった会社）の代表になったのは汚職だろうか。ガイトナーは法で義務づけられた12ヵ月が経過するのを待って金融業界で職を得たので、その決断に違法性はまったくない。でも多くの人は、これを彼の在職中の好意的待遇に対する見返りと見なした。しかしまた一方で、ニューヨーク連邦準備銀行の元総裁として、（財務長官を務めた期間は言うまでもなく）ガイトナーはウォーバーグ社の投資判断に助言する能力に著しく長けていたので、必ずしもこれは見返りではなく、金融専門家の求めた人材がたまたま政府に勤めていただけともいえる。したがってガイトナーが国民を踏み台にして在任期間を利用したのか、ウオーバーグ・ピンカス社がいい雇用決定をしたにすぎないのか、なかなか判断しづらい。でもガイトナーが違法行為をしておらず、国民に損害はなかったとしても、彼の行動のさまざまな面は、多くの一般的なアメリカ人の目には汚職として映る。

合法性に注目すると、同じ行動が国によってちがう解釈となる可能性もある。アメリカでは選出された国会議員が任期中に民間企業の役員を務めるのは違法行為だ。イタリアではこれが完全に合法とされている。では自動車メーカー、フィアット社の大口株主、ジャンニ・アニェッリがイタリア議会の上院議員となったのは汚職だろうか。熱心な反汚職活動家なら、アニェッリへの任命は、すでに欠けつつあったイタリア国民の政府に対する信頼に悪影響を与えたと主張するかもしれない。アニェッリが上院議員であったことが、フィアット社に政府支援や政府のリソースへの特権的なアクセスを与えた可能性があるからだ。だがアニェッリは法に触れていない。（アニェッリが公職についてフィアット社の株価が急上昇した事実は、フィアット社への便宜供与を投資家たちが予測したことを示唆している。だからアニェッリへの批判には一理あったともいえる。[6]）

これらの例が示すように、法的基準によって何を汚職とするか定めると、文句なしの混乱が生じる場合がある。だが、役人の行動を判定する基準として代わりに世論や公共の利益を使うと、もっとやっかいだ。引き続きガイトナーとアニェッリの例を使おう。政府の職と民間部門を彼らが掛け持ちすることで公共の利益が損なわれていると断言できるだろうか。公僕が在任中に、将来（あるいは現在）

の民間部門の雇用主に特別待遇をするようになるから、一般大衆にとって有害だという意見はあるだろう。その一方で、役人を民間部門から断絶させることになってしまうという主張も、十分にできるだろう――選りすぐりの（ガイトナーやアニェッリのような）人材に両方を任せられたら、もっと生産的な公僕、それにもっと効率的な民間部門が手に入る。したがってガイトナーやアニェッリの行動が公共の利益に反するかどうかという点については、合理的な意見の相違がある。世論は、同じ行動に対する解釈が場所によってさまざまで、解釈もちがうようだ。アメリカの報道はガイトナーを糾弾した一方、イタリアではアニェッリが二役を務めることについては、大部分が問題視しなかった。

何を汚職とするか決めるにあたって、公共の利益というはっきりしない考え方や、世論に頼ることの難しさはそこにある。経済や社会にとって何が良い／悪いか、見解は当然ながら分かれるし、世論や一般大衆の姿勢は、国や時代や環境によって大きくちがう可能性がある。

汚職の法的定義についても同じことがいえるが、現代ではその差はあまり大きくなくなった。世界の国々で、公僕は選出議員や任命公務員の役割と責任を明確に定めた法的規制に縛られている。公職者はどこでも、契約を結び、給付金を与え、仕事をするにあたって、規則に従わなければならない。ブエノスアイレスの市長とシンシナティの市長、あるいはポーランドの議員とインドの議員のあいだで、何が合法かという点での違いはかつてないほど小さくなっているし、本書でみる行動の大部分は、あらゆる状況で明らかに違法だ。ゆえにほとんどの場合、本書では汚職を違法なものとして扱う。欠陥はあるけれども、法的定義は、私たちが単に気に食わないだけの行動や個人的に賛成できない行動と、汚職行為を隔てる明確な――それもかなり客観的な――境界を与えてくれるからだ。法的定義があっても、時代や国ごとに汚職とされるものがちがうという点には注意が必要だ。ひとつだけ例をとると、車で市民を投票に送り届けるのは、アメリカでは投票率を上げる一般的な方法のひとつだが、ラテンアメリカの多くの国では違法とされる（また、有権者から道義に反すると見なされる）。

このように法、世論、何らかの指標で見た公共の利益、どれを使おうと、国をまたいで一様な尺度を適用するにはどうしても困難がつきまとう。とは言うものの、汚職について一貫性のある定義を提供するには、法による尺度を使うのが最もやりやすい。

2.3 汚職はどうやって計測するの？

汚職研究者と反汚職活動家は、同じような問題に直面する――両者とも計測しようとしているのは、（うまくやった場合）外部の人間には見えないものだ。賄賂はおもに現金取引だ。通常は記録もないし、銀行振り込みもないし、領収書もない――理想的には、いかなる文書記録もなし（イタリアの都市、ベネチアを海面上昇から守るための調節可能な防壁の建設をめぐる現行の壮大な汚職スキャンダルでは、事業者は食べられる紙に記録を残し、取引後にどんな証拠も――推測では地元産のスパークリングワイン、プロセッコを添えて――食べてしまえるように文書記録を処理したといわれている）。その行為が違法だからこそ、関与する人間はどんな証拠も隠そうとするのだ。

電子送金を利用して資金移動と資金洗浄をおこなう汚職の場合、資金は体裁を整えて当局に目をつけられないようにする。規模の大きい、高レベルの汚職――一般に「大汚職」と呼ばれる――の場合、役人はよくダミー会社を使って資金を国外に移動させる。実験的証拠によると、ダミー会社の設立は違法であるにもかかわらず、驚くほど容易に匿名でも設立できる。企業サービス提供者には公証つきの身分証明書が求められることから、匿名のダミー会社設立は不可能であるはずなのだ。ところがダミー会社の設立がいかにたやすいか把握するために、3人の政治学者が匿名のダミー会社を設立しようとする顧客を装って、7000通あまりのメールを181ヵ国の企業サービス提供者3800社に送った。[7] 汚職がひどくはびこる貧しい国の政府調達係から送られてきたとされる――つまり依頼にあやしげな出所の資金が関わっていることを受取人にほのめかす――メールの場合も、企業サービス提供者は、低汚職の国の（架空の）有望な顧客からメールを受け取った場合と同じように打ち合わせに応じようとした。

2016年にパナマの法律事務所、モサック・フォンセカから1100万件の情報が漏洩した事件では、汚職政治家たちがマスコミや捜査当局に目をつけられることなく、実に効率的に資金を移動させてきたことが明らかになった。このいわゆる「パナマ文書」は、さまざまな国の一般市民に、かねてから疑いのあった官僚による汚職の直接証拠をもたらした。たとえばナイジェリアの石油相3人、国営石油会社の幹部社員たち、国外にダミー会社を設立したことですでに資金洗浄の捜査対象となっていた州知事2人が、この会社を使ってヨット、自家用ジェットのほか、マンハッタンとビバリーヒルズに不動産を購入していたことが明るみに出た。[8]

法執行機関や調査報道を専門とする記者も、贈収賄の現場をとらえることがある。結果として、お決まりの通し番号でない札束が詰まったスーツケースの受け渡しが現実に何度も行われてきたことが知られている（実際、500ユーロ紙幣が廃止されたのは、違法な手段で獲得した大金を小さなブリーフケースに詰めこみやすいからだ）。たとえば1970年代後半、アメリカでは連邦捜査局（FBI）がアブドゥル社という偽の会社をつくりあげて、架空の中東の石油王のために——資金洗浄の支援を含む——便宜供与を求めた。FBIの潜入捜査官たちみずから政治家たちに現金を提示しているところを録音したこのアブスキャム作戦は、結果的に下院議員5人、上院議員1人、多数の地方公務員の有罪判決につながった。政治家の汚職現場を政府がめったにおさえようとしないインドでは、テヘルカー誌が2001年にアブスキャムと同様の暴露を成功させた。テヘルカー誌の記者2人が、インドの軍隊に暗視カメラを売りたいとするロンドン拠点の架空の会社、ウェストエンド社の代表を装った（社名は無難なものにした）。上級官僚と士官たちが賄賂を受け取るところや、賄賂の支払いの方法を話し合っているところを記者たちは録音している。

ある場所にある時点でどれくらいの汚職が発生しているか把握するには、逸話の報道や、パナマ文書による大規模な暴露以上のものが必要だ。ほとんどの汚職はバレたりしないはずだから、実際の規模や頻度についてのニュース報道はとりわけ信頼できないと推察される。そして当然ながら、汚職に関与している官僚の法的処断は、汚職の尺度として頼りにならない。司法当局が特定と起訴を望んでおり、またそれが可能であることが前提となるからだ。[9] 実際には、汚職がこの上なくありふれているところでは、司法当局に官僚の捜査をおこなえるほどの独立性が備わっている可能性はきわめて低い。

では反汚職の取締がないのは、国の役人が清廉潔白である（ゆえに捜査するべき事例がない）しるしなのだろうか、それともすっかり汚職に巻き込まれて、取り締まる側が賄賂を受け取っているせいなのだろうか。逆にいうと、訴訟一覧いっぱいに反汚職の取り組みが並んでいるのは、司法当局が誠実に汚職に対処している証拠だろうか。それともこれらの訴訟は、政府が問題に取り組んでいるという（まちがった）印象を一般市民に与えるためにつくられたものだろうか。法的手続きを汚職の尺度として解釈するのがなぜ難しいか、これでおわかりだろう。

官僚本人に尋ねても、返答がまったくの真実である可能性は低い。不正の糾弾を彼らとしては否定したいからだ。たとえばスハルト大統領（多くのインドネシア人と同様に、この一語だけの名前で通っている）がインドネシアに君臨していた30年間について考えてみよう。この間にスハルト一家は数十億ドルの富を蓄えたと考えられている。今日まで、スハルト一家は在任中の汚職の嫌疑を否定し続けており、異なる主張をする相手はだれでも訴えてきた（注目を集めたとある訴訟では、スハルト元大統領が在任中に730億ドルを横領したと主張したタイム誌に勝訴して、1億ドルを手にしている）。犯罪者が公の場で悪事を告白するなど期待はできないが、それなら彼らの悪事について当人の主張を使うわけにはいかない。

結果として汚職は間接的に計測せざるを得ない。方法の一つが、役人がどれくらい頻繁に贈収賄や横領に関与しているか、第三者――たとえば政治専門家や、その国で商売をしている人――に訊くことだ。このアプローチのおもな利点は、任意のどの国でも調査が可能で、おおよそ同等の指標を生み出し、世界の国々の順位付けに使えることだ。同様に国内の州、地方、省の順位付けや、政府の中の行政サービスの順位付けに調査を利用することも可能だ。本書ではしばしばトランスペアレンシー・インターナショナルの腐敗認識指数（ＣＰＩ）を利用する。さまざまな組織が政府の説明責任と事業環境についておこなった多数の世界的汚職調査の平均だ[10]。

トランスペアレンシー・インターナショナルの腐敗認識指数は、その名前が強調する通り、認識に基づく尺度で、だれかの実質的な汚職行為への関与を必ずしも反映してはいない。汚職に関する情報収集の方法としては他に、経験に基づく調査を利用する手がある。たとえば政府契約の価値に対するリベートの比率や、収益に対して毎年賄賂に費やされる額の比率などの推定値を出すように、企業の従業員に求めるのだ（一例が世界銀行の世界事業環境調査で、およそ80ヵ国の企業を対象としている）。一般大衆の経験調査も、日常生活の中でのささやかなゆすりと恐喝の評価に使われる。「昨年、政府官僚に賄賂を求められましたか」などといった設問がある。一部の調査には、もっと具体的な質問もある。たとえば「公共医療機関で治療を受けるために賄賂を求められましたか。だれに投票するか、従わなければ公共サービスが受けられないと脅されて圧力をかけられましたか。昨年、公務員に賄賂を贈りましたか」。国連は国際犯罪被害調査などといった手段を利用して、定期的にこのような情報を収集してきた。

各種の回答者からのデータと、各種のデータを利用することには利点がある。専門家1人でも、理想的には統一された基準を使って、賄賂とは何かの定義に基づき、さまざまな国や地域における汚職の規模を評価できる。同様に、世界のさまざまな場所で仕事をしている実業家は、それとなく自分の反応が共通の基準に基づいたものになるよう調整している。このために認識にもとづく調査は、賄賂に相当するものが国ごとに違うという懸念から、ある程度は自由になっているのだ。だが認識にもとづく調査は、たとえば実際の汚職は減少傾向にあったとしても、汚職が大見出しを飾る一斉検挙などから生じる誤認には弱くもある。そして認識調査、経験調査の尺度は、両方とも回答者のやる気しだいで故意に上下に歪めることが可能だ。最近の公共政策に反対する人は、国がいかに堕落しているか調査官に述べることで政府の評判を貶めたいかもしれないし、汚職が横行していて、調査官から匿名を約束されている場合でも、回答者が報復をおそれるあまり汚職はないと答える可能性もある。

経験的尺度と認識的尺度の比較はどのようにおこなうか

賄賂を贈ったかどうかについて一般人の申告データを、専門家の調査と比較するのは困難だ。とりわけこの二つが同時に実施されるのは稀で、比較しやすい設問はめったにない。例外が1995―2003年に西アフリカの8ヵ国で研究者ミレイユ・ラザフィンドラコトとフランソワ・ルーボーが実施した調査の結果だ[11]。

2人が実施した調査は二つある。一方は一般大衆を対象に、汚職について経験を尋ねるもの。他方は各国の専門家を対象に、汚職に関する一般大衆の経験について認識を問うものだ。専門家と一般世帯の回答をできるかぎり近づけるため、専門家には、前年贈賄したと考えられる世帯が占める比率を尋ねた。

その結果、専門家の認識と、市民による実際の贈賄の発生には大きく根深い隔たりがあることがわかった。8ヵ国全体で前年贈賄を余儀なくされたと報告した世帯は13%にすぎず、国別ではベナンの8・7%からコートジボワールの16・5%まで幅があった。国の専門家たちが出した推測値は世帯からの報告の4倍で、国ごとの順位も不正確だった。専門家たちはブルキナファソを8ヵ国の中で汚職が最も少ない国と位置づけ、他の国とは大差が開いており、汚職率が２番目に高い国より10ポイント低いと推測していた。世帯調査によると、むしろブルキナファソは最も腐敗した国に数えられ、回答者の15・２％が贈賄を報告していた。[12]

二つのアプローチの結果にこれほど違いが出たのはなぜだろうか。（研究者たちによると、市民は基本的に臆せず政府を非難していたというが）一般世帯の回答者が調査官に萎縮したのかもしれないし、専門家に比べて賄賂の意味を狭くとらえていた可能性もある。でもほぼ間違いなく、一般大衆の生活における賄賂の浸透を専門家が大幅に過大評価したのだろう。高汚職国でも、任意の１年間に賄賂を贈ったり、票の買収を目的とした施しを受け取ったりしているのは成人人口の20％未満で、これは専門家が主張する数値よりはるかに低い。

なぜ汚職について客観的指標を使えないか

アンケート調査回答に特有の回答者のウソを越えるべく、新興分野「法廷経済学」の研究者たちは、回答者に直接質問することなく、隠された――汚職を含む――行動を研究するさまざまな手法を開発している。[13]

筆者の１人（ゴールデン）による２００５年の論文（経済学者ルチオ・ピッチと共著）は、捜査的経済学が汚職を明るみに出す手法をよく示している。この論文は、イタリアの公共建設を扱った。[14] 筆者の手法を直観的に把握するために、イタリア南部のナポリからレッジョ・カラブリアに続く５００キロメートルのＡ３湾岸道路（アウトストラーダＡ３）を想像してほしい。この道路は１９６０年代半ばに開発が進んでいなかったカラブリア地方と他の地域を結ぶために考案された。初のＡ３建設構想でできたのは、特に夏に渋滞しやすい、不備のある幹線道路だった。そこで１９９７年、イタリア政府は２００３年完成を目処に大がかりな改修をおこなうと宣言した。本書の執筆時点で（２０１６年８月）すでに１００億ユーロが投じられており、道路は未完成だ。このように大金が費やされていながら、成果を示す道路インフラはごくわずかだ。このお金はどこへいったのだろうか。欧州不正対策局によると、Ａ３建設をめぐる契約に「大規模な不正」があったという。どのような不正だろうか。反マフィア勢力を掲げる法律家ロベルト・デ・パルマが２０１２年に『デイリーテレグラフ』紙に語ったところでは、「（公共建設を手がける予定で支払いを受けた会社が）着工したとたん、柱を２、３本建てたところで現金を持ち逃げして突然いなくなってしまう」という[15]。

ゴールデンとピッチによるイタリアの公共建設汚職の研究では、イタリアの１０３の各地方について、既存の公共インフラ――道路の総延長、学校の教室数、病床、電線、等々――と、その建設に投じられた合計数十億にのぼる費用を比較した。支出対インフラの比率が高い地方は、調達係を務める汚職官僚と手を組んだ不誠実な建設会社に公的資金を吸い上げられたと推測される。この結果から、イタリア南部――悪名高いＡ３の生まれ故郷にして、マフィア誕生の地――は、北部よりも「流出」率がはるかに高いという疑惑が裏付けられた。その原因はイタリア南部の建設会社が（腐敗しているというより）非効率的であるせいかもしれない一方で、ゴールデンとピッチは民間部門の建設費が南部ではむしろ安価であることも発見した。このため、イタリア南部の流出率の高さが非効率性のせいだとしても、南部の人間は政府計画の仕事になると怠惰と無能ぶりがさらに悪化することになる。

「実際の」汚職の評価尺度を生み出すその他のさまざまな間接的アプローチについては本書の中で述べる。これらの手法を開発する研究者は、どんなシナリオに対しても柔軟に手法を選ばなくてはならないため、アプローチのちがいについて事前に完全な説明は提供できない。本書の目的のためには、これらの「客観的」指標がどんなに貴重であろうと、それが個別状況それぞれに合わせてあつらえられているため、国際的な汚職比較には利用できないことを指摘しておきたい。

概して汚職の尺度を選ぶにあたってはあまり凝り固まらず、そのときの目的に合わせて最善なものを選ぶ必要がある。世界の汚職を比較するなら、トランスペアレンシー・インターナショナルのＣＰＩのような調査にはなかなか勝てない。世界の国の大部分を合理的に比較できる尺度は他にないのだ。イタリアの政府調達の汚職を糾弾するなら、資金流出のケーススタディのほうが、人々による印象調査につきものの水掛け論になりにくいし、誤用、盗用の結果いくらのお金が浪費されたかについても、具体的な推定値を出せる。しかしまあ当然ながら、この種の客観的指標で計算できるのは、いっときに一国のみなので、これらを利用できるのはインドネシアの村々やイタリアの各地方に焦点を絞って汚職を調べるときのみだ。一歩離れてインドネシアやイタリアが世界の他の国々と比べていかに腐敗しているか評価する場合は、認識をもとにしたトランスペアレンシー・インターナショナルの尺度に頼る必要がある。でもそのときは汚職についての——事実ではなく——意見を頼りにすることの問題に留意する必要がある。

汚職といっても千差万別だ。当然ながら規模はいろいろだ――駐車違反切符を避けるための賄賂などささやかな汚職もあれば、多国籍企業が数百万ドルを支払って政府との契約を確保するときのような、大規模汚職もある。また、便宜をはかる汚職（賄賂）と、純然たる窃盗（政府資金の着服）の区別もある。

本書で繰り返し立ち戻るとりわけ重要な区別は、それをやるのがだれか、というものだ。政府の公務員か、選出された公職者か（厳密にいうと、この区別は政治家が選出される民主主義政権のみに当てはまる。だが非民主主義の国では同様に、統治者の汚職か、それとも公僕の汚職かという区別ができる）。公職者がどのように選ばれたか――および、公職に就いた後で何をやったか――によって、彼らの関わりがちな汚職の種類も変わるし、またそれに歯止めをかける戦略の考案にも影響する。(16)

2.4 政治汚職は官僚の汚職とどう違うのか？

公務員は政府に雇われた人で、学校、病院（たいていは一般向け）、そして公共機関――外交団から交通局までさまざま――などの行政部門で働く。教員、雑役係、警察、税務官、そして建築現場からホテルまですべてにしかるべき法を守らせる規制係官など。理論上、公僕が職務についているのは、適切な専門知識か資格を持っているか、その他の能力に基づく基準を満たしているからだ。教員は教員免許か教員資格を持っているから雇用されるし、看護師は医療研修を受けているから雇用される。ほとんどの国では、判事は官僚的な手続きで指名されるが、法知識のおかげで職についている。行政サービス職は公務員試験の結果をもとに採用されることが多いが、この試験はとても厳しく、競争率が高い。

これらの職は政治的影響から守られている。少なくとも建前上は（詳しくはこの後で）。教員、看護師などは政権交代のたびに解雇されるべきではない。公僕や任命公務員は、原則的には超党派的で、政治的に中立であるはずだ――そうでないなら、その時点ですでに汚職が任命のプロセスを蝕みつつある気配が漂ってくる。

公務員とはちがい、政治家は選出されるか、非民主主義政体の場合は武力あるいは継承によって実権を握る。政治家には大統領、首相、国会議員、市長、市議会議員が含まれる。

政治家と役人の間あたりに位置する層が、いわゆる「コネ登用」（引き立て登用）された人たち。党派と政府への忠誠心だけで任命された役人だ（こういった地位には、実際の役人としての仕事は形ばかりのものもあれば、あからさまに政治的なものもある）。新政権が発足すると、コネ登用も新たにおこなわれる。ほとんどの国では、行政機関の長――カナダの公務員年金投資委員会の委員長から、ベルギー王立国防高等研究所の所長に至るまで――は、コネ登用されている。言うまでもなく大使などさまざまな外交官の政治的登用と同じだ。アメリカでは他の民主主義国家に比べてコネ登用の層がはるかに厚く、そのせいで新しい大統領が誕生してホワイトハウスに移り住むたびに政府職――およびワシントンDCの住民――が大量生産されている。だがそのアメリカでも、コネ登用は全体でみると公共部門で働く人員のごく一部にすぎない。

コネ登用の層は役人と政治家の間あたりにあると述べたのは、この両者を混ぜ合わせた性質を帯びているからだ。実力主義でなく党派主義だが、選出ではなく任命される（党派的な利害関係に導かれるとはいえ、コネ登用がおこなわれる役職の多くでは特別な専門知識が求められる）。

ご想像の通り、役人の汚職には役人による職権濫用が伴うし、政治汚職には選出議員による職権濫用が伴う。どうしてこれらを区別するのだろうか。

おもな理由は、役人の汚職と政治汚職ではその根底にある動機がちがうからだ。役人は給料を得て生活しており、金額は民間部門の同等の職より低いことも多く、無条件で将来にわたって職が維持されると見込んでいる。違法行為に関与する場合は、ほぼかならず現金と引き換えで、それを収入の足しにしようというわけだ。対照的に政治家は留任したいなら（筆者たちの知る限り、みんな留任したがる）選挙ごとに争う必要がある。[17]政治家（あるいは彼らを擁立した政党）は、こうした政治活動や、投票者の動員、および／または企業ロビーや労働組合のように政治家に代わって活動できる集団の後援のために軍資金をためる必要がある。ほとんどの活動が――テレビやロボコール〔自動音声電話〕ではなく――いまだ政党と候補者によって直接おこなわれている国々では、政党と立候補者が、活動家や熱意ある支持者の組織を築き上げる必要がある。これらすべてに大金が必要になる。

民主主義国家では、政治家も役人同様に職権を濫用して私腹を肥やすおそれがある（本章の冒頭でいくつか例を挙げた）。だがいまの議論でおわかりのように、再選にかかるコストを賄うために汚職に手を出す場合も多い。これは汚職が比較的控えめな、世界で最も豊かな民主主義国家でも生じる。ドイツの例では１９９０年代後半にキリスト教民主同盟が、政府決定に影響を与えたいと考えた企業の違法な選挙献金により、秘密口座を利用しておよそ２００万ドイツマルク（１００万USドルを優に超える金額）を集めていたことが発覚した。同様に、スペインでは与党が18年間にわたって違法な未申告の資金供与を記録する裏帳簿を使っていたことが２０１３年に発覚した（党の元会計担当者ルイス・バルセナスによると、資金供与者は現金をスーツケースや鞄に詰めて党本部に届けてきたという）。イタリアの場合も同様だったことが、１９９０年代前半にマーニ・プリート運動で明らかになった（ドイツとイタリアの例の両方について、後の章でもっと詳しく見よう）。

政治汚職と役人の汚職はちがっている一方で、しばしば絡み合っている。違法行為をおこなう役人は——職務を遂行する見返りに賄賂を受け取ったり、公金を横領したり——その職位確保を手助けした政治家たちによってヒエラルキーに組み込まれる場合もある。こういった例では、役人は登用してくれた政治的パトロンに受け取った賄賂の一部を手渡さなければならないことが多い。下級役人は受け取るリベートの一部を、地元の政党活動家に上納する。地元の政党活動家はその資金をさらに上層部に渡し、最後には選出された政界の長老が分け前を受け取る。たとえば１９７０年代、１９８０年代のインド南部のとある州では、乾期に国有水路の水を利用した農家は、水路の操作をしている政府の技師にしばしばリベートを脅し取られた（この例については第5章で詳しく見る）。技師たちは違法に手にしたお金の一部を、自分たちを監督する政治家に支払う。不適切な供与はとても価値が大きかったので、上級技師は一般に、望ましい（すなわち実入りの良い）現場に確実に異動するために、年収の14倍を支払っていた。

大規模な役人による汚職が長期間にわたって続くのは、政治家が汚職に気づいており、積極的に関与している場合だけだという点で、これは典型的な例だ。言い換えれば役人による汚職は、政治家が見て見ぬふりをしているときにだけ生じるわけではない。汚職が生じるのは政治家がそれを許すか、あるいは未然に防ぐための適切な監督をしそこねているときで、政治家本人も経済的、政治的に恩恵を受けている場合が非常に多い。

役人は建前上、政治的圧力から守られているが、先の例を見ると、政治家が公僕に影響を及ぼせる方法がいろいろあることもわかる。インドではあらゆる類の役人がつねに国内で異動させられている――一つには、たとえば労働基準監督官が規制対象である事業の運営者と仲良くなったりして生じる汚職を減らすためだ。だがこのような異動が皮肉にも役人を罰する手段となる。政治家は「協力的」な調査官を大都市に異動させる一方で、戦利品を分けようとしない者（あるいは同様に望ましくない、きちょうめんで誠実な人物）が僻地に異動するように計らえる。[18] また政治家は役人を降格、または解雇もできる。役人の汚職というしつこい仕組みは、このように政治家が役人の任命、昇格、配置、給料について不当な影響力を行使する状況で生じやすい。

どんな環境でも、腐ったリンゴはたまにある――賄賂を受け取る職業安定所職員、監督しない公共事業の監督官、麻薬の売人をゆする汚職警官。しかし腐ったリンゴが珍しいものなら捕まりがちだ。仲間や同僚たちは賄賂を受け取らず、不誠実な同僚が処罰されるのを防ごうとしないからだ。役人の汚職がありふれたことになるには、役人が互いを糾弾するのではなく、かばう必要がある。同様に、役人の汚職がありふれたことになるのは、政治家もきまって見て見ぬふりをするか、奨励もする場合だけだ。このように汚職の過程で多くの犯罪者が結託すると、汚職は役人と政治家を結びつけて市民に詐欺をはたらく仕組みに発展する。そして役人による汚職と政治汚職が深く絡み合って生まれる全身性の汚職は、潰すのがとても難しい。

2.5 汚職は企業の不正とどうちがうのか

アメリカのビジネススクールの大学院生に汚職の例をあげろと言うと、すぐにほぼ必ずあがるのがエンロン社だ。1990年代後半、エンロン社が石油・ガス生産会社から、石油、ガス、商品取引で富を築く会社へと一変したのだといらお話を、エンロン社の幹部が世間に喧伝してみせた。『フォーチュン』誌は「アメリカで最も革新的な企業」にエンロン社を6年連続で選んでいる。だが2001年、エンロン社の利益が複雑な会計による捏造だったことがようやく明らかになり、エンロン社は同年中に破産を申請した。経営陣のジェフリー・スキリング、ケネス・レイ、アンドリュー・ファストウが株主たちをだまして私腹を肥やしたとして有罪になった。

スキリングと共謀者たちは株主からの信頼を踏みにじり、株主を犠牲にして個人的に利益を得た。スキリングたちの行動は道徳的に堕落しているし、エンロン社のスキャンダルは壮大な企業の不正行為の一例で、経済汚職とも呼べる。だがこの種の行動は本書で扱う内容の外にある。エンロン社は民間企業で、幹部に役人はいなかったからだ。

それでも経済詐欺をはたらくには、官僚の共犯がしばしば必要になる。規制当局からの黙認がなければ、エンロン社の株主の貯蓄が消えうせることもなかっただろう。この例ではエンロン社が（ほとんどの巨大企業と同じく）好都合な法案を求めて政府にロビー活動をしたが、公職者への違法な選挙資金寄付や銀行口座への違法な支払いの証拠はない。でも他の例では官僚が企業汚職へ著しく関与したことが明かされている。

ウォルマート社がメキシコで急速な展開を促進しようと「積極的かつ創造的」な汚職の計画を確立したときは、非常にはっきりと法的に一線を越えていた。新たに建設用地としたい土地を違法に取得するために地元役人にお金を支払ったことで、ウォルマート社はメキシコとアメリカ両方の法に明らかに違反した（アメリカの法では、企業が外国で賄賂を贈ることは禁じられている。現地では贈賄がありふれたことであっても）。これらの行動により、ウォルマートの株主は幹部の不正が発覚したときに生じる法的影響のリスクを背負わされた[19]。巨額の賄賂は1990年代、2000年代のスペインの建設ブームにも拍車をかけた。建設業者が地元役人に賄賂を支払って、スペインの景観をそこなうアパートやホテル群のはてしない開発を黙認させたのだ。結果的にスペインの人たちはひどく苦しめられた――国内総生産（GDP）は2017年時点でいまだに2007年より低く、失業率は20％を優に超えている。

このように、役人による汚職と政治家の汚職がちがうように、経済汚職と政治汚職ははっきりちがっていて、必ずしもセットにはなっていない。たとえば企業の汚職は政治的後押しと無関係におこなわれる場合がある。だがこの二つは非常にしばしば互いを支えあい、強固なものにしてより大きなエコシステムをつくりあげ、社会を犠牲にして――民間、公共を問わず――権力者たちに利益をもたらす。

2.6 利益誘導は一種の汚職か

前節でみた通り、エンロン社の汚職に役人は関与していなかった。でもこのスキャンダルの事後分析によると、政府の利益と企業の利益が公式には合法的でありながらも不適切、または受け入れがたいとされるさまざまな方法で交差していて、しばしば国民の利益に反する政策につながっている。だから法的な定義では汚職に満たないものの、もし汚職の定義を拡大して、国民の利益や世論に反する役人の行動を（たとえ合法的であっても）含めたいのであれば、利益誘導――大企業のお金が公共部門に入り込むこと――はその最有力候補といえる。

エンロン社は自社の計画を推し進めるために、２０００年の選挙のためだけでも総額１１０万ＵＳドルの選挙献金を地元候補に気前良く提供している。エンロン社はさらに多額の資金をつぎこんでロビイスト陣を雇い、また人脈を利用して、エンロン社のためにジョージ・Ｗ・ブッシュ元アメリカ大統領からペンシルバニア州知事に電話をかけさせてもいる。これらの取り組みは実を結んだ――調査報道団体、センター・フォー・パブリック・インテグリティ（ＣＰＩ）によると、エンロン社の「おそるべきロビー機構は議会、国および州の政府、さまざまな規制当局から少なくとも49回以上にわたって都合の良い待遇をとりつけた[20]」。エンロン社の計画は当時、エネルギー産業を無意味で時代遅れな監督から解放するためのひたむきな取り組みとされた一方で、現実にはエンロン社の帳簿のごまかしをいっそう好き放題にさせた。

企業による合法手段を利用した利益誘導は、アメリカをはじめ各地にすっかり浸透しており、結果はエンロン社の破綻より悲惨なことになりかねない。企業は専門知識、情報、ロビー活動の提供によって有利な公共政策や、共感する官僚の任命を狙う。自動車メーカーは政府へのロビー活動で、排出基準のさらなる厳格化を回避しようとする。繊維会社は政府へのロビー活動で、国際競争から業界を守る貿易障壁を築かせる。このような利益誘導はしばしば大衆に根強い不満を持たれる。企業が役人と特別なつながりを持っているせいで、公共の利益に反する企業利益が政策に反映されることに気づいていているのだ。企業利益と政策の密なつながりのせいで国政が汚職から抜け出せずにいるとアメリカ国民の大部分は考えている。利益誘導はまったく合法的であるにもかかわらず、世論という法廷では汚職と見なされるのだ。[21]

政府から業界への通称「回転ドア／天下り」（業界から政府に戻る場合もある）は、本章ですでに述べた通り、役人が企業利益と密な関係にあるという感覚を強める一方だ。多くの元役人がロビー団体などの事業体に入っている。多くの人の目には、かつての同僚を口車に乗せて、公共の利益を犠牲に、民間部門の利益になるように動かすことがおもな役割であるように見受けられる。

国際通貨基金（ＩＭＦ）の経済学者3人が手がけた研究に、２００７年に始まった世界的金融危機の責任の一端はアメリカの銀行によるロビー活動にあるとさえ述べたものがある。[22] この研究は冒頭でアメリカ最大の住宅ローンの貸し手、カントリーワイド・フィナンシャル社とアメリクエスト社の例を関連づけている。２００７年の『ウォールストリート・ジャーナル』の記事によると、この2社は２００２年から２００６年の間に、あわせておよそ３０００万ドルを選挙献金とロビー活動に費やしたという。何が目的でこれほどのロビー活動をおこなったのだろうか。サブプライムローンの破綻をもたらし、大不況へと飛び火させたやみくもな融資に歯止めをかけそうな法案をつぶすためだった。アメリクエスト、カントリーワイドの両社とも、この金融危機に拍車をかけたアメリカの貧困層に高金利融資をしていた最大手だった。このパターン――危機に先立つ年月にサブプライムローンに最も乗り出していた銀行が、政府に対する最も積極的な献金者であり、ロビイストであったこと――は、もっと広く当てはまることが研究におけるデータ分析で明らかになっている。これらの取り組みは非合法ではなかった一方で、公共の利益をほぼ確実にそこなっており、有権者から見れば企業と政府の適切な結びつきでなかったことは、後に世間から激しい非難の声があがったことが示す通りだ。

ほとんどの国が賄賂を禁止しているのに、企業と政府首脳との交流をいっさい禁止としないのはなぜだろうか。理由の一つに、民間部門に影響する政策の策定にあたって政府高官がしばしば企業の代表者と話をしたがることがあげられる。結局のところ、業界への政府規制の影響について、だれよりも情報を握っているのは企業だ。この専門知識対偏向のトレードオフは、さまざまな状況でみられる。ゼネラルモーターズ（GM）社のCEOはミニバンの将来をだれに尋ねればいいだろうか。GM社のミニバン事業を監督している幹部がおそらく最も情報に通じている――つまるところミニバン事業は彼の仕事なのだから――が、彼はきわめて偏向した立場でもある。ミニバンは自動車業界の未来だとGM社の社長を納得させられたら、彼の部門の研究リソースとマーケティング組織は拡大されるのだから。答えはこのミニバン専門家を邪魔することではない。彼には偏向があることを認識したうえで傾聴することだ。政府の役人にも業界の情報が必要だが、得られる情報が客観的ではないことも念頭に置く必要がある[23]。

それでは専門知識としてのロビー活動の利点を、利益誘導がもたらしかねない政策の偏向と釣り合わせるのに、現行の規則は成功しているだろうか。少なくともアメリカの場合、手に入る証拠を見るとそうではないらしい。この結論に至った研究は、議員たちが議会委員会の委員を交代したときのロビイストの反応をもとにしている[24]。ロビイストたちが専門知識を提供していたなら、どの下院議員／上院議員が委員会の仕事をしていようと無関係に、引き続き同じ問題に取り組むと予測される――医療専門家は医療委員会にロビー活動をするし、軍事専門家は防衛委員会にロビー活動をする。だが調査によると、政治家が委員会を交代すると、ロビイストたちもしばしば一緒についていくのだ。これは技術的専門知識や業界の専門知識を超えて、関係がどういうわけか個人化していることを示している[25]。だから専門知識による影響力という考え方も理論上は可能である一方、個人的なつながりのほうが決定的らしい。この証拠は、ロビー活動が単なる無害な情報伝達ではなさそうだというアメリカ国民の疑念を裏付ける――個人的なアクセスと影響力も関係しているのだ。

企業と政府の親密な結びつきが嫌なら、どうしたらいいのだろうか。アメリカの最高裁判所の最近の判断（中でも2010年のシチズンズ・ユナイテッド裁判においての最高裁判所の裁定）は、企業が政治家に取り入ることを困難にするのではなく、むしろ容易にしている。だからさらに厳しい施行を願うより、法自体を変える必要がある。望ましくない類いの企業と政府の結びつきは世論に逆行するだけでなく、違法となるようにすべきだ。

政治的、法的な障壁なしで制約を設けられるとしたら、どこまでやればいいだろうか。ティモシー・ガイトナーはウォール街で働くのに1年待たなくてはならなかった。どうして2年でも、5年でも、10年でもなく1年なのだろうか。たとえばフランスでは公職から民間企業への「天下り」には少なくとも3年待たなければならない。トレードオフの問題だ：10年たたないと、自分の最も得意とする専門分野で民間職につけないなら、最も聡明で、最も適任な最高の人材は政府の職を全面的に避けてしまいかねない。また、外部集団が公共の利益になる影響を政府に与える可能性も阻害しかねず、後悔することになる。たとえばアメリカでは、登山者と国有林の利用者のため、そして自然環境の保護のためにシエラクラブがロビー活動をしている――同じ役人に対して彼らと正反対の計画のためにロビー活動をしている開発業者から環境を守るためなのはほぼ確実だ。

利益誘導をいっさい排除したいわけでないからといって、制約の強化に乗り出すべきでないともいえない。適切で最も効率的な制約がどんなものか議論の余地はあるが、筆者の見解では、現行制度は国民にあまり役立っているとはいえない。アメリカ国民の80％が同意見で、シチズンズ・ユナイテッド裁判の判決が議会の行動を通じて改められることを望んでいる。(26) 利益誘導が違法でないからといって、国民がそれを容認できると思っているわけではないのだ。

まとめると、利益誘導はどんな法にも触れていない一方で、アメリカの政府高官で、政府での経験を個人的利益と引き換えにした人物の例はすぐに見つかる。ある行動が、法的には汚職でなくても世論によって汚職と見なされる場合はある。法が世論と矛盾する場合、変わる必要があるのは法であって、その反対ではない。

2.7 恩顧主義と引き立ては汚職を伴うか

引き立てと恩顧主義は汚職の形態に数えられ、政治家には現金の代わりに政治的支援の「賄賂」が提供される。支持者のほうは仕事の口、贈り物、政府資源を受け取る。

2・4節で指摘したように、どの政府も大使や公的機関の代表といった役職には、完全に合法的で適切な引き立て登用をおこなう。これらの役職は体制支持者や、効率的な選挙運動の資金調達者への褒美として与えられる[27]。

だが引き立ては影響を与えるつもりでなかった政府階層に浸透して、正当（あるいは厳密に合法的）でない登用を導きかねない。法のもと、標準試験にもとづく任命をおこなうことが求められている公僕が、所属党派や政府の人脈に基いて採用されるおそれがあるのだ。公式な任命プロセスの準備として、政党が編み出した方法はいくつもある。政治学者V・O・キーは、アメリカの都市でおこなった調査をもとに1935年に発表した論文で「公務員法を回避する方法」として基本的なやり方を――予算の妨害から選考過程の捜査まで――五つ列挙しており、そのすべてが現在も利用されている[28]。イタリアでは第二次世界大戦後の数十年間、正規の公務員試験と任命プロセスの進行があまりに遅く（滞りは平均3年間）、多数の役人が――完全に合法的に――「臨時」扱いで採用された後、立法府による発案で役職を正規のものに変えるやり方で標準的な手続きを回避していた。通常の管理がおこなわれず、イタリアで1956―1961年に採用された公僕の41%が、義務づけられていたはずの能力試験を一度も受けていなかった。1973―1990年には試験を一度も受けていない層がおよそ60％に増加した。これらの行政職はこうして引き立て登用へと――完全に合法的なやり方で――変化をとげた。[29]

党派の目標のための政治的支援と、経済発展を目的とした正規の雇用創出とのちがいは紙一重だ。ケニア政府が1万キロメートルにおよぶ道路建設に2015年前半に着工することを認可したとき、ケニアはすぐれた交通インフラを切実に必要としていた。この道路建設はおよそ13万7000人の雇用を生む――雇用の口もひどく必要とされていたのだ（ケニアの失業率は2008年時点で40％。2008年は信頼性あるデータが入手可能な年として最近）。でも前世紀の歴史が何らかの指標になるとしても、これらの利点をケニアの全国民が享受できる可能性は低い。2015年に発表された研究によると、民主主義が無力だった時期に「大統領と同じ民族が住む地区に与えられた道路建設費は2倍、舗装道路の長さは4倍」という。[30]筆者の推測では、ウフル・ケニヤッタ大統領と同じ民族、キクユ族が統治する地区は、今回も公正な分配より長い距離にわたる新しい道路を手に入れるだろう。この例での道路建設は合法だが、実施においては引き立ての判断に左右された部分があるかもしれない。

恩顧主義は独特な形の引き立てで、政治主体（パトロンと呼ばれる）が、投票と引き換えに有権者（クライアントと呼ばれる）に何かを渡す。学校、道路、その他、国の設備を有権者に提供するのは違法ではないし、考えちがいでもない。恩顧主義に特有なのは、利益を得るのが一般大衆ではないこと、そして利益が選挙での支持を条件としていることだ。[31]やりとりが間に人を介さず、直接的で、個人向けの場合もある。だれかに2、3ドル支払って投票を確保するのは、恩顧主義的な汚職のかたちのひとつだ。「票の買収」といって、これは選挙を実施しているほぼすべての国で違法だ。恩顧主義にはもっと長期にわたる関係が絡む場合が多く、有権者と政治家を確立された取引網にがんじがらめにする。たとえば支持者の政府への引き立て登用は、受益者を政治家に縛りつける。後援者が解任されると仕事の口が消えるからだ。

恩顧主義は、おもな尺度が必要性や価値ではなく党派性である場合（つまり選挙区や有権者が与党支持によって政府資金や給付金を受け取る）、政府給付金と仕事の分布を歪める。これによりリソースを受けるべき、あるいは必要とする地域や有権者からリソースが遠ざけられてしまう。市民が政治的志向を理由に違法なやり方で――たとえばある政党の支持者のみに、貧しいかどうかと無関係に福祉給付金を提供する一方で、「まちがった」政党の支持者は給付対象者リストから抹消――公益にあずかる場合、恩顧主義は汚職の領域にそのまま入りこむ。このような行為が、1997年に貧困削減政策「プログレッサ／オポルトゥニダデス」導入以前のメキシコでおこなわれていたことが確認されている[32]。イタリアでは障害給付金が同様に濫用されて、健常だが失業中の与党支持者支援にあてられていた[33]。

繰り返しておくべき点は、役人が有意義な恩恵を有権者に提供して支持を得ることが、必ずしも悪いわけではないことだ。政治家は本来、市民のニーズに応えなければならないし、基本的な公共インフラの提供が、まさにその役割を果たすことは多い。同様に、最低賃金の引き上げなど、労働者の益になる政策転換を掲げる政党のために労働組合が選挙活動をした後で、投票日に組合員が投票に行くのを後押ししても（私たちが把握している状況の大部分では）違法性はない。有権者たちを政党に結びつける揺るぎない後援組織はよくみられるし、国民の政治知識に磨きをかけて投票を促すのにしばしば役立っている。だがこれらの例は恩顧主義というよりむしろ、政治家や政党の実績評価に近い。ちがいは個人の利得と引き換えに党派への忠誠心を約束することが恩顧主義に欠かせない点だ。

まとめると、恩顧主義と引き立てはしばしば汚職を伴うが、必ずしも絶対ではない。政府の雇用規則を無視、あるいは操作して、能力ある応募者のかわりに特定党派の支持者を役所に押しこむのは違法だ。でもそんな規則がなければ――ない場合もある――そこはさまざまな汚職の定義が重なりそこねたはっきりしないグレーゾーンだ。違法ではない一方で、引き立ての実践は公共の利益に反するし、恩恵にあずかりそこねる多くの市民の政府機能に対する信頼をそこなってしまう。

2.8　選挙の不正は汚職を伴うか

選挙の結果を不正操作できるなら、政治家が投票者に仕事や見返りを与えて票を買う必要はない。選挙の不正に含まれるのは、結果を変えることを目的とした選挙前、選挙中、選挙後の違法行為だ。例としては投票者への脅迫や票の買収、票の水増しや投票箱の盗難、集計段階での結果の改ざんがある[34]。これらの行為が汚職でない場合もある――単に違法なだけだ。少数党と手を組んだ悪党が投票所に入り、投票箱を掴んで川に投げこむ場合、役人――ひいては汚職――は必ずしも関わっていない。でも選挙の不正はしばしば汚職と関わりがある。建前上は無党派の、選挙管理委員会職員を使って与党がやる場合のように。票の水増しや二重投票は、投票所の係員が共犯となっておこなわれることが多い――選挙管理員は政府の行政部門に雇われている人間で、法を遵守して党派的な中立性を保つと誓っている。与党はしばしばこういった役人たちに圧力をかけて票を生み出す立場をとる[35]。

選挙不正は民主主義の腐敗を意味する――政権指導部の選択から有権者の意思を切り離してしまうのだ。政治家が選挙プロセスの汚職によって得票差を埋めること、あるいはもっとやっかいなことに、だれが勝者となるかを変えてしまうことがどれくらい頻繁にあるか、把握するのは困難だ。でも負けた候補と外部のオブザーバーたちが、選挙には不正があったから無効だと主張する例は、枚挙に暇がない。2004年のベネズエラのウゴ・チャベス大統領のリコールに伴う国民投票では、出口調査によるとチャベス大統領は20％ポイントの差をあけられて敗北しつつあった。それでいて奇跡的に勝利したのだ。ベネズエラの経済学者たちの分析で、票の不正操作を示す決定的な統計的証拠が見つかった（意外でもなんでもないが、外部オブザーバーなどの立会人はリコール投票の日に選挙を処理するコンピュータに近づくことを認められなかった）[36]。だが不正の頻度や規模について広範にまとめるのは困難だ。新民主主義国では、劣勢の政党が実際にあったかどうかにかかわらず、選挙の不正を主張することはよくある（これが逆に、現職与党に、可能なかぎりいかさまをおこなうよう仕向けてもいる。どうせ何をしようと非難されるに決まっているからだ）。

選挙の不正は本章で解説してきた他の汚職と密接につながっている。公職者は大衆の反発から切り離されてしまう。そして誠実な選挙運営をしようなどという思慮を持たない人間の立候補を助長する――そうした思慮がない人たちは、おそらく役職を利用した個人的な利得を拒むだけの良心も欠如しているだろう。汚職は選挙の不正がなくても盛んになるかもしれないが、不正がおこなわれている場合、それはたいていもっと大規模で根深い汚職システムの一部だ。

第2章で学んだこと

◎汚職は個人的な利得のために公職を利用することだ。汚職から得られる私的便益はさまざまな形をとる――現金のほか、票や仕事の場合もある。

◎汚職の計測が難しいのは、当然ながら実行者がそれを隠蔽しようとするからだ。したがって汚職の計測の大部分はアンケート調査の結果であり、解釈には十分な注意が必要だ。

◎ほとんどの場合、汚職は個人の利得を目的とした公職者による違法行為とされるが、ときには合法的な行動（例：政府からの天下り）も汚職と見なされる場合がある。しかし、これらの例はしばしば不明確だ。

◎役人の汚職と政治汚職は、実行者が異なるほか、得られた利益の使途も異なる。具体的には、政治家はしばしば汚職に関与して政治活動の資金を調達する。

◎役人の汚職と政治の汚職はしばしば結びついている。政治家が任命した役人が汚職のヒエラルキーの一部となっていて、政治家は下級役人から賄賂を集めることで再選向けの選挙資金にする。

◎汚職は、選挙での支持と引き換えに、政治家が個人的な利得を有権者に提供する恩顧主義とはちがう。
◎選挙の不正は選挙の結果を変えることを目的とした汚職の一種だ。

第3章

汚職がいちばんひどいのはどこだろう?

汚職とは何かという理解が揃ったので、前章で開発した汚職の測定ツールを利用して最も汚職の多いところを調べられる。すぐにわかるのは、国家レベルの富と汚職には負の相関があるということだ。読者にとっては意外でもなんでもないだろう。しかしさまざまな国で所得と汚職を結びつけるパターンを念入りに調べると、意外な微妙な差異がたくさん見つかる。これらの関係を深く調べると、一部地域で汚職が多くみられるのはなぜかを理解するという大きな目標に役立つはずだ。

3.1 なぜ汚職は貧困国に多いのだろう？

すこし話を戻そう。そもそも貧困国のほうが汚職が多いというのは本当だろうか。それともこの社会通念は見当外れなのだろうか。手始めに汚職の世界地図（図3・1）を調べよう。図はトランスペアレンシー・インターナショナル（TI）が発表している各国の2014年の腐敗認識指数（CPI）を示している（CPIは専門家の意見調査にもとづく各国の腐敗ランキングであることをお忘れなく）。

本書ではTIの腐敗指数を四分位数に直して、その区分分けをもとに地図上の国を、最も薄い色（最も腐敗していない）から最も濃い色（最も腐敗している）まで四色で色分けした。世界の最も色が薄い地域は北アメリカ、ヨーロッパ、オーストラリアなどだ――世界で最も裕福な地域でもある。最も色が濃い地域にはアフリカの一部、アジア、中東、世界の最貧国の多くが含まれている。

1人当たり国民所得と汚職の関係を可視化するもう一つの方法に、散布図がある。散布図を使えば、世界各国の二つの変数――この場合は富と汚職――の関係がわかるのだ。図3・2は1人当たり国内

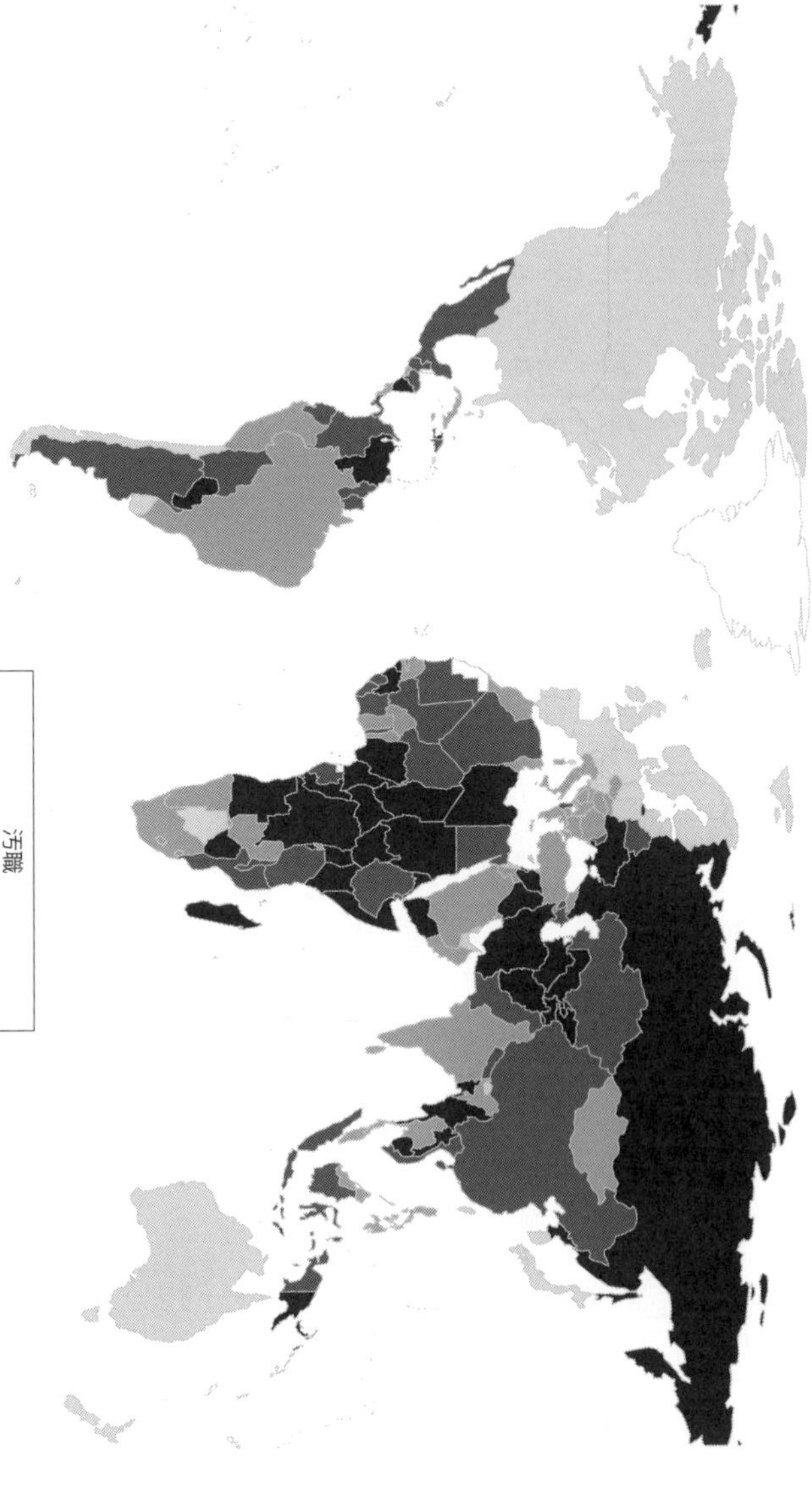

図3.1　トランスペアレンシー・インターナショナルによる、世界各国の腐敗認識指数（2014）
注：地図はCPI得点を4段階に分けたものを示す。腐敗認識指数は逆転させ、値の低いものが汚職も低いようにした。

総生産（ＧＤＰ）――その国の富の尺度――を横軸、ＣＰＩを縦軸にとった散布図だ（図で名前があがっている各国については３・３節のほか、本書のどこかで採りあげる）。横軸は対数目盛なので、ＧＤＰ値が高水準になると「押しつぶされる」。たとえば１０００ドルと1万ドルのグラフ上の距離は、１万ドルと10万ドルの距離と変わらない。対数尺度を使うのは、貧困国と富裕国の所得格差が大きいからだ。こうしなければ、エチオピア（２０１４年時点の１人当たりＧＤＰは５６５ＵＳドル）のように非常に貧しい国と、インド（１人当たりＧＤＰが１５９６ＵＳドル）との差がほとんどわからない。実際にはインドの所得はエチオピアのおよそ3倍なのだが。

２０１４年時点で上位を占めている（最も腐敗していない）国はフィンランド、デンマーク、ニュージーランドで、１人当たり所得はそれぞれおよそ5万ＵＳドル、６万ＵＳドル、４万ＵＳドル。一方でＴＩによると、アフガニスタン（１人当たりＧＤＰは６５９ＵＳドル）とスーダン（１８７６ＵＳドル）が世界で最も腐敗している（ＴＩはソマリアと北朝鮮をさらに腐敗している国と位置づけているが、ＧＤＰが不明なので図に含まれていない）。もっと大まかにとらえると、このグラフはかなりはっきりと負の関係を示している。高所得国を見ると、全般的に腐敗度は低い(1)。つまり、たしかに汚職は貧困国のほうがひどいのだ。

横断的な汚職と所得の関係は、同一国内のさまざまな州や地方ごとのちがいにも当てはまるだろうか。どうもそうらしい。少なくともその関係を調べるデータが手に入る例ではそうなっている。たとえば図３・３はＴＩインド支部が国内の腐敗度をインド最大の州20州と連邦直轄領について示したものので、２００５年（インドの州別ＴＩ指標が入手できる最近の年）のインド各州の１人当たり所得を軸に

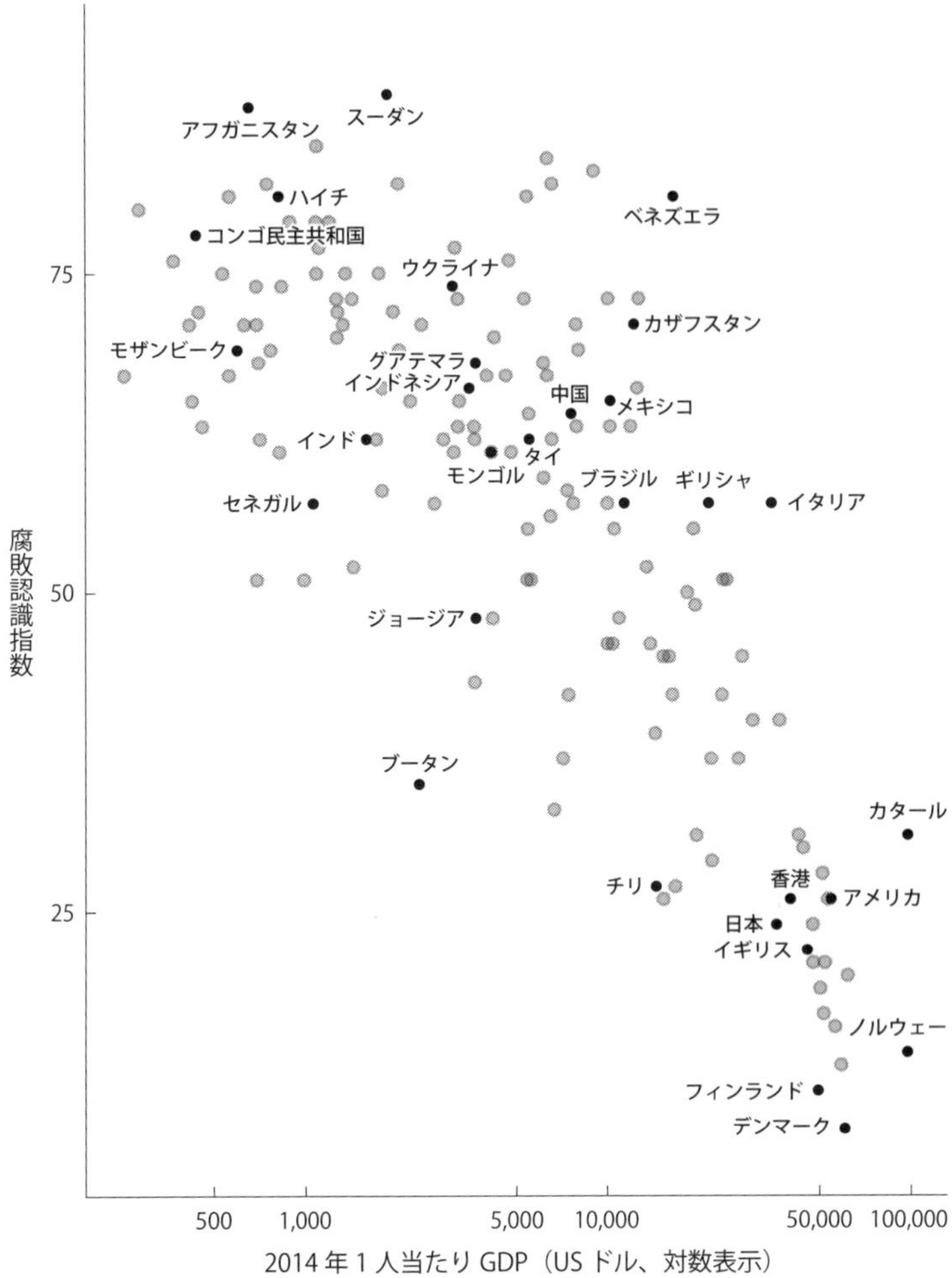

図3.2　1人当たりGDP（対数）と、トランスペアレンシー・インターナショナルの腐敗認識指数との散布図を158ヵ国について示したもの（2014）
注：腐敗認識指数は逆転させ、値の低いものが汚職も低いようにした。

とっている。国際比較データと同様に、汚職と貧困は絡み合っている（だが外れ値を示している二つの州、ケララとヒマーチャル・プラデーシュは低所得にもかかわらず、かなり清廉でいるのに成功している点は注目）。

さまざまな国――およびインド諸州――で汚職と貧困の非常に強い相関がみられることから当然出てくる疑問がある：実は汚職が貧困をもたらすのだろうか。

ほとんどの人が汚職と貧困の関係について考える場合、みんなの念頭にあるのはまさにそういう因果関係だ。この見解を裏打ちする議論と逸話には事欠かない。経済成長には道路や配電網といったインフラが必要で、通常これらは政府が提供する。役人が横領でお金を使い果たした場合、学校や道路の建設、電力網の設置に利用できる財源は減る。役人による着服の弊害について、具体的で示唆に富む解説を提供してくれるのが、ハイチの元大統領、ジャン＝クロード「ベビー・ドック」デュバリエによるひどく腐敗した統治だ。デュバリエは１９７０年代、１９８０年代の統治中にポルトープランスからヴェレットへの１５０キロメートルにわたる鉄道を投資コンソーシアムに売りはらい、線路は慎重にトラックに積みこまれて国外へ運びだされた。[2] デュバリエは収益をスイス銀行の口座に入金したらしく、ハイチの交通インフラを破壊して得られた資金は、国民の手にはわたらなかった。

汚職があると企業や投資に嫌がられるので、経済発展まで阻むおそれがある。会社を立ち上げて事業を営み、利益がうまれても、苦労した成果が賄賂を求める役人に巻き上げられてしまうとわかっていたなら、そもそも投資するだろうか。当然ながら、たいていの場合、汚職は投資を抑制する。汚職と経済成長の関係を調べた最初の本格的な研究で、つながりを説明する立場として最も有力な位置に

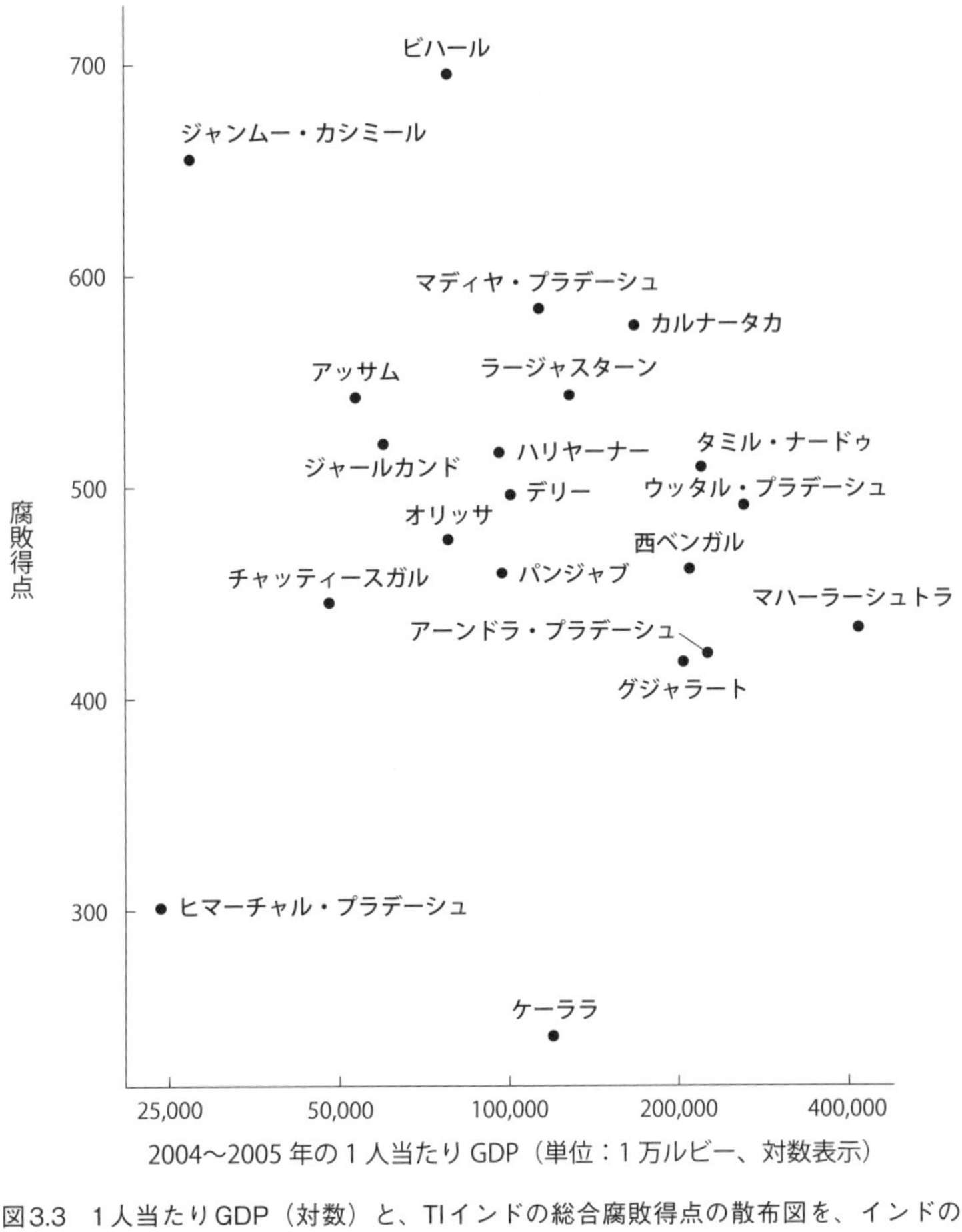

図3.3　1人当たりGDP（対数）と、TIインドの総合腐敗得点の散布図を、インドの20大州と連邦直轄領について表示（2014）

注：腐敗総合得点は、家計アンケート回答の中で（1）賄賂を払った、（2）影響力を行使、（3）政府部局からのサービス品質に不満、（4）その部局が腐敗していると認識した、（5）汚職がその部局で過去1年に増大したと感じた、（6）部局が汚職低減の取り組みをしていないと感じた回答者の比率。汚職得点はTransparency International India, *India Corruption Study 2005*（New Delhi: Transparency International India, 2005）Table 1.5, 10.

あったのが投資チャネルだ（本書でもいろいろ事例を挙げる。また汚職が投資に与える影響についても第4章で詳述）[3]。

二つの変数の因果関係を図示するとき、社会学者は一般的に原因をx軸、そして影響を受ける側をy軸にとる（x軸上の「独立」変数に影響を受けるy軸の変数を「従属」変数と呼ぶ）。図3・2と3・3で所得をx軸にとったことで、私たちは汚職が経済成長を抑えて貧困を招くのではなく、貧困が汚職を引き起こすと暗に示している――いまあげた例にもかかわらず。

実は貧困が汚職を引き起こすという見解を裏付ける確かな論拠は多い[4]。政府のリソースが乏しいと、列の先頭に並ぶために役人に賄賂を握らせる必要性がはるかに大きくなる。公共部門にまともな賃金を支払うお金がないと、役人は汚職に心を引かれやすい。そして役人を監督する立場の人間も、貧困のために薄給で、十分な訓練を受けていなければ、役人が誘惑に負けるのを防ぐ適切な監視の目が存在しない。医療や学費など基本的なものを賄うために、収賄がとても魅力的になる。だれも見ていなければ特に。汚職の大部分は、単純にリソース不足の結果だ。言い換えれば富裕国は富を使って汚職を根絶できる。この点については後述（3・3節）。汚職を抑えるにはお金がかかるのだ。

最後に、ほかの要素が貧困と汚職の両方を引き起こす場合もある。南イタリアを例にとろう。1世紀以上にわたり、この地域はシチリア・マフィアやナポリのマフィア、カモッラとの闘いを続けてきた。イタリア共和国以前から続く犯罪組織が――犯罪者の首領が政治家に拒めない申し出をして――汚職をもたらし、また、まっとうな経済成長もそこなった。

ではどちらが先だったのだろうか。汚職か貧困か――それともまったく別の何かだろうか。卵が先か、鶏が先かというこの類いの問題は、世界の仕組みを理解するにあたって社会学者が直面する典型的な難問だ。物理学や医学なら、何が何を引き起こしているのか把握するために、厳密に管理された研究室での実験を考案できる。アスピリンが心臓発作を減らせるかどうか知りたければ、一方の被験者群にはアスピリンを投与して、他方の被験者群には外見上見分けのつかない偽薬を投与しよう。2、3年でアスピリンが偽薬より役立つかわかる。

同様のアプローチでさまざまな社会現象を（学校に行く見返りとして子どもにお金を支払うことで卒業率を引き上げられるかどうかから、医療保険が健康に及ぼす影響まで）理解しようという動きが社会科学の分野でも進行中だ。このアプローチを使って、汚職の因果関係という難問を解決しようとしている学者もいる。こういった言及に値する取り組みについては後の章で述べる。[5] だが実社会で汚職の実験をするのは困難だ。似たような役人の集団の一方に他方より多く給料を支払っておいて、両方に賄賂を差し出して成り行きを見守ることはできない。これができたら、役人の給料を引き上げると賄賂を受け取りたいという誘惑が抑えられるかどうか、わかるかもしれない。でもこうして社会学者が役人に汚職を申し出るのは、倫理に反する。[6]

汚職防止実験の倫理的問題があっても、実験がまったく不可能というわけではない。でもそういった実験が可能だとしても、結果の解釈には慎重を期す必要がある。建築計画監査の厳格化がインドネシアの汚職に歯止めをかけるのに役立ったとしても、たとえばサハラ以南のアフリカで同じことをやって、必ずしも同等の効果があがるとはかぎらない。この問題――ある研究から学んだことを他の場所で適用できるか――を専門用語で「外的妥当性」という。[7] どの社会も複雑で、機能不全のかたちもそれぞれだから、さまざまな状況に広く適用できる実験の考案もむずかしい。引き続き医学をたとえに使うと、男性のみを対象に実験を続けても、女性の心臓発作予防についてわかることは限られている。女性を対象にした実験もおこなう必要があるのだ[8]。また、個別の反汚職対策の、とてもささやかでどうでもよさそうな細部――役人の給料をどんな具合に増加させるか、あるいは、どれくらいの頻度で、どのように監視するか――が結果に著しく影響しかねない。結果として、範囲を絞った問題（たとえば社会が貧しいのは腐敗しているからか、それとも貧しいから腐敗するのかというもっと大きな事柄は言うまでもなく、役人の給料が高くなると汚職は抑えられるかなど）にも、一般的でほかに移植できる回答は決して得られないかもしれない。

だがそれを言うなら、そもそも単一の社会、あるいは特定の環境条件においてすら、汚職が貧困を引き起こすか、それともその逆かを究明する完璧な実験を考案できるという発想自体が、おそらくまちがっている。なぜなら結局はどっちもあるのだとわかるのがおちで、汚職が引き起こす貧困が引き起こす汚職、というはてしない堂々巡りになるだけだからだ。

この節の最初の問題に立ち戻ろう。どうして汚職は貧困国でよくみられるのか？　汚職はどこでも生じうる（し、実際に生じている）。でも貧困国で生じる場合が多いのは、貧困が汚職を起こりやすくしているからでもあり、汚職が貧困を悪化させるからでもある。これは複雑な双方向関係で、本書の残りの大部分は、先述の国家レベルの貧困‐汚職のパターンをもたらす具体的な仕組みを理解するのに費やされる。

3.2 どうして低汚職の国でも貧しいままなのだろう？

全体的にみると、図3・2のデータが示すように、汚職と国家の繁栄水準には明確な負の相関がある。だが散布図に立ち戻ると、汚職の認識水準が同じでも、国ごとに大きな所得格差がなお存在している。モンゴル（2014年時点の汚職水準は176ヵ国中80位で、1人当たりGDPは4129USドル）はメキシコ、カザフスタンに比べると、腐敗していないうえに、かなり貧しい。でもモンゴルの貧困には他に理由がある。モンゴルはアジアの六つの内陸国の一つという経済的逆境にある。海上輸送による貿易の歴史的重要性を考えると、世界市場にアクセスするには大いに不利だ。

つまり各国の相対的な富や貧困は複数の要因によるもので、ある時点で役人が腐敗していたかどうか、または経済成長に尽力していたかどうかといった単一の理由だけに左右されない。たとえば汚職など、所得の原因（あるいは所得の影響）一つだけに焦点をあてると、国ごとの国民所得には、説明できない分散がたくさん出てくる。経済発展には数多くの投入——教育、投資、貿易政策、天然資源、戦争、単なる災難——があることを踏まえると、完璧に誠実な政府のもとでも国民が貧しくなる道はたくさんある。政治指導者が心底そうならないことを望んでいたとしても。

うまく機能しており、腐敗していない国で、すすんで控えめな国民所得に甘んじているらしい国もいくつかある。山岳部にある国、ブータンは図表3・2の通り、1人当たりGDPの低さに対して、意外にも世界で最も清廉な国だ。ブータンは最も腐敗していない国に位置づけられ——CPI指数はアメリカとほぼ同じで——意図的に経済成長を抑えてきた。2008年まで王政だったブータンは、見識と善意ある政治的指導者に恵まれていた——恵まれすぎて、国民は（国王本人主導の）民主主義への移行にも猛反対だった。ブータンの首脳は従来の繁栄の尺度を軽蔑した。ブータン国王はあらゆる犠牲をはらって経済発展を追求するのではなく、国民総幸福量を国の発展の指標とした。健康、教育、コミュニティの活力、環境の質といった福利に寄与するものと、自己報告による幸福感をもとにした尺度だ。だからブータンの国民所得が、お隣の中国の3分の1にすぎなくてもかまわない——国民はスモッグにむせていないし、陽のささない搾取工場で1日12時間働いてもいない。

思いのほか腐敗していないが貧乏な地域が、同じ国の中に誕生する場合もある。本章で先ほど言及したインド南部のケララ州は、低所得だが生活水準が高い例としてしばしば取り上げられる。1人当たり所得はインドの平均より低いにもかかわらず、健康指標は先進国に引けを取らない(9)。ブータンとケララは異例である一方で、非常に貧しい国や地域でも——適切な政治的リーダーシップがあれば——もっと裕福な地域の水準まで汚職を減らせることを示している。

こうした例を私たちが提示したやりかたからも、因果関係の方向をまたも取り違えていたのではという問題が浮かびあがる。つまり清廉な国が貧しいままである理由を考えるより、貧しいのに汚職を根絶できた国は何をしたのか、考えるべきなのかもしれない。実際、世界の富裕国も、かつては総じて貧しかった——そして多くはとても腐敗していた。選挙での票の買収はかつてアメリカの政治につきものだったし、イギリス、フランスでは役人の買収が横行していた。現在の富裕国のほとんどで役人の収賄が当たり前の時代があった。これらの国は何らかの形で、汚職と貧困の堂々巡り問題を解決したのだ。どうやって実現させたのだろうか。

3.3 国が豊かになるとどのようにして汚職が減るのか

インドの大部分では、カラーテレビ、金のネックレス、羊、牛、あるいはミキサーでも選挙の票を買える。[10] 生きるか死ぬかの経済状況にある有権者にとって、間接民主主義のような高尚な理想は、基本的な必需品や、本来手が届かない贅沢品がすぐにもらえることと比べると、どうしようもなく抽象的で非現実的に感じられるだろう。だがそれが、候補者の競争力や誠実さではなく、有権者への贈賄に最も意欲的で、それだけの財力があるのはだれかという点にもとづいて政治家が選出される体制を築く。事実上、最も贈収賄に長けた候補者を選出することで、有権者は何のためらいもなく公職から最も大きな利益を得るつもりの人物を選んでいる――だからこそ候補者は数多くのミキサー、テレビ、サリー、羊をすすんで配布していたのだ！

世界の最貧国でも、選出議員が腐敗していれば大衆にはわかる――そして通常はみんな汚職を嫌がる。貧困国の小さな村を研究している人類学者によると、村人は指導者の富のひけらかしを強く意識していて、指導者たちがどれくらい横領したか、あるいはどれくらいの賄賂を引き出してその贅沢品にあてたか、ちゃんと見ているという。このような環境では、汚職はきわめてありふれた日常会話の話題らしい。[11] 同様に、本来受ける権利がある行政サービスのために、賄賂を贈る必要があることを村人はよくわかっている。とても貧しい――1日2USドルの国際貧困ラインに近いか、それ以下の生活水準の——せいで、ごくわずかな支払いも、所得のかなり高い割合を占めかねない。ほとんどお金がないからこそ、とても安く票を買えるのだ。非常に貧しい人には、カラーテレビや牛は金銭的にとても大きな贈り物になる。世界の貧困層は民主主義を重視しないのではない。また、最大の賄賂を提示する候補者を公職に選出すると、腐敗した政治家階級を存続させるのに一役買ってしまうことを理解していないわけでもない。置かれた環境のせいで、短期的には他の選択肢が考えられない状況に追い込まれているだけなのだ。同じ立場に置かれたら、ほとんどの人が同じことをするだろう。

このように有権者による効率的な監視不在こそが、国家を腐敗と貧困の均衡に追い込む。有権者の買収に最も熱心な政治家候補は、選出される可能性が最も高い。近年、サハラ以南のアフリカの大部分では、どの候補者も選挙民へのばらまきが期待されていて、すべての有権者がそれを受け入れている。ばらまきをしない候補者に勝ち目はない。最も腐敗した政治家が——選出されると——国の負担で私服を肥やすようになる。これは貧困の罠の変種で、汚職と貧困をニワトリか卵かの問題として解説するときに引き合いに出した通りだ。貧困に陥った市民は政府の誠実さを重視する公職者を選出しそこねる。選出された政治家が道路や学校の建設費を盗んだり、賄賂と引き換えに無能な建設業者に政府契約をまわしたりする。こうして横領された資金の一部が有権者の買収に使われる。市民は相変わらず貧困の中にあるので、票はトースターで買収できる。このプロセスの繰り返しだ。国の経済成長を活発にさえできれば、貧困の罠を抜け出して、富の増加とより良い政府の好循環に転じるような政治体制が実現する可能性はあるのだが。

現在では先進国となった国々の多くが、この変遷の事例を提供してくれる。[12] 成功例をもとに概論は出せる一方で、汚職の歴史的終結は複雑で多面的なプロセスであることを念頭に置くことが重要だ。各国がそれぞれの環境に応じて、まったく別の道を歩んで汚職の根絶を実現したのだ。

たとえばアメリカを例にとろう。第2章でみた通り、19世紀前半には国会議員の収賄は合法だった。首都の政治家たちによる習慣的な不正を減らすためにまともな措置がとられたのは、贈収賄が違法となって50年以上たってからだ。それでもこの時期にアメリカの経済は、当時の基準でみると急成長して、国民1人当たり所得は1820—1900年に7倍に増加した。経済成長をおもに率いたのはアンドリュー・カーネギー、コーネリアス・ヴァンダービルト、ジョン・D・ロックフェラーなどの実業家たちの企業だ。こうしたいわゆる悪徳資本家は、何であれ必要な（しばしば搾取的で非道な）手段によって個人的に莫大な富を蓄えたが、少なくとも蓄財の過程で国家のインフラを構築しているし、ハイチのベビー・ドック・デュヴァリエのようにインフラを取り壊して売却利益を国外に持ち出したりはしていない。

アメリカでは、カーネギー一族のような人々が築いた広範な繁栄が、巨大な中産階級による断固とした反汚職運動の基盤を構築した。中産階級が新たに豊かになると、もう票の買収には応じなくなった。それまでは、都市部の集票組織が、買収により貧しい移民のコミュニティの支持を長きにわたって確保してきたのだ。悪徳資本家とその相棒の役人たちのやり方に対する怒りは、ミシシッピ川より東の都市のほとんどを支配していた利益誘導の仕組みの破壊（か、少なくともその増加への歯止め）を求める進歩主義運動となった。[13]

繁栄が高まると、議員や役人にも直接的な影響が出る。経済成長に伴って役人の給料が引き上げられると、賄賂や横領で家計の帳尻をあわせる必要性は減るだろう（別にこれは贈収賄を正当化したいわけではない。単にそれをやる人々によくみられる考え方を示しただけだ）。役人の所得の引き上げに加えて、経済的繁栄が民間部門における蓄財の機会を増やすため、強欲な人は政界入りしなくても金持ちになれる。(14)

経済的に繁栄すると、役人の汚職関与のインセンティブを低下させるリソースが得られるだけでなく、汚職のコストを引き上げるツールも賄える。監視カメラ、3枚複写式の報告、公認会計士による独立監査、生体認証による有権者登録、議員の行動についての報告の流布、インターネットアクセス、市民への暴露――これらの監視技術はどれも高価だ。2、3年あれば汚職が減ってもとが取れるとしても、貧困国にはこれらの技術を購入する余裕がないことが多く、たとえ購入しても設備を適切に使える熟練人材がいない場合もある。良い統治には充分に研鑽を積んだ役人が必要で、そのような人材を大量に生み出すのは、貧困国には困難だろう。

高価な監視方式にも当然ながら問題がある。筆者の1人は1990年代後半にモザンビークで世界銀行の仕事をしていた。当時モザンビークはイギリスの会社、クラウンエージェンツに税関業務を任せていた。どうしようもなく低い輸入関税の徴収率（ゆえにどうしようもなく高い密輸発生率）を踏まえて、ジョアキン・シサノ率いる改革派政府はクラウンエージェンツ社に任せれば基本的にもとが取れるはずだと考えた。そしてこの発想はおおむね正しかった。関税の徴収率が飛躍的に上昇したのだ。支払い税額が増えたのに、大手輸入業者は新政権に満足だった。透明性が上がり、合理的で、汚職が生じにくくなったのだ。

改革を喜んだ企業はすべて、クラウンエージェンツ社のようにまともに運営されている官僚機構が必要とする数多くの報告要件に対処できるだけの規模と高度な知識を兼ね備えていた。ではそれまで2、3ドル相当のスペアパーツ（たまに機械）を輸入していたモザンビークの――公式経済のまったく外で活動している――中小企業はどうだっただろうか。かつて国境で係官にそっと賄賂を渡せた頃はうまくやれた。でもこれらの中小企業には、クラウンエージェンツ社の役所仕事に対処する専門知識も、代行業者を雇えるだけの規模もなかった。クラウンエージェンツ社の指導のもと、モザンビークの国境管理の腐敗はずいぶん改善されて、小規模でしばしばインフォーマルな事業を営む者は苦境に置かれ、実入りが減った。

モザンビークのクラウンエージェンツ社の一件から、国が裕福になるとどうして汚職が減るか説明できる物語が二つ浮かび上がる。富裕国のみがクラウンエージェンツ社などを雇ったり、監視と監督のコストを負担したりできる。加えて、裕福な経済の大規模で高度な企業のみが、反汚職の取り組みに求められる役所仕事に対応できる。

慢性的に汚職がはびこる状態から、低汚職状態への変化には、このように数多くの要因が関係している。効率的で、賄賂なしでも容易に活動できる企業。研鑽を積んでおり、十分な給与を受け取って、専門職としての厳しい規範に沿って行動する役人。反汚職の取り組みに注力する選出議員。あまり困窮しておらず、票の買収、選挙の不正を受け入れにくい有権者。国が汚職を減らして低汚職の均衡状態を維持するには、先述のさまざまな要因の複雑な相互作用が最終的に根本的な変化をとげる必要がある。これは歴史的にも平坦ではない道のりで、長くかかるプロセスであることがわかっている。

3.4 どうして一部の富裕国は汚職の根絶に失敗しているのだろう？

経済発展しても、決して誠実な政府への移行が確約されたわけではない。あらゆる確立されたシステムは、その責任者たちや、現状維持が何より重要な人たちの利益の上に成り立っているので、変えるのがとんでもなくむずかしい。そうでなければ多くの発展途上国——および一部の先進国——に汚職が根強くはびこる理由は、説明がつかない。

図3・2に立ち戻って名前があがっている国をもっと検討しよう。多くは腐敗の水準が国民所得から予測される水準よりはるかに高い。各国にそれぞれの事情があり、たいていの場合は国をとりまく環境に由来している。アフガニスタン——どう見ても裕福ではなく、国民1人当たり所得水準から予測されるより腐敗している——は、はてしない戦争と復興により統治が行き届かない状態から抜け出せずにいる。ベネズエラは——少なくともごく最近まで——完全に上位中所得国家で、「多すぎる」原油と政治的、経済的な管理の失敗という二重の逆境を経験してきた。カタールは他の湾岸の石油王国と同じく、非常に裕福ではあるが、その豊かさは独特だった。カタールは工業中心のしっかりした経済が発達せず、ある国有資源の世界市場を頼りにしている。原油だ。

このように国民所得は増加しても、かねてから政界にいる支配層が（ときには経済大国と結託して）、本当ならば政治運動や政治競争を刺激して改善を促進するはずの反汚職運動の発展を阻止したり、買収したりしている国もある。だが楽観的にみると、こういった逆境は統治のやり方を改善する余地を大幅に増やし、汚職を減らす最大の機会を与えてくれたとすらいえる。たとえばメキシコは最近の1人当たりGDP約1万USドルから予測されるより、いささか腐敗している。同時に現在かなりの反汚職運動が生まれつつある。これはかなりの規模の中流階級が、腐敗水準を上位中所得国にふさわしい水準まで引き下げると決意した当然の結果だ。

メキシコは、最終的には民衆と政敵の前にさらされる、腐敗した、政治力ある政治的支配層の一例にすぎない。そうした例は、第7章で詳述するように、国が裕福になると生まれやすくなる。汚職は所得増加とともに自動的に減るわけではない――努力は必要だ。熱心な反汚職政治家と大衆運動は、経済発展に伴う統治改善に欠かせない。本書の最終章で議論する政策と実践は、自然発生するものではない：汚職との闘いを重点政策とする新たな政治利益団体が生じる必要がある。そしてこの利益団体は、既存の汚職の慣行をあばき、闘う発展可能な組織の形成にリソースを充てる必要があるのだ。

3.5　20年前より汚職は減ったの――それとも増えたの？

汚職撲滅運動は、長年にわたって断続的に新聞の見出しを賑わしている。2000年以降、海外で事業を営むアメリカ企業に対する捜査は増加している。中国は2012年12月に大規模な反汚職の取締に着手して、数百人を逮捕。贅沢品の輸入を半減させた（この取締により、役人への賄賂に使われるロレックスの腕時計や、高級シャンパン「ドンペリニヨン」の需要は減った）[15]。2013年、インドのアーム・アードミ（庶民）党は、インドの首都にして世界で2番目の大都市デリーで少数与党政府を結成した。

２０１６年だけでも汚職に対する大規模な抗議集会——多くは数百人規模——がブラジル、グアテマラ、マレーシア、イラク、レバノン、モルドバの首都を揺るがした。[16] だが汚職への抗議が急増したからといって、１９９６年より２０１６年のほうが、抗議するべき汚職が多かったとは限らない——デモの主導組織がもっときちんと組織化されていたのかもしれないし、地域や国を越えて抗議が広まったのかもしれない。

残念ながらトランスペアレンシー・インターナショナルの腐敗認識指数（ＣＰＩ）など毎年発表される汚職指標を頼りに、汚職の変化を経時的に調べることはできない。２０１２年から２０１５年にエストニアのＣＰＩ順位が下がったからといって、エストニアの汚職が悪化しているとは言えない。腐敗認識指数を求めるのに使われる調査データは毎年変化する。だから２０１２－２０１５年の腐敗認識指数の順位を比較するのは、ある年は個人の身長を比較して、翌年は体重を比較して、結論としてジョニーの2年目の体重が重いからには、最初の年の身長も高かったにちがいないというようなものだ。

また、調査項目と重み付けを一定にして腐敗認識指数を再計算することもできない。認識は変わりやすく、汚職の基準レベルの「新しい標準」の再調整が生じがちだ。世界各国の腐敗がましになったとしても、世界で最も腐敗していない国は相変わらず誇りを持つだろうし、最低水準がかなり底上げされたとしても、最も腐敗している国には相変わらず絶望的な懸念がもたれるだろう。トランスペアレンシー・インターナショナルの腐敗認識指数にも、他の似たような指標にも、客観的基準がないため、過去20年間、30年間に汚職に変化があったかという分析にはまるで使えない。

答えの一つになり得るのが、トランスペアレンシー・インターナショナルの贈賄指数で、これは世界中の実業家に贈賄の経験について尋ねたものだ。でもこの「経験」指標――理論上は回答者の認識のみならず、実体験にもとづいている――は、かなり不正確らしい。[17] まさにこの理由から、贈賄指数のためのデータ収集は２０１１年を最後に中止されている。[18] トランスペアレンシー・インターナショナルの腐敗認識指数は、ある一時点の各国の腐敗について――完璧ではないが――合理的な尺度をもたらすが、現在のところ、汚職が時間の経過につれてどのくらい変化しているかを示す、信頼性ある幅広い尺度はない。

3.6 政府の不祥事は、汚職が悪化しつつあることを示しているのだろうか

２００８年12月、第１章で述べた例に登場したイリノイ州知事ロッド・ブラゴジェビッチが汚職の罪で連邦捜査局（ＦＢＩ）に逮捕された。ブラゴジェビッチはバラク・オバマが大統領選に勝利して空いた上院議員の議席を売ろうと画策していたといわれている（アメリカでは上院議員や下院議員が任期中に職務を離れる場合、彼／彼女が選出された州の知事の裁量で後任が決められる）。ブラゴジェビッチはこの件に関する電話での（ここに再掲できない言葉を使った）会話をＦＢＩに録音されており、この録音内容は彼の逮捕後数週間にわたって、延々と繰り返して放送された。

意外でもなんでもないが、この一件が発覚して、アメリカ政府の信頼性の欠如を懸念する声があがった。２００５年にルイジアナ州の下院議員、ウィリアム・Ｊ・ジェファーソンのワシントンの自宅

で、アルミホイルに包まれた9万ドルの現金を捜査員が発見したときも、似たような狼狽が国民に広がった。２００９年7月、ニュージャージー州の役人の汚職を一掃する取り組みで、政治家と役人40名あまりの逮捕者が出たときも同じだった。

汚職が報じられると、政府改革の必要性が高まった兆候だと早合点しがちだ。でももっと寛容な見方として、政府が自らを改善しようと取り組んでいる表れとも言える。私たちはこちらのほうが妥当だと主張したい。

この主張の土台にあるのは、不祥事はいくつもの段階で構成されていて、汚職が関与しているのはその最初の部分だけ、という洞察だ。贈賄、あるいは着服の後で、捜査機関、または野心的な調査報道専門の記者、非政府組織（ＮＧＯ）にその事実が暴かれる必要がある。それからこの一件が新聞、あるいは——最近では——ソーシャルメディアで広まる必要がある。不祥事がないというのは、汚職がないことを示すのかもしれないし、あるいは汚職の取締がない、または汚職暴露の動きが弾圧されていることを示すのかもしれない。だから不祥事そのものは、汚職の頻度や広がりの程度を示す指標としては、ひいき目に見てもきわめてノイズが多いとしか言えない。実際、汚職が稀なところでは、大衆がどれほど衝撃を受けるか報道機関が知っているせいで、汚職の事実は巨大な不祥事扱いされかねない。

このように、不祥事がないのは、デンマーク（トランスペアレンシー・インターナショナルによって世界で最も腐敗していない国に選ばれた）やケララ（インドで最も腐敗していない州）のような、ほぼ完璧に良い社会にいることを示す可能性もある。また、スハルト政権下のインドネシアのように、処罰や告発のおそれなしに贈収賄ができる、腐敗しきった社会にいることを示すおそれもある（トランスペアレンシー・インターナショナルがインドネシアの腐敗指数を発表するようになったのはスハルト政権による32年間の統治の終わり頃だったが、初の順位付けでインドネシアは最下位になった）。汚職のうわさにもかかわらず、インドネシアの大統領一家が不正に得た利益について公の場で議論がおこなわれなかったのは、政権を批判した人たちがたどった運命を考えると驚きにあたらない[19]。

一方で汚職が大きく報道されるときは、汚職の頻度がむしろ低下しつつあるといわれる[20]。不祥事が生じるのは、当然のことながら政府の不正が何年も無事秘密にされてきた後で公になった場合だ。この暴露は、司法か報道——あるいは両方——が、汚職の発見と公表についに成功したために生じる。監視と訴追が強化された指標なのだ。

つまり汚職の露見は有権者の関心をひき、新聞の売れ行きを伸ばすが、政府の汚職についての記事が相次ぐと、実際には汚職が改善しているのに、問題は深刻化しているという誤解が生じかねない。政治家の悪行についての新聞記事を読むことが、汚職についていっそう考えさせ、市民を政治にいっそう引きこむとしたら、それはすばらしい。でも社会学者——および実際の汚職水準の正しい評価に関心がある他の人たち——としては、報道は汚職についての数ある情報源の一つ、それも非常に部分的で不完全なものとして扱う必要がある。

事例研究：ペルーのブラディビデオ

不快な、あるいは望ましくないニュースを抑えたい政府は、弾圧する必要はない。飴か鞭か（メキシコの麻薬カルテルが好んで使う詩的表現は「プラタ・オ・プロモ」――鉛か銀か)。現金が詰まったスーツケースか、頭に銃弾を撃ちこまれるか。私ならスーツケースでお願いしたい。

ペルー人はマスコミ――および判事、対立する政治家――の買収にいくらかかるかおぼろげに知っている。2000年9月14日から徐々に明らかになった不祥事のおかげだ。この日、全国放送のテレビで国家情報局の顧問、ブラディミーロ・モンテシーノスが反対勢力の議員アルベルト・コウリに、与党であるペルー2000党を支持する見返りとして月額1万5000USドルを提示するビデオ画像が放映された。モンテシーノスは彼の上に立つアルベルト・フジモリ大統領に代わっておこなった不正取引の多くをつねに録画していた。テープが何本あったかという点については意見が分かれており、推測では2000本ともいわれている。モンテシーノスが自分で自分を有罪にする証拠をためこむとは、何というバカだろうと思いたくもなるが、実はそんなことはない。それぞれの取引にはモンテシーノスのみでなく、彼の厚意を受け入れた数百人が関与していたからだ。[21]

だれがモンテシーノステープ(のちに「ブラディビデオ」と呼ばれるようになった)の存在をカナルN(テレビチャンネルの一つで、政府に取りこまれていなかった)に漏らしたかは定かでない。だがそれから数週間から数ヵ月の間に、カナルN局はフジモリ=モンテシーノス集票組織がいかに国をしっかり掌握していたか切り込む一方で、モンテシーノスコレクションから厳選されたテープをもとに、ペルー議会、司法、実業界のエリートを巻き込んだ、現実離れした政治的リアリティ番組を放送した。あるテープには、モンテシーノスがエルネスト・ガマラを買収するところが映っていた。ガマラはモンテシーノスの不可解な富の源泉の調査を委ねられた議会内委員会の一員で、これは調査が行き詰まるように仕向けるための賄賂だった。最も巨額の支払いを受けたのはメディアだった——全国紙『エクスプレソ』最大の登録株主は100万ドルの支払いを受けており、タブロイド紙『エル・ティオ』のオーナーはフジモリ大統領に有利な報道に見返りを与えるインセンティブ契約で150万ドルを受け取っていた。[22] 他のタブロイド紙も同様の報道報酬の提案を受けていた。これに印刷、ラジオ、テレビまで含む政府独自の報道事業が合わさって、モンテシーノスはペルー国民に与えられる情報をほぼ完全に掌握していた。新興テレビ局のカナルN——1年前に立ち上げられたばかりだった——がなければ「ブラディビデオ」はモンテシーノスの書類棚にしまいこまれていたかもしれない。

ペルーの例は汚職の暴露における報道の自由の重要性——そして腐敗した政治家が報道をどれほど重視するかを示している。たとえばペルーの判事の口を封じるために支払われた金額を優に超える賄賂が、メディアに支払われていたのだ。また、どうして汚職に関する新聞記事を目にしないことが国の状態について誤解を招きやすいか示している。何も明かすことがないから暴露されない可能性もある——だが報道機関が（徹底的に抑圧されているのでないとしたら）買収されている可能性もあるのだ。

3.7 反汚職運動は政治的意趣返しの隠れ蓑でしかないのだろうか？

世界的な反汚職政策の台頭、そして世界銀行などの巨大な国際組織が汚職問題に寄せる関心が高まっているのでは、各国政府としては厳しい取締をしているようにとりつくろう不条理なインセンティブが生じる。国際支援が政府の浄化の進展に関係している場合、汚職と闘うふりをするのがいっそう重要になる。だからアフリカ全土や、支援を受けている他の国々で、汚職にどっぷり浸かった政府は、良い統治という世界的目標に口先だけ賛同しながら、受け取る国際援助のかなりの部分をしばしば横流ししている。

さらに悪いことに、反汚職政策は政敵を排除したがる政治家たちに使われる場合もある。中国の指導者、習近平が2012年に立ち上げた反汚職運動は、国の公安責任者、政府の計画委員会の委員、軍上層部の人間の、多数の逮捕につながった。逮捕者が告発通りに有罪であることを疑う人はほぼいなかった。(『ニューヨーカー』誌のエヴァン・オスノスによると「総後勤部副部長、谷俊山中将の一家が所有する家屋の家宅捜索では、ワイン、芸術品、現金、その他の贅沢品がトラック4台分押収された」[23]。)だが本稿の執筆時点では、この取締のおもな目的が汚職の排除だったのか、それともなんだか集中的に逮捕を狙われたように見受けられる習近平の政敵の排除だったのか、中国政府の関係者にも不明なままだ[24]。『クリスチャン・サイエンス・モニター』紙の記者、ライアン・レノーラ・ブラウンも同じように尋ねている。「ナイジェリアの汚職撲滅運動は政敵の排除が目的か?」[25] 反汚職運動は政治的に人気があるので、利己的な政治家が党派的な企みを反汚職の旗で包み隠すのも理にかなっている。

アメリカ、その他の先進国の政治家は、場合によっては反汚職運動を党派的な目的に利用する。民主党のビル・クリントン、共和党のジョージ・W・ブッシュの政権において司法長官が扱った汚職事例の研究によると、クリントン政権では選挙の直前に汚職で告発された共和党員が比較的多かった。ジョージ・W・ブッシュ政権中は、その逆の現象がみられた[26]。

政治家は政治的スローガンの採用を戦略的におこなうので、お上が立ち上げた反汚職活動には注意したほうがいいだろう。本物かもしれない。でも非情な指導者たちは昔から、様々な手口で政敵を葬ってきたのだ。

3.8 先進国は政治と金で汚職を合法化しただけだろうか

アメリカその他の富裕国では、事業体と政府の過度ななれ合いについての議論は、露骨な贈収賄と汚職よりも、合法的な利益誘導に注目しがちだ。合法的な影響力のほうが関与する者たちに好まれるらしい。議員や判事の意思を曲げて、望み通りに法案を通したり、判決を出したり（あるいは弁護士にお金を払って抜け穴を見つけることが）できたなら、そのほうが密かな現金の受け渡しより簡単で、リスクも少ない。

私たちが、貧困国のほうが汚職が横行していると言及するたび、聴衆の中のだれかが、富裕国は「合法化」したにすぎないと指摘する。彼らの念頭にあるのは、第2章で述べた――合法的だがしばしば世論、および／あるいは公益に反する――口利きだ。

この議論の一部には賛同するところがある一方で、贈収賄と、ロビー活動や選挙資金を介した口利きには重要なちがいがあることを強調しておくべきだ。ロビイストの出入りと、人材の天下りおよび登用は記録できる。これ自体が両者のちがいを明らかにしている。ロビイストは登録制（訳注：アメリカでは登録が義務）で、活動は公に知られている。多くの役人のスケジュール帳は、情報公開法のもとにアクセスが可能だ。政治活動への献金は公文書に記録される。つまりロビー活動が合法的で公的であるのに対して、汚職は違法で秘密にされている。合法的で公的だからこそ、口利きを市民が好まない場合は、投票所や、街頭のデモ行進で不満を表明できる。有権者として政府にロビー活動をして、政治的アクセスに関する法を変えるよう働きかけることも可能だ。このような変化が簡単だなどと言うつもりはない――有権者は口利きを嫌い、政治にお金が絡むことに反対らしいにもかかわらず、体制の改革は驚くほどわずかだ。[27] だが先進国において口利きが根深い問題であること――私たちもこの点には同意する――は認識していても、多くの発展途上国にはびこる贈賄、票の買収、選挙不正とは別物だ。

3.9 どうして世界の汚職の水準は高低の二つだけではないのか

章を終える前に、本章を通して一部の読者を苛《さいな》んできたであろう懸念と向き合う必要がある。第1章では汚職について考えるために均衡の枠組みを打ち出した。この枠組みによると、どの国も汚職が普遍的であるか、それとも汚職がないか、このどちらかの状態に収束するという。でも本書で使ってきた国際指標によると、汚職の程度はデンマーク（ないも同然）からアフガニスタン（蔓延）まで幅広く、その中間の国々もさまざまだ。これは認識に基づく汚職指標がもたらしただけの産物ではない――賄賂の頻度の報告にも大きなばらつきがある。つまりイタリア、ウクライナ、インドネシアにも汚職はあるが、ハイチ、コンゴ民主共和国、アフガニスタンには遠く及ばない。そして汚職はフランス、アメリカ、チリではそこそこ問題だが、これらの国の政府はデンマークやシンガポールほど清廉潔白ではない。私たちは汚職の実態と均衡の枠組みとの間で、どう折り合いをつけたらいいのだろうか。

各国でのやりとりを特徴づける幅広い汚職経験をまとめたＣＰＩのような成績一覧表を観察すると、この一見した矛盾を解消する方法もだんだん見えてくる。だが３・２節で見てきたように、たとえばインドのビハール州の人たちは、グジャラート州の人よりもはるかに多くの汚職に直面する。ＣＰＩ順位でインドがつけている、腐敗していない国85位という位置は、こうした幅のある汚職経験の集合体だ。同じことがどの国にも当てはまる――どう見ても、ミネソタ州はルイジアナ州ほど腐敗していない。この両方の州の結果を総合することでアメリカのＣＰＩ順位、腐敗していない国17位という結果が出ている。同様に、同じ国でも政府の部局によって誠実さは異なる。たとえばトランスペアレンシー・インターナショナルの２００８年のインド調査では、回答者の48％が前年に警察署に賄賂を贈ったことを認める一方で、教育担当官に贈賄したのは３％のみだった。

政府はさまざまな場所でとても多くの活動に関わっているので、国ごとの指標は数千ヵ所でおこなわれる何百という活動における汚職を合成したものだ。どこか具体的な場所の特定の機能に注目すれば、本書の均衡モデルがうまく当てはまることがおわかりいただけるはずだ。他の面では低汚職の国の中に、汚職均衡がみられることがある。たとえば２００８年、ニューヨーク市民はロングアイランド鉄道（ＬＩＲＲ）の社員たちが障害者手当を濫用していたと知って衝撃を受けた。過去10年間、ほぼすべてのＬＩＲＲ社員が退職後に障害者手当を請求して、血税を数百万ドルだまし取っていたのだ。低汚職の環境で、汚職を維持するためには汚職の基準を当該地域向けに高度に特化させる必要がある。

根深い汚職の鍵は、だれもが互いにかばい合うことにある（そして特定地域向けに特化した汚職文化が定着しても、腐敗していない法執行機関によって関与した者たちが捕まる可能性は――ＬＩＲＲ退職者たちの場合と同じく――非常に高い）からだ。

国全体が高汚職の均衡状態に陥っている状態というのは、はっきりした高汚職均衡がたくさん存在して、しばしば互いを支えあっていることをさす（ＦＢＩニューヨーク支部が腐敗していたら、ＬＩＲＲの障害者手当詐欺は続いていたかもしれない）。そのような場所ですら、汚職は必ず普遍的に存在すると示唆するつもりはない――たとえばインドにおける一般的な汚職の蔓延にもかかわらず、インドの選挙委員会は高潔だと広く認められている。

まとめると、高／低汚職均衡について述べる場合、念頭にあるのは特定の場所や組織に普及している規範だ――汚職文化のたこつぼともいえる。一つの国にそうしたたこつぼが多数ある場合、外部専門家は国全体が腐敗していると見なしがちだ。たこつぼがほぼ存在しない場合、汚職については比較的良好な状態にあると専門家はとらえる。

第3章で学んだこと

◎広く利用されている腐敗認識調査によると、富裕国のほうが貧困国より汚職ははるかに少ない。

◎所得水準が同程度の貧困国でも、認識されている腐敗の規模は大きくばらつきがある。

◎汚職と所得の関係を国際データのみをもとに解釈するのは不可能だ――汚職が貧困をもたらし、貧困が汚職を引き起こし、さらにその他の要因がこの両方の問題に貢献している可能性が十分に高い。

◎汚職が貧困をもたらし、それがさらに汚職をもたらすサイクルは「貧困の罠」ともとらえられ、国がそこから脱するのは困難。

◎汚職がどれくらい変化してきたか評価するのが困難な理由は二つある。（1）標準的な国際指標は、信頼できる形で長期の比較ができない。（2）汚職の認知度の高さは、政府が汚職問題に真剣に取り組んでいる表れの可能性もある。

◎事業体と政府の合法的な関係は、多くの先進国では過度の癒着を示している場合がある一方、口利きと贈収賄は、その透明性と影響がかなりちがう。市民の取り組み方もそれぞれ異なる。

第4章

汚職はどんな影響をもたらすの？

前章では、汚職が貧困をもたらすか、貧困が汚職を引き起こすか、それともまた別の要素――機能不全であれ、ひどい統治であれ、さまざま――が社会を堕落させ、貧しくするのかについて、特に態度をはっきりさせなかった。国別データのみをもとにこれ以上の主張を繰り広げるのは困難だ。本章では汚職と経済発展を結びつける理論をさらに掘り下げる。そのために――たとえば賄賂を贈る人と役人との関係の細部など――汚職が繁栄をむしばみがちな流れを明らかにするミクロ経済的な相互作用について検証する。第1章で指摘した通り、汚職の影響は経済に波紋を広げて政治制度や市場機構にさまざまなレベルの歪みを引き起こすため、汚職の代価は賄賂、横領、国有財産濫用の直接コストより高くつく。また経済成長に関しては、汚職といってもさまざまだ。ある環境やある種の汚職は、ほかに比べてはるかに有害であることがわかっている。

4.1 汚職は経済成長を抑制するだろうか?

汚職関連の議論につきまとう倫理的な論調のせいで、汚職の影響はつねに有害だと多くの人が教条的に信じている。でもほんの半世紀前、すぐれた学者たちは「効率的汚職」という見解を支持していた。これは世界銀行などの組織に、汚職問題を見て見ぬふりをするよう促した。この議論の起源をたどると1964年に経済学者ナサニエル・レフが発表した小論『官僚の汚職による経済発展』にさかのぼる。[1]

レフはこの頃の多くの経済学者と同じく、市場の「見えざる手」は社会的利益をもたらすと信じていた。「見えざる手」という用語が初めて登場したのは、1776年に刊行されたアダム・スミスの『国富論』第4篇で、市場という概念のとらえ方について不釣り合いなほど大きな影響をその後の経済学者を含む人々に与えてきた。アダム・スミスはつぎのように書いている。

すべての人は必然的に労働して、社会の歳入を可能な限り最大化する。たいていの場合、公共の利益を増大させようと思ってはいないし、どれだけその増大に貢献しているかも知らない。(中略)個人が意図しているのは自分の利得のみで、他の多くの人たちと同じく、見えざる手に導かれて意図せぬ目標を推し進めている。(2)

市場価格には、消費者がどれだけの価値をパン、ピーナッツバター、ジャムに見いだすかが反映されている。消費者の嗜好が変わって、ピーナッツバターの需要が増加してジャムの需要が減少すると、ピーナッツバターの価格は上がり、ピーナッツバターを製造する実業家がいっそう集まる一方で、ジャムの製造者たちは破産する(あるいはピーナッツバター業界に参入する)。ほどなく市場は効率的均衡に戻る。

このすばらしく効率的な状況を阻むものは何だろうか。政府による干渉の手だ。レフによると、見当違いの反市場政策が存在するとき——多くの国によくあることだ——役人による収賄は市場の魔法を維持するのに役立つという。レフはアルゼンチンの輸入割当などのダメな規制を例にとり、輸入業者が税関の役人に贈賄して重要な機械部品などの物品を国内に入れ続けるという選択肢がなければ、アルゼンチンの経済は破綻しただろうとしている。急激なインフレ（これも政府の誤った政策の結果）を受けて、ブラジル政府は食料価格を凍結した。賄賂を受け取る官僚がこういった価格統制を妨害していなければ、国内の農家は生産を切り詰め、ますます食料が不足して闇市場が栄えていただろう。

最高の可能世界では、ひどい官僚はいないし、無駄な規制もなし。だから汚職は必要ない。だがレフの主張によると、無意味な（誤った）規制がある場合、賄賂は人々をより良い状態に導く。政府規制の構想が適切であった場合、これは成立しないことに注目しよう。レフの枠組みが示しているのは社会科学用語でいう「次善の理論」――ある次元における制度上の破綻（お役所仕事）が、その修正のために、さらなる破綻（汚職）に見えるものを必要とすること――だ。[3] 次善の論理の観点からすると、汚職の存在がありがたく思える。

レフはさらに踏み込んで、見えざる手は賄賂そのものの市場を効率的に機能させると示唆している。この主張を理解するために、周波数帯域の権利を売ろうとする政府について考えてみよう。帯域権を確保するために最も高額の賄賂を提供するのはだれだろうか。当然ながら、周波数の利用によって最も大きな利益を生み出せると見込んでいる周波数利用者だ。レフによると、最も高額な賄賂の提供者は、帯域を最も効率的に利用する企業であるはずだ――だからこそ獲得をそれほど重視する。その他の（賄賂を除いた）検討事項に基づいて、政府の契約と資産をだれが手に入れるかという選択が役人の手に委ねられる場合、その結果が効率的になるとは期待できない。

広く参考文献にされたレフの小論（その議論は、政治学者サミュエル・ハンティントンが1968年に発表した影響力の大きい著書『変革期社会の政治秩序』でさらに拡大された）[4] が世に出てから数十年間、学者たちはレフの主張のそれぞれに反論してきた。贈賄への「自由参入」の前提は、腐敗した指導者たちが自分の（しばしば非常に無能な）親族や一族に目をかける実情に合わないようだ。そして汚職は企業に良い規制、悪い規制の両方を回避させてしまう。[5] この考えからすれば、汚職はかなり確実に非効率的で、社会的に有益な規則を骨抜きにするのに利用されかねない。

こういった反論により、最終的には世界銀行なども、1990年代半ばに汚職問題について完全な方向転換をすることになった。2013年に世界銀行総裁ジム・ヨン・キムは、汚職を発展途上国の「社会の一番の敵」と位置づけている。

効率的汚職という見方の批判者は、国際通貨基金（IMF）の経済学者パオロ・マウロが手がけて、方々で引用されてきた1995年の研究における強力な状況証拠も参照できる。マウロの分析によると、当初の経済発展水準で補正すると、腐敗した国の経済成長は1960—1990年に著しく鈍化している。[6] たとえばベネズエラとノルウェーについて考えてみよう。1960年時点の1人当たり所得水準、石油埋蔵量（経済成長を促進することもできる）は同じくらいだが、腐敗の水準はまったく違った。2015年には、ノルウェーの1人当たり所得はベネズエラの約8倍になっている（ベネズエラの政治と経済が2016年に破綻したので、この差はまちがいなくさらに拡大した）。図3・2でこれら2カ国の位置が示す通りだ。

本章ではこれから、もっと焦点を絞った事例研究とミクロ経済学的な証拠に目を向け、汚職と経済的繁栄のマクロレベルの関係についての説明を考えよう。それが終わる頃には、現代史も学術研究も、効率的汚職という視点を支持していないことがわかるはずだ。

4.2 汚職は事業への規制にどう影響するだろうか（またその逆はどうか）？

最も純粋なかたちの効率的汚職仮説によると、賄賂は市場の仕組みに水を差す「悪い」法や規制がある場合に、経済成長の余地をつくってくれるという。だがこの議論は、そもそも悪法がどこからくるのかを無視している。政府規制は理由があって存在する。空から降ってくるわけでも、無作為に出現するわけでもない——策定する政治家や官僚が意識的かつ意図的に選択した産物だ。これからみるように、法の由来を考えることはレフの主張の論理と結論に大きく影響する。

レフが示している汚職賛成の立場は、愚かで、怠惰で、高圧的で、リスク回避的な官僚の手による惰性的な政策や、誤った政策を市場が覆すための便利な方法として汚職が使えるという仮定によるところが大きい。レフが自説の擁護のために持ち出せる証拠は、企業や一般市民の枷《かせ》になる規制というかたちで山ほど存在する。効率的汚職説の支持者は「ライセンス・ラージ」などの例をあげる。1990年までインドの事業を支配していた規制だ。この規制は会社の生産高のほか、生産を許されている物について事細かに規定したもので、たとえば自動車に組み込むエンジンの物理的寸法も詳述されている。

1990年代後半、ある社会学者の一団が世界銀行と協力して、膨大なデータを収集して世界のお役所仕事による妨害について実証を試みた。政府の承認や監督を必要とするさまざまな事業の実施にどれだけ期間を要したか、およそ100ヵ国の専門家たちとの共同作業によって、各国で新事業を立ち上げるのに必要な工程数が割り出された。たとえばカナダで必要とされる工程は二つにすぎない一方、ボリビアでは20に及んだ。また、この過程の始まりから終わりまでにかかった日数も計算した。カナダ（２０１４年の１人当たりＧＤＰは５万ＵＳドル超）で、二つの工程に要した日数はわずか２日。これに対してボリビア（１人当たりＧＤＰは３２５０ＵＳドル）では20の工程に82日を要した。モザンビーク（２０１４年の１人当たりＧＤＰは６００ＵＳドルにすぎない）で要した手順は「わずか」17だが、必要とする期間は１７４日で、どの国より長い。研究班は２、３年後に労働規制についても同様のデータ収集をおこなっている（もっとも面倒が少ないのはザンビアで、もっとも面倒が多いのはスウェーデン）[7]。

事業への参入規制に関しては、カナダ対ボリビア／モザンビークの比較がさまざまな国に当てはまることがわかった。裕福で発展している国は規制が少ない傾向にあり、また規制への対処は比較的早い。するとレフの理屈によればボリビアとモザンビーク（２０１４年のＣＰＩ順位はそれぞれ１０３位、１１９位）の起業家が賄賂によって会社設立に関する法をかいくぐれるのは良いことで、それがなければだれも会社を立ち上げられなかっただろうということになる（実際、世界銀行がモザンビークで事業意識調査をおこなったところ、ほとんどの起業家が事業の立ち上げに費やした期間は公式数値よりはるかに短かった。また起業家たちは、確かに事業の立ち上げと維持のために贈賄したと報告している[8]）。

だがこの理屈の問題は、モザンボークとボリビアにこれほどやっかいな規制がある理由を考えていないことだ。まさに腐敗した官僚が、過度なお役所主義で事業の処理を進め、それにより、さらなる賄賂を引き出そうとしているからこそそんな規制があるのかもしれない。つまり汚職は無意味な規制を回避する手段をただ提供しているのではない――そもそも汚職があるせいで、一部の規則が存在しているのだ。[9]

賄賂を引き出すために悪い規制がつくられる（少なくとも保持される）という考え方は、ダニエル・カウフマンとシャンジン・ウェイがおこなった各国の企業レベルの調査データ分析でも裏付けられる。[10]カウフマンとウェイによると、役人に支払う「不定期出費」（すなわち賄賂）が売上に占める比率が多かった事業者は、役人への対処に費やす時間が少ないどころか多かったという。物事を円滑に進めて事業を効率的に営むどころか、汚職は規制当局と企業との軋轢をむしろ増やしているのだ。こちらのほうが規制当局と事業の関係を正確に描写しているなら、モザンビークやボリビアのような国には、過度な規制を回避するために汚職をのさばらせるのではなく、過度な規制を撤廃するように働きかける必要がある。

別にここで大々的な規制の廃止を提唱しているわけではないことに注意。シートベルトはいいものだ。速度制限もいい。労働環境の安全と雇用に関する法の多くも。労働者と消費者にとっては良くても、企業利益をそこなうので企業のほうは撤廃したい規制も多くある（当初、多くの分析が費用対効果が1よりはるかに大きいと示していたにもかかわらず、自動車メーカーはシートベルトに賛成でなかった）。規制が気に入らないからと賄賂を使って逃れてきた企業が、反汚職を隠れ蓑にして規制撤廃を画策するとしたら残念だ。そうなれば消費者と労働者があまり保護されなくなり、企業利益が増大して、汚職はたいして減らないおそれがある。

4.3 汚職はどのように労働者の厚生に影響するだろうか？

２０１３年４月24日、ダッカの郊外に建つ８階建の建物で、織物工場がいくつも入っていたラナプラザが瓦礫の山と化した。ラナプラザの倒壊は驚くほどあっという間だった――生存者の１人が翌日になって述べたところによると「いきなり床がなくなった」という[11]。バングラデシュ政府が生存者の捜索を３週間後に打ち切った時点で、瓦礫の中から回収された遺体は１１３０人を超えており、製造拠点での事故としては、断トツで近代史上最悪の事故となった（次点は１９９３年にタイの玩具工場で起きた火災で、労働者１８８人が犠牲になった）。

事故についての情報が少しずつ明らかになって、建物の構造とラナプラザの内部でおこなわれていた活動が、あらゆる法や規制に違反していたことがわかった。ラナプラザは工業地域ではなく商業地域に区分されていたが、五つの衣料品工場が積み重なっていた（ミシンの振動が建物の倒壊を招く一因になった）。この建物は池の上に――無許可で――建築されていた。建物の高さは、当初（非工業用として）とりつけた許可で規定された高さからさらに３階増築されていた。建設業者は基準に満たない資材を使っていた。事故のまさに前日、検査でラナプラザの柱、壁、床にひび割れが見つかって、避難が命じられていた――その後、労働者たちは建物に戻ってＪＣペニー、ジョーフレッシュ、ウォルマート、マンゴなどが扱う衣料品の量産を続けるように指示されていたのだ。

多くの人は、どうしてこれほど目に余る法律違反をしていながら操業できたか疑問に思った。答えが見つかるのに長くはかからなかった。マスコミがまもなくつかんだところによると、所有者のサヘル・ラナは地元の政界の大物で、彼の権力と影響力ゆえに法を超えて操業できたという（倒壊の時点で、さらに一階建て増している最中で、これも規制当局の承認を受けていなかった）。

ラナプラザの悲劇は規制の必要性を鋭く描き出すとともに、企業が賄賂や人脈によって規制を回避すると、本当にはっきりした犠牲者が出ることを示している。またここからわかるように、規制逃れの汚職は医師による診察、運転免許の更新といった標準的な行政サービスを受けることを目的とした汚職とは種類がちがうし、はるかに悪い可能性がある。どちらの汚職も非効率をもたらす。でも前者ははるかに悲惨な結果をもたらしかねない。

規制逃れのために賄賂を贈ったり、政治的な人脈を利用したりする企業の社会的費用を示す例は他にも数多く存在する。中国山東省の化学工場は、事業内容の適切な審査なしで建設され、2015年8月に爆発して世界中で大々的に報道された。後に工場の持ち主が地元警察署長の息子だったことが明らかになった。中国西安市鐘楼の炭鉱は必要な許可を一つも取らずに操業していて、2009年の火災で35人の労働者が内部に閉じこめられて命を落とした。炭鉱の持ち主は、地元役人二十数人を賄賂で子飼いにしていた。

これは説得力があるとはいえ、個別の事例にとどまる。もっと大きく汚職の影響を把握すべく、著者の1人が（共同研究者、汪勇祥［Yongxiang Wang］と）つぎの調査をおこなった。一般的に汚職は労働環境をいっそう危険にするのか、それとも――効率的汚職の議論の通り――企業が主に時代遅れで無意味な規制の制約を回避するのに役立つのか。[12] 調査対象は中国の企業とした。中国は労務環境の安全性が昔から悲惨で、労働者の死亡率はイギリスのおよそ20倍だ。安全基準が遵守されていない事例にはしばしば汚職が関わっており、生産現場の安全性に関する責任を負う省庁も「犠牲者を伴う大規模な事故の背後には汚職（が存在する）」と公式に述べている。[13]

私たちは、政治的人脈が豊富な重役ほど、人脈の利用や徹底した贈賄作戦によって、安全規制逃れができそうだとにらんでいた。この勘が正しいか確かめるため、労働環境の安全が重要な業界の株式会社276社についてデータを収集した。すなわち建築、鉱業、化学製造業界だ。そして政治的人脈を持つ――少なくとも重役の1人が、過去に副市長かそれより上位の公職についていた――企業と、高位の人脈を持たない企業において、労災死亡の比率を比較した。両群の安全記録には、驚くほど大きな違いがあった。最も控えめに見積もっても、労災による死亡率は政治的人脈を持つ企業のほうが2倍以上高かったのだ。

人脈を持つ企業幹部のほうが安全性に関して雑、杜撰、あるいは無能だったことがわかっただけでも十分に悪かった。だが別の発見を合わせると、もっと剣呑な力もはたらいていたらしい：政治的人脈を持つ企業は、安全記録のまずさにかかわらず安全監査の対象になりにくいこともわかったのだ。実のところ、職場での致命的な事故（これだけで調査対象になる）がなければ、強力な人脈を持つ会社では、大規模な安全監査は一回もおこなわれていない（人脈を持たない企業が監査を受ける確率は約5％）。これらの結果をあわせると、強力な人脈を持つ中国企業は他より危険なうえ、安全問題で検査される可能性が低いことがわかる。これらの企業が人脈を利用して安全性を高める規制をかいくぐっていることを強く示唆する調査結果だ。

私たちの発見は、一部の規則や規制の存在には正当な理由——労働者、消費者、その他の搾取されやすい人たちの利益を守る——があることを改めて教えてくれる。そして汚職は企業に無意味な規制を逃れて商取引を円滑にするだけではないようだ——規制当局に賄賂をつかませて、第三者を犠牲にするものだということも、この研究でわかるのだ。

4.4 公共建設事業における汚職は何を招くか

政府が建設活動を行えば、昔からそこには汚職があった。史上最も悪名高い汚職関係者のまったく言語道断な行動の一部は、何らかの建設に関わるものだ。19世紀のニューヨークの政治に登場した悪名高いウィリアム・「ボス」・トウィードが監督にあたったチェンバーズ街のニューヨーク市庁舎の建設費用は1300万ドルで、これはアメリカが1867年にアラスカを購入した金額の倍以上に相当する。なぜそんなに高額なのだろうか。ダン・バリーは2000年に『ニューヨーク・タイムズ』紙につぎのように書いている。

ある大工には、ある建物の木工をほんのわずか手がけた1カ月分の労働に36万7551ドルが支払われました（現在のおよそ490万ドルに相当）。調度品担当は机3卓と椅子40脚を納品して17万9729ドル（250万ドル）を受け取っています。左官の（中略）アンドリュー・J・ガーベイは2日間の作業で13万3187ドル（182万ドル）を手にして、その手腕から「左官王子」のあだ名をつけられました。トウィードは、庁舎に大理石を提供したマサチューセッツの石切場に個人的に出資していたことで利益を得ています。どうして建設にずいぶん長くかかっているか、理由を究明するよう命じられた委員会は、7718ドル（現在のおよそ10万5000ドル）かけてすべてが公正におこなわれていたという調査結果をただちに文書にしたためました。言うまでもなく、トウィード所有の印刷会社を使って。(14)

最終的に、汚職と「トウィード庁舎」をはじめとするニューヨーク市近辺の建設計画による不当利益についての詳細は、1871年に『ニューヨーク・タイムズ』紙の一連の記事で報じられた。この頃すでにトウィードと取り巻き連中は地方政治において著しく収益性の高い日々を謳歌した後だった。

公共建設には、「ボス」トウィードの時代と同様に、汚職にとりわけ弱くなる特徴が現在も多数ある。一般市民はリベート、不当な契約、その他の血税の濫用を日常生活の中で目にすることはないし、直接被害を受けることもない。教室に教員がいないのは一目でわかるが、校舎の建設が厳しい高価な基準に従っておらず、安い建材を使い技能不足の労働者に過大なお金が払われていても（少なくとも地震が起きるまでは）、外からはわからない。また、市庁舎、幹線道路、空港にもそれぞれ独特の複雑さがあるので、政治家や役人には必然的に、だれといくらで契約を結ぶか、ある程度の裁量が与えられる。後から材料費の高騰、想定より軟弱な地盤といった不測の事態によって、請負業者に有利な形で契約を見直すべきかも決められる。竣工後ですら、その計画はいくらで建設されるべきだったか、どれだけの工期であるべきだったか、基準を遵守しているかどうか、有権者が評価するのは困難だ。

建設が終わったら、有権者は建設を行ったまさに同じ政府に監査を任せざるを得ない。その建設がデンマークでの話ならそれでもかまわないが、監督にあたるのが——数多くいる——ボス・トウィードの現代版なら、それでは不具合だ。[15]

私たちがこのような立場におかれているのは、各国政府がさまざまなもの——市場原理の気まぐれに任せるだけでは魔法のように現れない、経済発展に重要なもの——を建設しているからだ。それが「公共財」——道路、学校、送電網——で、その規模や必要とされる各種の調整の水準から見て、政府の導きの手がなければそもそも作れない。

だから公共建設事業は不可欠で——それも壮大な規模で必要だから、バランスシートに不正利得を隠すのはなおさら簡単だ——しかも世間の目が届かない。この二つの条件があるので、どうしても汚職に弱くなってしまう。

公共建設の汚職の規模を把握しようという野心的な試みに、ベンジャミン・オルケンの研究がある。この研究を始めたとき、オルケンはまだ大学院生だった。[16] これは世界銀行との共同研究だった。世界銀行はインドネシアの600の村で、道路建設計画に資金を出していた。オルケンはそれぞれの村で汚職によりどれだけの金額が失われたか知ろうと、本書の2・3節で述べたものと同じ類いの「漏洩研究」を用いた。各計画の資金として分配された金額はわかっていた——平均でおよそ9000USドルだ。すると実際の建設費用さえわかれば、提供された資金から実際の道路建設費を差し引いて、たちの悪い業者と役人の懐にどれだけの金額が「漏れ」たか、推定できる。そこでオルケンは熟練技術者たちを派遣して（たとえば道路のコア試料を掘り出して、建設業者が砂利の量をけちったかどうか計算してもらう）それぞれの道路の質を評価し、砂利や労働力など投入物の現地価格を考慮して、適切なコストを見積もった。

オルケンによると、道路の建設費として9000USドルを与えられた村々が結果的に建設したのは、6800USドルあれば済むものだった。つまり資金のおよそ4分の1が盗まれたか、能力の欠如のせいで失われたと考えられた。ニューヨークのボス・トウィードの驚異的な着服率にはやや及ばないが、これが現在の公共建設における汚職の大まかな比率を反映しているのなら（高汚職国のみの部分集合だけの数字を見ても）、この分野における着服の総額は優に兆の単位に達する。[17]

影響を受けるのはインフラの量のみではない。建設会社が――バレない範囲で――安い建材で手抜きをした場合――そこなわれるのは建築物の安全性だろう。鉄筋を90センチ間隔にするかわりに180センチ間隔にすると、建設費が数十万ドル節約できる。だがそうすると建物は倒壊しやすくなる。

この問題が明るみに出やすいのが、建物の構造健全性が試される天災の直後だ。2008年、中国四川省で補強が不充分だった数千の教室が倒壊して、手抜き工事に抗議の声があがった。さまざまな理由の中でも特に、指定されていた建材を腐敗した請負業者が私益のために売却したことが手抜き工事につながっていた。3年後、トルコで地震後に数千棟の建物が倒壊して、ほぼ同じ疑惑が持ち上がった。めずらしいことではない。2011年に科学誌『ネイチャー』で発表されたとある研究によると、過去30年間に地震で倒壊した建物で死亡した人の83%は「異常に」腐敗した（つまり所得のみをもとにした予測より腐敗した）国にいたという。[18]この類いの国際的な計算は、過去の章で述べたあらゆる注意書きと弱点を伴う一方、それでも公共建設における汚職は大きな人的損失を招きかねないという挑発的な示唆をもたらす。

このように、公共建設事業における汚職が招く結末は、金銭的コストと人的被害の両方で計測できる。たぶんこのために無駄になった公的資金は数兆ドル規模となり、腐敗した国の不運な市民を地震やハリケーンが襲ったら無用に人命が失われるだろう。

4.5 汚職は経済格差を拡大するか

汚職と格差の関係を把握するには、第3章で示した、国単位でとらえた汚職と所得の総合分析がいい出発点になる（格差についてのデータ収集は困難なので、ここに登場する国は第3章で示した国民所得と汚職の図よりはるかに少ない）。本章で用いる格差の尺度はジニ係数といって、値の範囲はゼロから1だ。国民全員の所得が同じ国のジニ係数はゼロ（すなわち所得格差なし）。1人の人間が国の所得の100％を稼いでいる（明らかに空想上の例の）場合、ジニ係数は1。格差が大きい国は――世界で最も所得格差が極端な――南アフリカ、そしてハイチ、グアテマラ、ブラジル、チリを含むラテンアメリカ・カリブ諸国だ。図にも登場するアメリカは、富裕国の中で最も格差が大きい。

汚職と国民所得のように、汚職と格差にも強い相関が見られる。図4・1のように、腐敗した社会ほど不公平な所得分布になりがちだ。2002年の研究によると、この関係が成立する道筋はいくつかある。腐敗した国は富裕層に課税しない傾向があり、また社会福祉に出資しない傾向がある。公教

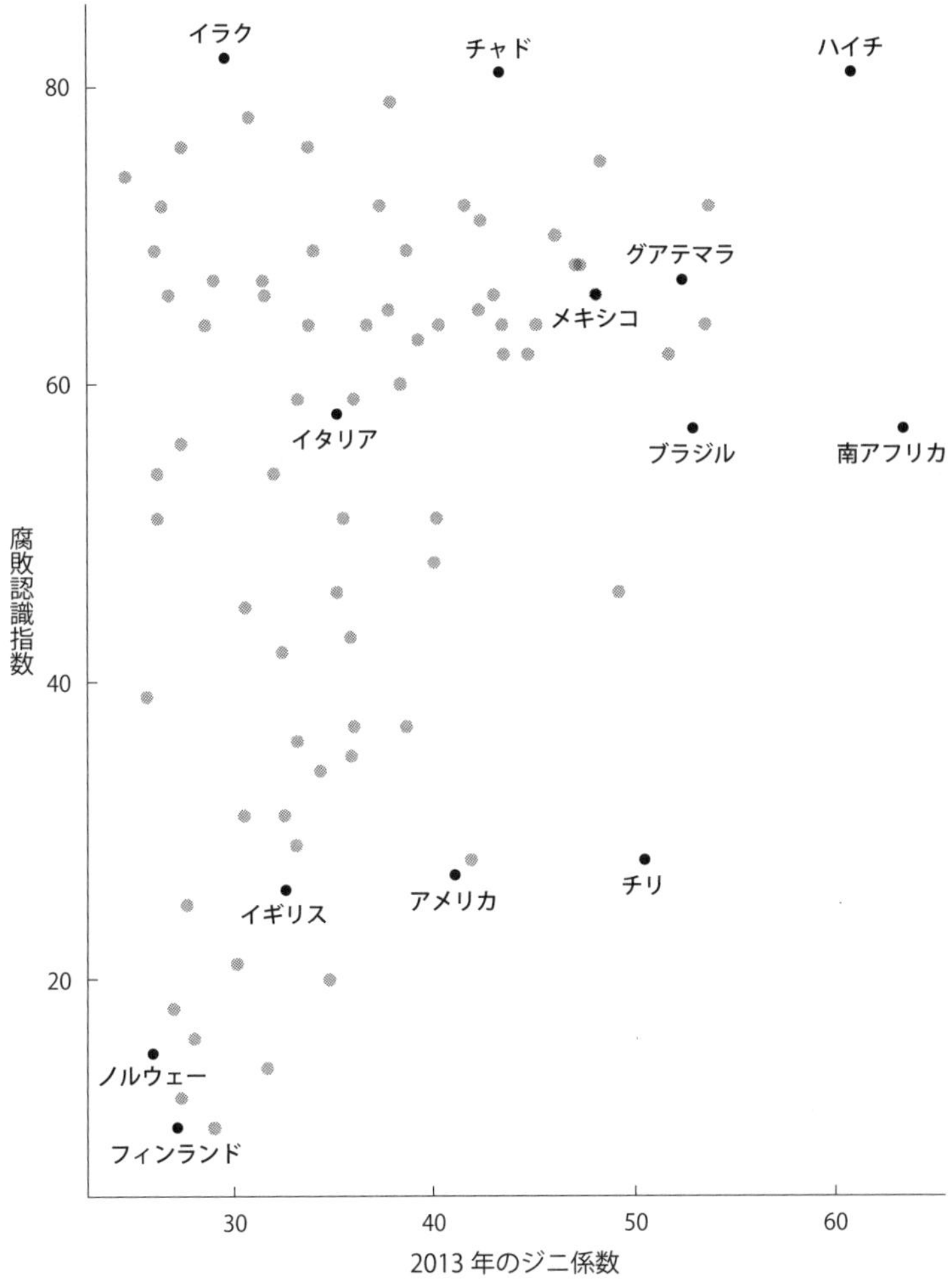

図4.1　経済格差指数と、トランスペアレンシー・インターナショナルの腐敗認識指数との散布図を83ヵ国について示したもの（2012）

注：ジニ係数のデータは2013年。それがない国は2012年か2011年のもの。インドと中国のデータはないので図からは削除。格差データは世界銀行より。

育はしばしば汚職でそこなわれるため、学校教育へのアクセスは賄賂を贈る余裕がある家庭か、公共制度に加わらない家庭にしか提供されないことが多い。これが人的資本の不平等をもたらし、最終的には富裕層と貧困層の所得格差が広がる。[19]

同じ賄賂ですら、不釣り合いなほど貧困層には重荷となる。まず、警官と役人が賄賂を引き出す比率は富裕層、貧困層で変わらないとしても、貧しい人にとっての負担のほうが大きい。理由はつぎの通り。(たとえば経済学者ジェニファー・ハントがウガンダの医療についての研究で発見したように)汚職「税」で求められる賄賂の金額が同じでも、貧しい人は豊かな人に比べて、資産の多くの割合を支払わなければならない。[20]

さらに悪いことに、貧困層は中流階級よりも頻繁に賄賂を巻き上げられかねない。富裕層や中流階級に圧力をかけると反発が生じかねないが、貧困層には文句を言うほどの力もないと役人は知っているのだ。メキシコシティの交通警官を対象にこの可能性を調べた独創的な研究がある。この研究の立案者たち――当時、政治学の博士課程で学ぶ学生だった――は、サクラを雇って警察が監視している交差点で堂々と違法な左折をさせ、切符を切られるか、賄賂を求められるか、それとも警告を受けるか確かめた。サクラの一部は高級車を運転して(それらしく装い)、一部は古くて安い自動車を運転した。研究の結果、警察は裕福そうな運転者の車と貧しそうな運転者の車を同じ頻度で止めさせたが、貧しそうな運転者から賄賂を巻き上げる傾向が強かった(だれ一人切符を切られず、裕福そうな運転者は、巻き上げられるかわりに警告を受けただけだった)。研究者たちが後に警察に調査結果を告げたところ、裕福な運転者が賄賂を求められて苦情を申し立て、大ごとになるのを警官たちはおそれたのだと聞かされたという。

２０１３年の研究によれば、この問題は到るところにあるらしい。[21] ワールド・ジャスティス・プロジェクトの調査データをもとにした研究によると、教養ある回答者ほど役人の不正行為を通報する傾向が世界的にみられることがわかった。理由は容易に想像がつく。教養ある人は権威の脅しにそう簡単には屈せず、官僚への対処能力が比較的高く、文書で苦情を提出する可能性も高い。

このように、汚職は万人にとって悪いというだけではすまない——最も裕福でない、そもそも政治経済的リソースを最も持たない人にとって、この上なく悪いのだ。

4.6 汚職は政府への信頼をそこなうか

第8章で見るように、汚職から民主主義へのつながりは幻かもしれないが、市民が政府に寄せる信頼とつながりがあるのは明らかだ。根深く、裾野の広い、有名な政治汚職は政権の正統性を失わせ、国民の政治制度への信頼を失わせ、極端な例では民主主義の信頼をそこなう。２０１２—２０１３年のラテンアメリカ諸国におけるこの関係を示したのが図４・２で、汚職の認識と民主主義支持について尋ねたラティノバロメーター調査のデータを利用している。図はこの二つの回答に強い負の相関があることを示している。汚職の認識が高い国では、民主主義の支持がそこなわれているのだ。当然ながら、この関係はどちらも原因であり結果でもあるはずだ——国民が民主主義をほとんど信頼していない場合、汚職で悪名高い候補者にも漫然と投票を続けかねないので、不正が野放しに横行することになる。こうして政治への失望と、不信が可能にする汚職との悪循環が生まれて、有権者はいっそう幻滅する。

図4・2に示した国ごとの関係は、より広い民主主義世界に当てはまる。役人の間には政治腐敗がはびこっていると国民が信じているため、政府への信頼と、政府の正統性への信念が薄れるのだ。[22]

汚職と、そこから生まれる不満が国民を政権の転覆――少なくとも改革――に駆り立てるのではと考える向きもあるかもしれない。悲しいかな、その正反対の結果になる可能性もある。特に汚職が標準的で、したがって汚職は政治家の間ではありふれたことと考えて有権者が行動する場合はその可能性が強い。特に多くの政治家が腐敗していると考えられる地、メキシコで研究を続ける政治学者と経済学者の一団が最近おこなった実験結果について検討しよう。[23] 調査では無作為に選んだ選挙区の有権者に、公金に違法に流用されたお金が占める比率を詳細に報じたチラシを提供した。他の選挙区では、地方自治体の「社会インフラ」への投資について報じたチラシを有権者に配布した。市長の汚職について情報を得た選挙区では、投票した有権者は少なく、現職者も新たな候補者も、ともに得票数が減った。政治家が腐敗しているとわかった有権者は、結集して不誠実な役人に対抗しようとはしない。汚職の研究によると、むしろ政治に関わること自体を思いとどまるらしい。汚職の広がりで失われた信頼は、このように民主的政治への参加意思を削ぎ、政治家はいっそう国民に対する説明責任を果たさなくなる。

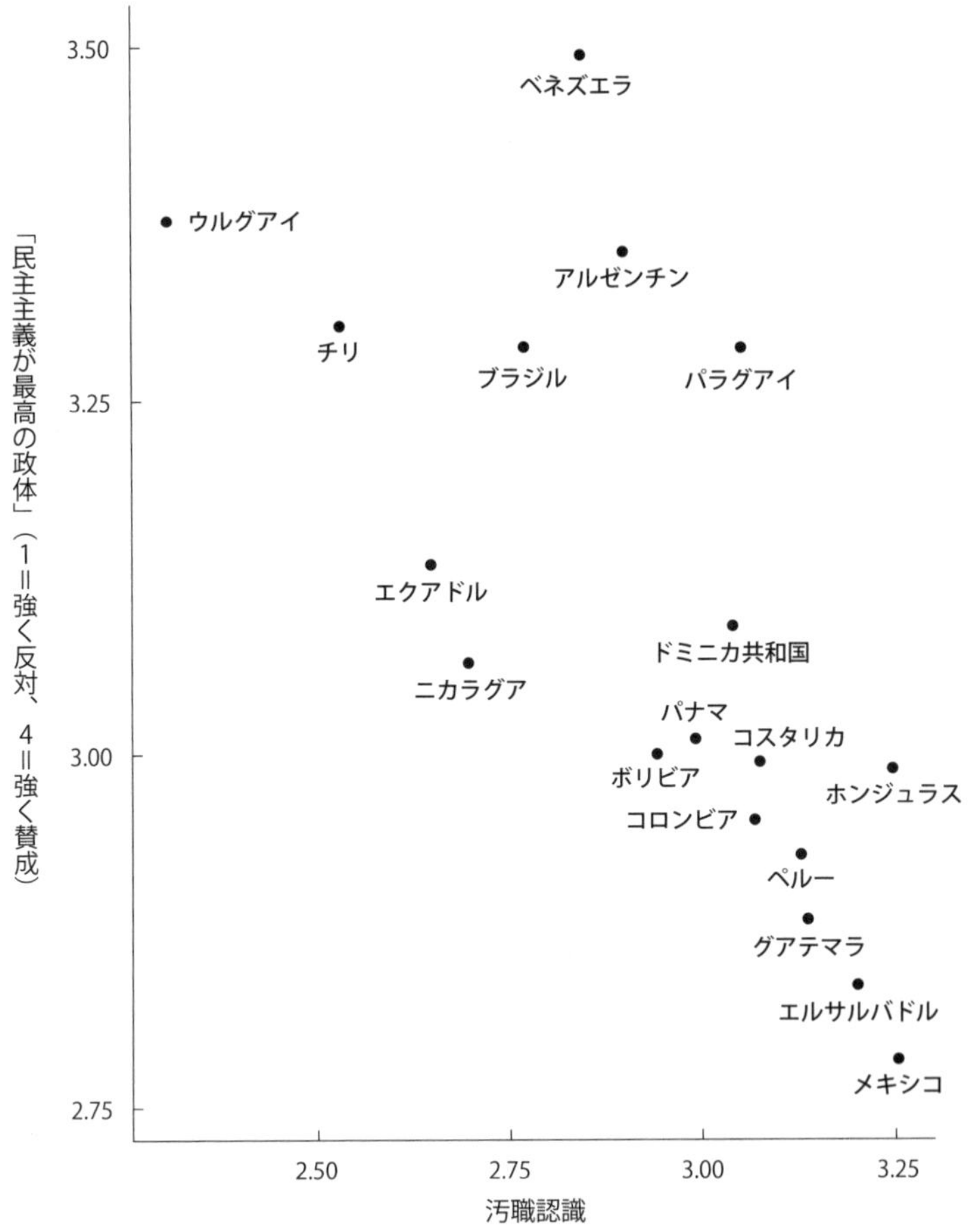

図4.2　ラティノバロメーター汚職認識と、民主主義支持との散布図を18ヵ国について表示（2013）

注：2012–2013年ラティノバロメーター調査回答の国別平均。対象とした質問はQ43A「民主主義は問題はあるが、政体としては最高」およびQ65「国政府で汚職と収賄はどのくらい広まっていると思いますか？　ほとんどだれもやっていないと思いますか？(1)、腐敗した役人はあまりいない(2)、ほとんどの役人は腐敗している(3)、ほとんど全員が腐敗している(4)」

4.7 ある種の汚職はとりわけ有害なのだろうか その1：集権型汚職対分権型汚職

モザンビークで事業を始めるとしよう。手早く事業を立ち上げるために多少はお金を出すつもりがある。事業免許の取得プロセスを官僚1人が仕切るほうが望ましいだろうか。それとも取得プロセスが17の独立した事務に分散されて、それぞれ別々に承認が必要なほうが望ましいだろうか。

両者にどんな差があるのか、すぐにはわからないだろう。たとえば17人の搾取者が巻き上げる金額は、全権を掌握する官僚1人がプロセスを監督していた場合とまったく同じと想像する向きもあるかもしれない。見方によれば、これは市場の「見えざる手」の考え方を賄賂に当てはめたものだ――他人がどうしているか知らなくても、市場の力が各事務所に利益を最大化する賄賂の「価格」を決めるというわけだ。

実はこの場合、この市場に基づく論理は当てはまらないらしい。搾取者を選べるなら、集権型のゆすりをお勧めする。個々の起業家にとって集権型汚職がいいのなら、経済全体にとってもそのほうがいい――集権型汚職のほうが、雇用とさらなる繁栄をもたらす野心的な事業をあまり潰さずにすむ。

理由を把握するために、集権型の例から見よう。全権を握る事業免許監督官が、許可をくだす各事務室――環境、職場の安全、等々――に個々の賄賂について指示できる例だ。実質的に、賄賂の総額は監督官が決めた金額となり、それが下級役人の間で分けられる。

事業免許監督官はそれぞれの起業家向けの賄賂金額をどうやって決めるべきなのだろうか。金額が高いほど、事業ごとに手に入る現金は増えるが、金額が高くなるにつれて、多くの野心的起業家は不満に思って諦め、他所で店を開くか、起業自体をやめてしまう。監督官が適切な賄賂の金額を決める場合は、賄賂の払い手が逃げ出さない中程度の金額を選ぶだろう。

それでは改革によって認可に関わる役人それぞれの決定権が拡大して、監督官に厳しく管理されていた賄賂の価格設定についても裁量権が増したとしたらどうなるか、考えてみよう。環境に関する認可の担当官はそれでも承認の見返りに支払いを求めるだろうし、自由に価格設定できる立場から、申請者が起業をやめた場合の実入りの損失と、賄賂価格のつり上げとのトレードオフについて考えるだろう。だが集権型の例とは対照的に、彼が考慮していない点がある。彼が価格を高く設定すると、他の多くの認可担当者への賄賂を奪うことになってしまうのだ。環境認可を得るための法外な賄賂によって多くの起業家が逃げ出すせいで、他の担当官たちが大損する（そのうえ、役人の裁量権が拡大しても価格を上げないと、個々の役人は他人にお金をたくさん残すなんて自分はおめでたいと考えかねない）。労務安全担当官も（他の認可担当と同様）同じ論法をたどり、結果的に調整されないゆすりによって賄賂の総額は高くなり、上から賄賂が決められて調整された場合よりも多くの事業がだめになる。

この分散型の汚職の害についての洞察を最初に発表したのはアンドレ・シュライファーとロバート・ヴィシュニーで、ソビエト連邦崩壊の後にロシア政府が分裂して個々の官僚の取り合わせになったと指摘した。[24] 起業には地方議会、中央省庁、地方行政機関、消防署、水道局など、数えきれない相手への賄賂が必要で、そのどれも互いに何ら話をつけていないらしい。シュライファーたちの見解では、みんながこうして賄賂に群がったせいで、新たに自由化されたロシアの経済改革がもたらす恩恵も減ってしまったという（シュライファー、ロシアの国営企業の民営化においてアナトリー・チュバイスの顧問を務めた経験をもとにしているのは確かだ）。

汚職を本部が運営する場合より分散型のほうが負担が大きいことに関しては、シュライファーとヴィシュニーの冷静な観察以外に、明確な証拠がある。裏付けになるのは経済学者ベンジャミン・オルケン（本章で登場したインドネシアの道路建設の研究を手がけた）と、政治学者パトリック・バロンによる２００９年の研究だ。[25] ２人は調査員を雇って、インドネシアのスマトラ島での配達トラック運転手に同行させた。

調査をおこなった２００５〜２００６年は、スマトラ島の最北に位置するアチェ州の独立をめぐる30年戦争のはてに、インドネシア政府と自由アチェ運動との間で和平合意が締結された直後だった。紛争が長期化したせいで、アチェの道路交通はしばしば警察の検問で遮られた。たとえば北スマトラの州都メダンからアチェ州の都市ムラボーまでの６３７キロメートルに、検問所が60ヵ所以上あった。それぞれの検問所を通るため、運転手は少額の札束か、タバコ１、２箱を手渡した。このささやかな賄賂の合計額は、積荷の価値の約13％に達して、トラック運転手が35時間におよぶ行程で稼いだ金額を上回った。

２００５年８月の和平合意締結によって、警察の検問所はアチェの道路から消えはじめた。メダンとムラボーを結ぶ幹線道路の検問所の数は、２００５年11月に50ヵ所だったのが、６ヵ月後にはゼロに近づきつつあった。同じ時期、北スマトラの州境越えの検問所の数はおよそ50ヵ所で一定していた。

検問が部分的になくなって、オルケンとバロンは集権型の贈収賄が事業にとってどのくらいの負担か試す稀な機会に恵まれた。検問所は先の議論に登場した認可事務室のようなものだと考えるといい。シュライファーとヴィシュニーの理論によると、残った検問所が占めるゆすり市場のシェアがますます大きくなって個々の検問所が価格をつり上げても、賄賂を奪っていく人間の数が減って、トラックの運転手が支払う賄賂の総額は減少すると予測される。

オルケンとバロンの分析は、（分散型に対して）集権型のゆすりの利点——検問所の数が減り、トラック運転手一人ひとりが支払う賄賂の総額が下がる——も、はっきり裏付けている。それぞれの検問所で支払う賄賂の金額はたしかに上がった。北スマトラ州（警官の配置にまったく変化がなかった）でもアチェ州でも、警察の検問所の数が減って、警備兵たちの賄賂の要求額は上がった。だが通り道で減った検問所の数（そして支払う賄賂の回数）を埋め合わせるほどには上昇しなかった。つまり賄賂の増加を控えめにしておけば、トラック運転手たちのメダン＝ムラボー道路の利用はますます増えて、手に入る賄賂も増えると兵士たちはわかっていたのだ（中央集権的な一つの権威のもとに検問所の賄賂要求が管理されていたら、トラック運転手にとっても、兵士たちにとっても、さらに良かっただろう[26]）。

このように、汚職は一般に事業に負担をかける一方で、ゆすりをうまく調整できる少数の役人によって統制が行き届いているほうが、負担は少なくとも軽いといえる。

事例研究：サンペドロスーラでのゆすり

本稿を書いている現在、ホンジュラスのサンペドロスーラは世界で最も暴力的な国の最も暴力的な都市だ。2013年の時点で、ホンジュラスでは1000人に1人が殺害されている。この年、世界で2番目に暴力的な国となった隣国エルサルバドルより50％高い数字だ。サンペドロスーラでは住民1000人に2人が殺害されており、これは1日当たり3人が殺害されている計算になる。日常生活をおくる中でたびたび暗殺未遂や撃ち合いに遭遇する市民にとっては不安でたまらない。サンペドロスーラのバス運転手の生活は特に危険だ。

この危険をもたらしているのは汚職ではなく組織犯罪だが、サンペドロのバス運転手の物語は、なぜ分散型のゆすりが（ゆすりをはたらくのが中央アメリカのギャングであろうと、汚職官僚であろうと）集権型よりはるかに悪いか、説得力ある解説をもたらしてくれる。サンペドロスーラでバスを運転するのが世界で最も危険な仕事とされる理由の一つは、通りを掌握しているギャングが、みかじめ料の徴収を調整できていないことだ。

サンペドロスーラの住民の生活を支配している2組の敵対するギャング、バリオ18とマラ・サルバトルチャ（別名MS―13）は、ロサンゼルスで結成されたグループの直系で、構成員たちがアメリカで収監された後に国外追放され、中央アメリカに拠点が移った。メキシコのカルテルも、ときにホンジュラスの小規模なギャングに力を貸すことでホンジュラスの競合相手を弱体化させたり、不安定にしたりして、国内の抗争を煽った。

どのギャングにも縄張りがある。住民のだれもが、その地域を支配するいずれかのギャングにいわゆる「戦時税（インプエスト・デ・ゲラ）」を支払う。支払いが遅れないかぎり、だれにも強盗に入られたり、市場に出している屋台を壊されたりしない。遅れると、悪いことが起こりはじめる。どれくらい悪いことかって？　2013年に『ロサンゼルス・タイムズ』紙は、つぎのように報じている。「サンペドロスーラでは、サッカー場、靴工場、空港で殺戮が繰り広げられている。チャメレコン（地区）では2、3週間前に、食べ物を売っていた3人の女性が路上で射殺され、幼稚園で6人家族が射殺された」[27]。つまり戦時税は生きるために支払わなければならない賄賂さながらの、みかじめ料だ[28]。

2014年、ナショナル・パブリック・ラジオ（NPR）の記者が、かつてMS-13に所属して、2000年代前半にバス運転手を対象とした戦時税を始めるのに関わった「フランシスコ」にインタビューをおこなった[29]。フランシスコはバスのゆすり稼業をまさに——事業のように説明している。開業の前にはギャングの仲間たちと市場調査をして、バス会社がとる径路を調べ、バスの定員を予測して、期待収益を計算した。この情報を手がかりに、MS-13はバスの持ち主を廃業に追い込むことなく徴収できるのはいくらか突き止めた。唯一のゆすり屋として、効率的な、収入を最大化するみかじめ料の額を決めたのだ。MS-13は6年間にわたりすばらしい儲けを手にした：MS-13の支配下でバス会社の商売はうまくいったし、バスの持ち主は週ごとに確実に上納金を納めた。だがそれだけ儲かると新規参入も増え、まもなくホンジュラスのバスのみかじめ商売は競争の激しい事業になった。最初にバリオ18が多角化して請負殺人のほか、ゆすりも手がけることにした。小規模のギャングも後に続いた。その結果、MS-13のみにお金を支払っていたバス運転手は、だいたい5組織へのみかじめ料をそれぞれ交渉して支払うことになった。ロシアの規制当局のまとまりのない収賄の例と同じく、それぞれのギャングは価格を高く設定しすぎて、MS-13のみが取り仕切っていた当初よりも多くの事業（と、支払いに応じないバス運転手たち）をつぶしてしまった。ギャングたちが手に入れるお金は減り、商売を続けるバスは減り、「古き良き時代」に比べてみかじめ料に支払われるお金は増えた。ナショナル・パブリック・ラジオの報道によると、同じ問題はタクシー運転手から果物売り、形成外科医に至るまで、ホンジュラスの他の多くの業界を苦しめた。競合する複数のギャングにお金をつかませなければならないという圧力の強さに直面して、事業を続ける価値はもはやなくなったとだれもが考えた。

4.8 ある種の汚職はとりわけ有害なのだろうか　その2：不確実性

２００８年、モスクワのニュース誌『コンプロマト』が一風変わった価格表を発表した。腐敗した官僚、政治家、判事から引き出したいものの相場を示す表だ。とある犯罪に有罪判決をお望みの場合は？　5万から10万USドルが必要で、告発内容によってさまざまだ。商売敵に税務当局と揉めさせたかったら？　5万USドル。国会に法案をかけるには？　50万USドル。さらに50万ドル支払うと法案を確実に通過させられるらしい。

これを幸せな状況と受け止めるか、気の滅入るような状況と受け止めるか、それは読者の評価基準しだいだ。たとえばスウェーデンやデンマークなどの高潔な国会議員や判事の行動に比べると、かなりひどい――法廷では証拠にもとづいて判決が下されて、政治家は公共の利益になる法をつくるのが望ましい。でも汚職をやるならすべての当事者が、価格と見返りに手に入る「財」について把握していたほうが望ましいだろう。

なぜなのか理解するために、ある企業の立場から事態をとらえてみよう。事業主にとってある意味で賄賂は税のようなもの――事業を営むコストだ。政府が税を引き上げると、おそらく事業を始める起業家は少なくなり、従業員の働きぶりは少し鈍る――１ドルあたり90セントが政府のものになってしまうのなら、事業計画をまとめたり、時間外労働をしたりする必要はない[30]。利益や稼ぎの一定割合を賄賂に充てなければいけないのなら、それは税のようなものだと主張する向きもあるだろう。

私（たち）は同意しかねる。考えてほしい。たとえば確実に10ドル手に入れるか、それとも五分五分のチャンスで20ドルを狙うか、どちらがいいだろうか。ほとんどの人は確実なほうを選ぶだろう。リスクがある場合、投資家はその埋め合わせに高いリターンを必要とする（つまり賭けのリスクの埋め合わせに、支払う金額を10ドル未満に下げる必要がある。だが０ドルから10ドルまでのどこかに、20ドル狙いの五分五分の賭けへの「投資」と引き換えに、進んでお金を手放す額が必ずあるはずだ）。税は利益を引き下げる一方、リスクを変えない。賄賂は利益を引き下げるが、リスクも上昇させる。たとえば労働監督官が賄賂を受け取っておきながら、安全基準違反を当局に通報したとしたら？　贈った賄賂を顧みなかったからと警察に通報することはできない。また、たとえば役所に勤める友人が異動になったり、逮捕されたり、自動車事故で死んだりしたら？　友人の後釜はそれほど融通が利かないかもしれないし、さらに見て見ぬふりをするかわりに支払いを要求してくるかもしれない。ほぼ当然のこととして、こちらに法的な手立てはない。利益を減らしたうえに利益のリスクも上昇させることで、賄賂は経済成長をもたらす事業開発や投資の類いに二重に負担をかけている。(31)

経済学者シャンジン・ウェイは、汚職が投資を大きく鈍らせると述べて、その一因は、汚職が不確実性をもたらして投資家を遠ざけることにあると示している。ウェイは2000年の研究で、多国籍企業――シーメンス、トヨタ、コカ・コーラなどさまざまな国で事業を営む企業――は、税率の高い国ではあまり投資をしないと実証している。(32)　またウェイの分析によると、汚職は税に比べて投資に与える悪影響がはるかに大きい。

関連研究で、ウェイは汚職が課税よりもはるかに投資を阻害する理由について、不確実性という観点からどの程度説明できるか考察している。(33)　賄賂を要求する役人のせいで投資家がどれほど不確実性に直面するか測るために、ウェイは世界競争力報告（GCR）への回答を利用した。これは世界経済フォーラムがおこなっている1996年からの調査で、経済的競争力にもとづいて国を順位付けしている。GCRの回答者は一流の実業家で、さまざまな質問に交えて「輸出入許可、事業の免許、為替管理、租税査定、警察による警備、融資申しこみに関する、不規則な追加的支払い」を求められたかどうか尋ねられた。好例として、ウェイは二つの高汚職国――インドネシアとウクライナ――を対照している。両方とも1990年代の汚職平均がとても高かったが、汚職不確実性は大きくちがった（インドネシアとウクライナの図3・2における位置をみると、2014年になっても両国とも依然として汚職水準が比較的高い）。インドネシアでは、何かをやりとげたいならときどきは賄賂が必要だと回答者全員が答えている。ウクライナではもっとさまざまな回答が混在していた――非常に高水準の汚職を回答した人がいる一方で、汚職は事実上存在しないと回答した人もいた。つまりインドネシアの汚職「税」は高いが確実だった。ウクライナのほうは平均が高いだけでなく、ばらつきがとても大きい。平均水準だけに注目すると、役所とのやりとりにおける各事業主の経験に見られる大きなちがいがわかりにくくなる。スハルト政権下のインドネシアでは、事業主はゆすりに遭うとわかっていた。ウクライナでは、事業主は何が起こるのやら、まるで見当がつかなかったのだ。

この不確実性が多国籍企業の投資判断に大きな影響を与えることをウェイは発見した。汚職の平均水準を一定に保ち、賄賂の不確実性を上昇させると、海外投資は3分の1も減る。予定外の巨額の賄賂を支出するはめになるかどうかわからなければ、お金は銀行に預けておいたほうがいい。

4.9 ある種の汚職はとりわけ有害なのだろうか　その3：汚職によって事業を止めてしまう

1989年、日本の建設会社、熊谷組がバンコク市を通る全長20キロの高架式有料道路の建設と運営を引き受ける契約を結んだ。これは日常的にバンコクを悩ませていた交通渋滞の軽減を目的とした、タイ政府の野心的計画の目玉である高速道路の第2段階となる予定だった。契約には各関係者が何について、いつ責任を負うか、うんざりするほど詳細に述べられており、竣工日、認められる通行料の値上げ、紛争処理方式（どれほど詳細な契約でも、あらゆる不測の事態を予測できるものではないので）も規定されていた。基本的には熊谷組が銀行とともに、タイ政府には賄えない道路の建設費10億ドルを負担する予定で、その後で運転者から徴収する通行料の60％で出費を回収することになっていた。

他の企業は、この契約をタイ政府が信頼に足るビジネスパートナーになった証拠と受け止めて、バンコクに市内鉄道網と最新の有料道路網を張りめぐらせる、他の6本の計画についての一連のインフラ整備契約に乗り出した。だがわずか2、3年後、10億ドルが使われた時点のタイ王国では、いろいろ問題が浮上した。タイ政府は第2期高速道路がほぼ完成したところで、通行料は契約に明記されていた30バーツではなく、20バーツ（当時のアメリカで80セント相当）になると熊谷組に通告した。バンコクの有権者には良くても、熊谷組の利益にとっては壊滅的だ。

これで熊谷組と投資家たちはとてもやっかいな立場に追い込まれた――そしてほぼ確実に、外国企業が近々タイのインフラに投資をすることもなくなった。道路は完成していて、建設会社の助力などなくても運営できたという点を思い出してほしい。タイ政府が計画を露骨に接収しなかったのは、少なくともうわべは契約遵守をとりつくろう必要があったからにすぎない。

最終的に、熊谷組が費用を回収できる価格で高速道路をタイの投資家集団に売却することで両者は折り合いをつけたが、熊谷組は4年間にわたって計画に取り組み、何の利益も得られなかった。

バンコクで熊谷組が遭った災難は、経済用語でいう「ホールドアップ問題」の古典的な例だ――取り決めの当事者の一方が回収不能な投資をおこない、引っ込みがつかなくなってから、他方がもとの条件を見直し、自分に都合の良い条件を求めて再交渉するのだ。

完璧な契約などというものは存在しないので、ホールドアップ問題の脅威は非常に多くの関係に多少は存在する——あいまいな、ただし書きから漏れた、あるいは実施不能なものは、つねに何か存在する。(34) しかし汚職というものの性質のため、賄賂はホールドアップ問題にずっと弱い「契約」になる。賄賂は後の利益への期待からおこなわれる投資だ。言い換えると、長時間かけておこなわれる取引だ。そういう意味で、熊谷組の有料道路建設費と変わらない。だが贈収賄の関係者がしっかりしていれば、検察官や記者に見つかりかねない記録は残さないだろう。結果として、建築許可のためにお金を支払った後で交渉窓口担当者から連絡が途絶えた場合、あるいは追加の支払いが必要だと言われた場合、贈賄した建設現場監督はどうしたらいいだろうか。提示すべき契約書が存在したところで、それを強制する法廷がない。熊谷組は少なくとも国際世論の裁きを利用して資金を回収できた。これは賄賂の取り決めを確実に守らせる選択肢としては使えない。

ホールドアップ問題は、腐敗した国々の投資家の多くが長期的に高くなりそうな利益を生むより、手っ取り早い金儲けをすることに注力しているように見受けられる理由を少なくともある程度説明できる。その価値が、腐敗した貪欲な役人の手にわたってしまうとしたら投資する意味があるだろうか。ホールドアップ問題の結果、バンコクの交通渋滞は続いており、より広い視野でみると、発展途上国にはまさに先行投資を必要とする類いのインフラが不足している。そうでなければ、ナイジェリア、パキスタン、その他発展途上国各地で都市部に電力を供給している、即座に曳航《えいこう》して撤去できる浮体式パワーバージの存在は説明できない。パワーバージ利用の代替手段は、移動できない地上の発電所の建設着工で、投資家は地元役人からの要求の増大に弱くなってしまう。

バンコクの有料道路建設契約の書き換えの試みはタイ政府にとって、少なくとも評判の面でとても高くついた。崇敬されている『フィナンシャル・タイムズ』紙で、ある観測筋が指摘したところによると、インフラ契約の再交渉をさまざま試みた結果、「タイ政府はますます信頼に足るパートナーとは見なされなくなり、資金調達が困難になっている」[35]。この資金は急成長する経済を支えるために切実に必要とされていた。長期的な視点を持つ政府なら、逃げおおせられたとしても、外国企業にひどい仕打ちをするのは控えただろう。他の潜在的投資家を遠ざけてしまうからだ。同様に、将来を考慮している官僚や政治家も、賢明にも賄賂の取り決めを守るだろう。守らないという噂が広まると、実入りのいい副業が危うくなるからだ。

「良い」――半世紀前に汚職を賛美したナサニエル・レフの念頭にあった類いの――汚職官僚とは、道路建設や発電所建設の契約から分け前を得る一方で、少なくとも予定通りの工期で、恙《つつが》なく確実に建設物を完成させる人物だ。

汚職の影響はその個別特性によって大きく変わるというのは、改革を志す人なら見識として念頭に置いておこう。大変革や改革によって失脚した、腐敗した指導者は、権力の真空状態を後に残す場合があり、そこは支配力を得ようと必死な勢力にたちまち埋められる。この新時代に汚職の歯止めは増すかもしれないが、連携不足の贈収賄、責任の所在のあいまいさ増加、官僚機構や政治における離職増加の複合的効果が生じ、残った汚職が、改革前より経済にかえって悪影響を及ぼすものになりかねない。インドネシアの旧政権で大統領を務めたスハルトが失職した直後、長年にわたり保険会社の重役を務めた人物がつぎのように指摘している。かつての時代には「すべてのものに値段があって、だれもがその値段を知っていて、どれだけ払うと何が手に入るかわかっていた」。対照的に、スハルト以後のインドネシアだと「代わりに存在するのはカオスだ」と、この重役は嘆いている。(36)

4.10 天然資源は汚職にどう影響を与えるか——また汚職は環境にどう影響を与えるか

天然資源は恵みだろうか——それとも呪いだろうか。原油、黄金、ダイヤモンド、その他の天然資源が豊富な国は、大きな経済的優位性を持ち、繁栄への道を掘削していくものと考える向きもあるかもしれない。こうして生まれた富が汚職との闘いに使われるなら、資源に恵まれた国の中には誠実な政府もあるはずだ（所得と汚職には強い正の相関関係があることを思い出そう）。しかしこの論理はナイジェリア、シエラレオネ、ベネズエラといった国々の経験とは一致しない。この国々は豊富な天然資源に恵まれていながら、経済成長が芳しくない、あるいはまったくないという呪われた状況にあり、政府役人はつねに深く汚職に関与している。イギリスの経済学者リチャード・オーティが、この嘆かわしい現実を表す「資源の呪い」という用語を1993年に生み出した。だが問題（と問題の認識）はもっと古く、おそらくは汚職問題それ自体と同じくらい古くからある（用語の起源は、正しくはザンビアの初代大統領ケネス・カウンダに行きつく。カウンダの言葉によると、彼と同胞たちには「銅のスプーンをくわえて生まれてきた呪い」がかけられているという）。

どうして原油とダイヤモンドはこれらの国（をはじめとする豊富な資源に恵まれた国）にそれほどの不

運をもたらしたのだろうか。また、こういった経済的に行き詰まった例と、ノルウェー（原油が豊富）、ボツワナ（ダイヤモンドが豊富）など天然資源を経済的繁栄に変えることに成功した例を隔てるものは何だろうか。

汚職は資源の呪いの説明に大きな役割を果たしている。天然資源は「レント」を生む。第1章の内容でご記憶の通り、基本的には労せずに生み出される富だ。政府が（鉱山や油田などのように）管理が容易な資源から収益を引き出せるなら、課税なしで国の機能の資金を調達できる。そして市民がお金を支払うことなく行政による手当とサービスを受けられる場合、役人の責任を問う気になりにくく、汚職により寛容になる（少なくともそう伝えられている）[37]。資金は引き立てをはじめとする恩顧主義的な行為によって票を買収して、反対意見を抑えるのにも利用できる。最後に、政府が管理する資源が豊富な社会で、野心的な権力者が最も儲けられるのは、商業ではなく政府を介した機会だ。監視が行き届かない省庁にお金があふれかえっている場合、すこしばかり甘い汁を吸うことも、採掘権を争う企業にリベートを要求することも容易にできる[38]。

1995年の影響力ある研究で、経済学者ジェフリー・サックスとアンドリュー・ワーナーは各国の1970―1990年の天然資源の輸出と経済成長に、負の相関関係があることを実証している[39]。これをきっかけに、サックス-ワーナー分析の変種を手がける学者たちのささやかな家内工業が始まった――結果はまったくばらばらだった。これらの追加研究の内容は以下の通り。民主主義体制と非民主主義体制における資源と成長の関係を比較（先述のパターンが成立するのは非民主主義のみ）。天然資源への依存について別の尺度を使う（一部の尺度にパターンがみられるが、一部ではみられない）。不足しているデータをさまざまな方法で処理（データの処理方法が結果を大きく左右することが判明）。数十年間ではなく、もっと長い期間にわたって経済成長を観察（長期間にわたる成長の尺度からは、関係を示す証拠が得られず）。分析の中で考慮する他の属性について別の考え方を採用する（当初の所得を考慮して補正することがとても重要）。ある研究は、天然資源は歴史的に見れば経済成長を育んだと結論した――アメリカを思い出そう――だが20世紀終盤の四半世紀、恵みは呪いに変わり、政権を腐敗させて経済発展をそこなったという。[40]

これほど研究結果同士で矛盾があり、複雑で、結論がまとまらないところを見ると、この国際研究課題はいささか行き詰まっているようだ。国が豊かになるか、貧しくなるかを決める要素は実に多いのだから、これはむしろ当然だろう。つまり天然資源は（汚職と同じく）国の運命を左右する唯一の決定要因では決してないのだ。それに本書で繰り返し強調しているように、国ごとにみた関係は、その根底で作用しているさまざまな現象を反映しているため、因果関係について決定的な主張をするのは必然的に難しくなる。

このような国別の資源賦存量と経済・政治的成功のつながりを解き明かす取り組みと並行して（場合によっては先行して）、学者たちは富裕国も貧困国も含めて――苦しむのはおもに貧困国だが――さまざまな国における資源の呪いを実証する事例研究やミクロ経済分析に着手してきた。この証拠は国別の比較よりも、いつどのようにして天然資源は汚職を助長して、最終的に成長を阻むのかについて、理解する助けになる。

基本的な資源の呪いの原則に立ち戻って、私たちの念頭にあるミクロ経済分析の一例をあげよう。

政府が何か価値あるものを——天然資源の場合と同じく——管理、あるいは規制しているとき、政府はレントを手に入れて分配し、規制当局や官僚の利益になる機会を生む。木材を例にとろう。最も貧しい国でも樹木の伐採は厳しく規制されている（たとえばほとんどの熱帯林は国有だ）。理由の一つは国際社会を納得させるためだ。当然のことだが国際社会は熱帯林の消失をおそれている。だがそうなると、政府はだれかを雇って数多くの規則や規制を監督しなければならない。周知の事実として、すでに汚職に悩まされている国では、監督者は権力を利用して樹木を守るかわりに賄賂を引き出す。[41]問題は規制当局が役人の権限を振りかざして、法の下に伐採の権利を有する木こりをゆすっている点のみではない。もっと悪いのは、規制当局が賄賂を受け取って、樹木が許可なく倒されて輸出されるのを黙認することだ。カメルーンの違法な伐採を調べたとある研究によると、官僚は違法な伐採業者から受け取る賄賂で、給料とほぼ同じくらいの金額を稼いでいるという。[42]

この種類の資源の呪いでは、天然資源が汚職を助長するにとどまらない——今度は汚職がさらに急速な環境破壊を促す。この問題は世界的規模だ。インターポールの推定では、違法な伐採——原産国の法や規制に違反する伐採——が世界市場の材木のほぼ3分の1をもたらしており、アマゾン盆地、中央アフリカ、東南アジアに位置するおもな生産国から輸出される材木の約50〜90％を占める。違法な輸出材木の価値は、世界で取引されている麻薬の生産額に匹敵する。熱帯では、汚職は現地政府の役人、森林担当官、警察、軍、地元住民を結びつけて、非常に儲かる馴れ合いの人脈を形成する。ある計算によると、この人脈を使って違法に伐採された材木を売る方法は、少なくとも30通り確認されているという。伐採許可の改ざん、賄賂、政府ホームページのハッキング、税金詐欺、木材製品の不当表示、エコ認定の偽造、木材ロンダリング……まだまだある。[43]

天然資源が濫用されず、保護される状況もある。ノーベル賞を受賞したエリノア・オストロムは、天然資源の保護に成功した多数の小規模コミュニティの研究に学者人生をささげてきた。オストロムによると、スイスのアルプスの村の一部には、共有放牧地の利用を規制する取り決めがおよそ千年前から存在するという。トルコでは、漁師が乱獲を防ぐ規則を定めて守り続けている。フィリピン諸島では、数百年前から灌漑を利用してきた数百の地域社会が、地域社会の利益になるように水資源を管理している。だがオストロムは、小規模社会でも天然資源を保護する取り決めを維持できない場合があることも発見している。トルコのコミュニティの一部は漁業海域の管理に関する規則をつくりあげることに成功したが、できていないコミュニティもある。[44] そしてこれらの小規模な分散型コミュニティの取り決めは、資源の価値が国内外の市場で上昇すると破綻しやすい。村人の間で薪の採集や野生動物の狩りについて取り決めが維持されてきたとしても、こういった資源の経済価値が上昇すると、政府や企業がレントを手に入れるために乗り込んでくる。そうなると、公式な規則や規制が登場する事態に逆戻りしてしまい、これらをかいくぐるととても利益が出る。[45] 天然資源を保護する規則を実施するはずの責任者が、規則を破るとあまりに儲かるのがわかってしまえば汚職が蔓延して、一般市民は共謀的取り決めへの関与にいっそう寛容になる。[46]

資源の呪いの研究で何がわかるだろうか。経済がすでに好調で、政治制度が機能しており、きちんと確立されている国で、幸運にも原油やダイヤモンドが見つかったなら、それはすばらしい話だ。だがここで最も興味深い、貧しくて機能不全に陥っている国では、サウジアラビアの石油相の言葉を借りると、原油より水を発見するほうが望ましい。そして天然資源がたやすく入手できる環境では、汚職がすでに当然のことになっている場合、役人はためらいなく自国の樹木、野生動物、地下水を取り去ってしまう。天然資源は汚職を誘発するのみでない――その汚職が今度は私たちの共有する自然遺産の破壊に拍車をかけるのだ。

4.11 汚職に利点はあるだろうか？

規制が過剰な国で、事業体が物事の処理を進めるのに汚職は役立つというナサニエル・レフによる議論――半世紀前に最初に発表されたときは大きな影響を与えた――の支持者は、かなり減った。おもな理由は、汚職のコストの前にはどんな利点もかすんでしまうという証拠が蓄積されたことにある。

他に比べて有害な種類の汚職もあるかもしれないし、関与する当事者の種類によって汚職が与える影響も異なる。企業が公共契約をとりつけるために贈賄しなければならない場合と、家庭が子どもを学校に入れるために贈賄しなければならない場合で、汚職が企業活動と格差にもたらす結果は異なる（レフの議論は、汚職がもたらす潜在的な経済的便益がわかりやすい前者に重点を置いている）。汚職は分散的で不確実な場合、いっそうたちが悪いので、汚職の種類を選べるとしたら、組織的で秩序があるほうが望ましい。汚職がありふれたことになると、汚職を減らすのは困難で、高くついて、予期せぬ結果を招きかねない。

だからといって、そもそも汚職の存在が望ましくないこと、汚職を減らすと一般的に国はさらなる繁栄に向かうことをあいまいにするべきではない。最近では、汚職についてよく考えたうえで、全体的にみて汚職がいいものだと考える人はいない。

すると話は、第1章で最初に述べた点に戻ってくる。汚職は直接関わる当事者の一部に目先の利益をもたらすかもしれないが、社会全体には弊害をもたらすのだ。贈賄者が「利益を得る」のも限定的でしかない。賄賂をださないと電話回線や事業許可、あるいはレントゲンがないという選択肢の直接的な代替手段として見る限り、贈賄は望ましいかもしれない。でも贈賄者が魔法の力で賄賂が当たり前でない世界に移送されたとしたら、ほぼ確実にそのほうが幸せで、裕福になるだろう。

では、汚職に利点はあるだろうか。イエス。汚職は契約をとりつけるためや、もともとまさに事業の足を引っ張り、ゆするために考案されたやっかいな規制を早くかいくぐろうと贈賄する企業に、限定的な目先の利益をもたらす。では結局のところ、こういった利益は汚職を正当化できるのだろうか。かつては正当化したとしても、もはやそうはいかない。かつては一般市民がさまざまな理由で汚職を大目に見てきたとしても、いまや世界の最貧国でさえますます汚職を容認しなくなってきた。そしてかつては企業が自分自身や従業員に贈賄の必要性を正当化できたとしても、いまや世界の汚職に対する不寛容が高まった。おそらくこれを最も体現したのが１９７７年の連邦海外腐敗行為防止法だ。この法はアメリカの企業が外国で贈賄するのを違法としている。こういう状況では、汚職が有益だなどという我田引水のレトリックも成り立つ余地はない。

第4章で学んだこと

◎比較的最近まで、汚職は無害で、それどころか経済発展には有益とすら見なされていた。その拠り所が「効率的汚職」という考え方で、その主張で最も注目すべきは、汚職はコストがかかる無用の規制をくぐり抜ける余地を事業にもたらすという見解だ。効率的汚職説の支持者は近年かなり減っている。

◎効率的汚職という見解への反論で重要なのが、事業への不必要な規制を賄賂によって回避できるとしても、まさにそれだからこそ賄賂を引き出すために役人が無用な手続きを捻出したくなるという点だ。

◎賄賂によって規制を回避できるのであれば、企業は自社の利益を減らしても社会的利益をもたらす規則を回避することも可能だろう。たとえば労働者・消費者保護法や、天然資源の濫用を防ぐ規制がこれにあたる。

◎経済成長への悪影響に加えて、汚職は経済格差を増大させて、政府への信頼をそこなう傾向がある。

◎汚職にもいろいろある。経済成長への悪影響が少ない傾向があるのは以下の場合だ。

・集権的な権威者が汚職を調整している。

・賄賂を求められるかどうかについて、不確実性が少ない。
・役人が賄賂と引き換えに約束を果たしてくれる点について不確実性が少ない。

第5章

だれがなぜ汚職をするのだろうか？

本書の主要な枠組みとなる、均衡としての汚職という概念を説明するとき、市民や企業や公務員が賄賂をもらうのは、それが集合的には社会に有害でも、彼ら個人にとっては得だからだという点を強調した。本章では、そうした個人レベルでの費用便益が何かを考えて、そうした個人のインセンティブを変えるには何ができるかを考える出発点としよう。合理的な考え方をする社会科学者として、私たちの注目点は、主に経済的インセンティブとなるけれど、個人が汚職に手を染めるという選択を司る、倫理や良心の役割も論じなければ片手落ちというものだ。

5.1 なぜ公務員は賄賂を受け取るのか?

社会科学者は一般に、個人の選択について、何かの目的や目的群を最大化するものとしてモデル化することが多い。通常、総合的な目的は、生涯の幸せだと考える。個人の幸福には無数のものが含まれる。たとえば人間の伴侶がいれば、その回答者は調査員に対し、いろいろあるけれど自分は幸福だと述べる可能性が高い。離婚は、一度も結婚しなかった人よりもその人を幸せでなくしてしまう。アメリカにおける長期の苦しみを予測する唯一最大の因子は、長い通勤時間だ。そして、はい、お金はしっかり幸福を買えます[1]。

なぜ公務員が賄賂を受け取るのか理解したいなら、賄賂が収入を増やし、すると幸福も増える、というのがよい出発点となる。では公務員が収賄を通じて豊かに(そして幸せ)になる能力を制約するのは何だろうか?

人生のすべてにはトレードオフがある。ほとんどの収賄役人の場合、汚職の主要なコストは、捕まって処罰される可能性だ。汚職を費用便益のトレードオフとして考えるとき、研究者たちはノーベル賞経済学者ゲーリー・ベッカーが先鞭をつけた、もっと広い伝統に従っている。ベッカーは、日常生活の多くの側面にまで経済分析を応用した。結婚、中毒、そして——ここでの主題に最も関係したものとして——犯罪だ。当人の話では、ベッカーは自分がキャリアの初期に教えていたコロンビア大学付近で駐車スペースを探しているときに、犯罪者予備軍が直面するトレードオフについて考え始めたという。２０１４年に他界する直前に新聞記者とのインタビューで回想したところでは「問題は『近いけれど違法な場所に駐車しようか、それとも少し遠いところに駐車しようか』というものでした。だから計算が必要になったんです。ちょっと通りを下ったところに駐車した場合に捕まる可能性は、遠くに駐車するより節約できる時間やお金と比べてどうなんだろうか？　とね」[2]。誰しもルールを破るときにはこの手のトレードオフに直面する——赤信号を渡ろうか、制限速度を少し超えようか、といった場合だ。公務員たちは、賄賂で儲けるために法を破ろうか、どの程度破ろうかを決めるときに、トレードオフに直面する。

これは選択肢を、個別の費用と便益に分けるという、いささかあたりまえの話だが、公務員が賄賂を受け取る（または要求する）ときの条件群を検討するには有益だ。便益側で言うと、喜んで賄賂を支払う贈賄者が行列を作る必要がある。仮に、その公務員が売っているもの——運転免許、石油採掘権、軍事調達——の価値が下がったとしよう。すると、あら不思議——賄賂から得られる便益は減り、したがって賄賂を出そうという人も減る。一部の政府機能にとっては、他より賄賂価格を押し下げるほうが簡単（あるいは望ましい）かもしれない。善意の政府はコピー用紙や鉛筆といった標準的な物品の調達については、学校、病院、地方政府が標準価格表のついたカタログから買うよう強制したほうが、汚職の余地をとても簡単になくせる。イタリア政府が中央化された調達機関コンシップを2002年に創設したときには、実に効果が挙がった。イタリアの研究者たちは、コンシップ創設以前は、一部の政府部局はガソリン、プリンタ、紙、電話といった品物を5割増しの値段で買わされていたという。コンシップは価格表を作った。理由の一部は、不正直な官僚がもはや割高な事業者に仕事を回すことでキックバックを稼げなくなったのと、それ以前に怠慢な官僚たちは、そもそも低価格の業者を探そうと見積もりを取ったりしていなかったからだ。[4]（もちろん当のコンシップの職員が腐敗していて、全国価格表に業者を乗せるため賄賂を受け取ったりしたら、調達を一本化してもあまり役に立たなかっただろう。）あるいは、反汚職改革者たちは賄賂の費用を引き上げるほうに注目してもいい。たとえば、独立反汚職取締局を作り、汚職公務員が捕まる可能性を増やしたり、捕まった人々への処罰を厳しくしたりするのだ。ここで出てくるのは、こうした監視が汚職を減らすのに有効となるためには、監視を担当する人々自身が仕事を上手く正直にやるようにする方法を見つける必要があるということだ。

でも政府が直面する費用便益のトレードオフを変えるのは、危うい不確実なプロセスだ。たとえば、意思決定を標準化すれば——さっきのイタリアでの調達事例でのように——職員は正直になる、と論じたくもなる。でも4．4節で指摘したように、政府の機能の多くは同じではなく、軍事契約や道路はそれぞれ他のものとはちょっとちがっている。このため、どうしてもミサイル調達や高速道路契約を決める職員の裁量の余地は残される。[5]

こうした細部はあっても、賄賂を受け取るべきかという決断を迫られている職員のトレードオフを考えるのが、公務員が賄賂を受け取る理由を考える上で不可欠なステップだという事実を見失ってはいけない。単純に言えば、彼らは何よりもまず収入を増やすために賄賂を受け取り、そして捕まって処罰される恐れが小さい時にそれを実施するわけだ。

5.2 なぜ政治家は賄賂を要求するのだろうか？

選出された政治家たちや任命された公職者たちは、その下にいる公僕たちと同じく、個人の収入を増やすために賄賂を受け取る。でもそのお金を明らかに政治的な理由にも振り向ける。自分が再選されるためにその収入を使うのだ。

収賄と横領に関連する再選「技術」は2種類ある。最初のものは、有権者にリソースへのアクセスをシグナリングするため、意図的に財産を誇示しようとするものだ。これは貧困国であまりによく見られる。僻地の地方村落に再選の選挙運動のためにくる議員は、ベンツのSUVに乗りロレックスを腕にはめている。候補者自身も、豪華な車や素敵な腕時計は気分がいいかもしれない。でもそれは同時に、有権者たちに対してその候補者が、経済リソースを支配していて、もし再選されたらそれをきみたちにも分けてあげるかもしれないよ、と訴えるためのものでもある。その車や腕時計が明らかに不正に入手されたものだという事実は、そのコミュニティが腐敗した均衡にはまっており、そこに存在する状況下では自分の状況を改善する最高の方法は、汚職政治家を再選し、そのおこぼれにあずかることだという考えを強化する。あるいはこうした怪しげな手段で入手した資産の誇示は、権力を握っているのは誰かを示し、汚職を糾弾する者に対する暗黙の脅しともなる（残念ながら、こうした派手な誇示は他の人に汚職の道を歩みたいと思わせることもあるだろう。汚職は儲かることを実証しているからだ）。

収賄の政治的な狙いとして二つ目は、政治キャンペーンの費用を捻出することだ。これは個別候補者の費用もあるし、その政党全体で使う費用もある。多くの国では、候補者は選挙運動の費用を自分でまかなわねばならない。特にインドやサブサハラアフリカではこれが顕著だ。また「オープンリスト式比例代表制」というものを使うヨーロッパ諸国でもこれが言える。この方式では、それぞれの議会選挙区から複数の代議士を選ぶ。有権者は、ある政党の一覧に載った候補者のうち、だれがお気に入りかを指名できる（この方式は同じ党の中で候補者同士が競争することになる）。自費の選挙キャンペーンは単一候補選挙区方式の選挙区でも、予備選挙を使う場合には生じる。たとえばアメリカでは、指名を求める候補者はそれぞれの政党内での予備選挙費用を負担しなければならない。最後に、「クローズドリスト比例代表制」では、政党同士が票をめぐって競争するが、政府が提供する資金では不十分だと考えるかもしれない。

収賄は、必要な選挙費用を調達する方法の一つだ。特に個別の候補者や政党が調達できる金額に制限（法的な制約や経済的な制約）がある場合にはなおさらだ。近年で最も有力な例は、ブラジルの国有石油会社ペトロブラスで起きた、いまだ係争中のスキャンダルだ。このスキャンダルでは、建設会社がペトロブラスの役員に対し、建設やサービス契約を確保するために30億ドル近くが支払われた。このうち何億ドルもは、与党である労働党にまわり、労働党はそのお金で政治キャンペーン資金をまかなった。

こうした手口は、通常は国際的な汚職ランキングでよい評価を得ている国ですら起きる。1999年に元ドイツ首相ヘルムート・コールは、不適切な選挙献金で200万マルク（100万ドルを優に超える）を受け取ったと認めた。その半分は武器商人からのもので、コールはこの資金をキリスト教民主同盟（CDU）として受け取った。このスキャンダルで、CDUで長いこと続いていた、違法献金の仕組みが暴かれた。CDUはこの資金で政治キャンペーンをまかなっていたのだ。このドイツの事例は、第2章で述べたように、決してドイツだけのことではない。公共事業契約と引き換えの賄賂とむすびついた、違法な資金調達は、ヨーロッパでよく見られるようで、スキャンダルにより違法な政党資金が暴かれた例は、ハンガリー、スペイン、ポルトガル、フランス、イタリア、ベルギーで見られる。カナダのケベック州では、巨大な賄賂による公共事業契約スキャンダルが——これまた儲けは政治キャンペーンの実施に使われた——2015年まで続いた長期の捜査により暴かれた。これに関する1600ページの報告書は、地元政治家、建設業者、組織犯罪集団の関与する汚職の網を描いている。(6)

費用側に目を向けると、官僚による収賄を制限する要因の多くは、政治家にも当てはまる——政治家もときには捕まって処罰を受ける。制裁を加えにくい最高位の政治家たちですら、過剰な汚職には費用が伴う。というのもあまり気ままに賄賂をもらい続けると、企業が破壊され、将来もっと賄賂を払ってくれる企業がなくなってしまうからだ。いまありったけ手に入れるか、時間をかけて少しずつ手に入れるかのちがいだ。ザイール（現コンゴ民主共和国）の、強姦掠奪の泥棒政治家モブツ・セセ・

セコは、公的資金を使い、パリまでコンコルドを飛ばして爆買いするといった大盤振る舞いをしつつ、ザイールのインフラと経済は衰退するに任せた。モブツをインドネシアのスハルトと比べよう。こちらは長期的な見方をした。スハルトは何十億ドルにも上ると言われる財産を自分の一族にもたらしたが、それでも自国の経済成長は育んだ。図3・2の両国の位置を見れば、その結果は明らかだ。平均的なインドネシア人は、コンゴ民主共和国の平均的な住民よりも100倍豊かだ。

スハルトとモブツのちがいは、無私の精神よりは辛抱強さだ。インドネシアは豊かとなり、課税して盗む基盤もずっと大きくなったからだ。高名な経済学者マンサー・オルソンは、旅の盗賊――全面収奪の焦土作戦を実施――と定住型盗賊を分ける。後者は成長を育むことで、その後の年月にもっと大きな「収穫」を得ようとするのだ。もし自分の専制支配者を選べるならば、定住型を選ぶほうがずっといい。(7)

事例研究：インドで政治役職により儲けるには

本書ではこれまで、公職から利益を得る政治家の具体例を挙げてきた。病院や道路資金を横領したり、無線周波数帯や建設許可、軍事契約の権利と引き換えに賄賂を得たりするわけだ。(8) 政治家の富についてわかっていることの大半は、こうしたお話ベースのものだ――通常は高位の政治家が関与した極端なものが多い。そしてそのどれも、伝聞と不完全な証拠しかないものがほとんどだ。ロシアのウラジーミル・プーチンやインドネシアのスハルト一族、リビアのカダフィが何十億ドルも蓄えたといった話だ。パナマ文書のような大規模なリークがあっても（これは世界中の政治家が国外に持つ資産を詳述したものだ）、得られるのは政治家がいくら所有し、どこに隠しているかという部分的な証拠でしかない。

かつては政治家の財産や、どのくらいの速さでそれが増えているかを計測するのはほぼ不可能だった。でも現在では、透明性の改善という名目で、多くの政府は選出された公職者——さらには候補者——が金融資産を公表するよう義務づけている。研究者たちはこのデータを分析して、政治家がどのくらい公職で儲けているかについて、もっとはっきりした図式を得ようとしている。

私たちの1人（フィスマン）は、この開示法を使ってインドの政治家の富を分析した（フロリアン・シュルツとヴィクラント・ヴィグとの共著）。インドでは、政治家たちが貯め込んだものについて2003年からデータがあるのだ。(9) 私たちの分析が可能になったのは、民主改革協会（ADR）のおかげだ。ADRは同国の最高裁に陳情して、州や連邦の公職に立候補した人物すべてについて、出馬書類提出時に詳細な財務開示を義務づけるのに成功した。開示すべき内容は、銀行預金と借入残高、株式ポートフォリオ、車、宝石、建物、土地など有価物の価値だ（候補者はまた、教育の証明書と犯罪歴、起訴歴も開示しなければならない。インド政治家の驚くほど多く——ほとんど3分の1——は報告すべき犯罪歴を持っていた）。

この研究は10年にわたる開示データを使った。つまり同国の州議会すべてにつき、少なくとも選挙が2回あったということだ。おかげで、立法議会の選出議員（MLA）の財産が、それぞれの任期中にどのくらいの勢いで増えたか計算できた（少なくとも再選のために出馬した議員については）。重要な点として、最初の選挙で落選したが、次の選挙で再出馬した候補者もたくさんいた。実際、多くの選挙区では――私たちが調べた中では500選挙区ほど――当選者は次回の選挙でもまったく同じ対立候補に直面した。おかげで立法議会議員の財産蓄積を比較する基準として、他の点では似たり寄ったりだが、落選してしまった政治家候補で、次期選挙まで民間部門で生計をたててきた人物が得られた。

インドの開示法は、絶句するような数字をいろいろ生み出した。最も驚異的だったのは、マヤワティ・クマリが2004年と2008年に提出した資産開示だ。2004年にクマリは（一般にはファーストネームのマヤワティとして知られる）資産総額40万ドルと申告した。その後4年にわたり、彼女はインドで最も人口の多い（そしてきわめて腐敗しているとされる）ウッタルプラデシュ州の州知事を務めた。2008年に再選選挙に出馬した彼女は、財産総額が年間100％以上増えたということだ。その間の彼女の公式な給与はたった3万ドルだ（マヤワティは、「不釣り合いな資産」と称するもののために捜査を受けた。これは公式の給料で得られそうな金額を超える財産のことだ。だがこの一件はやがて見送られた）。

MLAすべての蓄財を見ると、ほとんどは二軍級の人々なので、公職の利得はずっと慎ましいものに見える。選出MLAの財産は平均で、対立候補よりも増加が年率3〜5ポイント高い。選挙で勝つ候補者は、選挙活動のやり方が賢くて優秀なんだろうと思うかもしれない――だから勝てたというわけだ。そしてそれだけ頭がよければ対立候補よりも上がりそうな株を選んだり、その他もっと儲けるやり方を知っているはずだと思うだろう。でもMLAの勝者プレミアムがずっと大きかったのは、当選者がわずか数ポイントの得票差で決まったところ――あまりの接戦で、結果は基本的には偶然でしかないようなところだった[10]。こうした接戦選挙での勝者と敗者の属性はきわめて似ており、最初の財産も、教育水準も犯罪歴もだいたい同じくらいだった。

複利計算の魔術を知っている人なら、年にたった5％の差でもすぐにすさまじいちがいを生むのはご存じだろう。任期5年の終わりには、勝者は落選者よりも資産が6割高くなっている。つまり追加資産が5万ドルほど多いということだ。これは州議会の慎ましい公式給与（この期間だと、通常は年数千ドル程度）で説明できるよりはるかに多い（マヤワティは、インドで最も人口の多い州の知事だったので、このデータ集合の他のMLAよりも公式給与もずっと多かった）。

だがこの勝者と敗者との3～5％の差は、重要な細部を隠してしまう。まず、高汚職の州では、公職に就く便益ははるかに大きい——低汚職の州では0％に近い差しかないのに、高汚職州での差は年10％だ。第二に、州の閣僚になると、勝者と対立候補者との差はずっと大きい（インドの州はすべて議会制システムなので、州の大臣は議員から選出されるのが通例だ——ここで述べているのは、州の閣僚だ）。州の内閣で閣僚級の地位に指名されたMLAの財産は、落選候補者より年率15％も速く増大した。5年の任期が終わる頃には、地位の低いMLAの財産の倍以上を得ていることになる。閣僚になったMLAを除いて勝者と敗者を比べると、閣僚になれなかったMLAたちは、落選した候補者と比べて何ら差はなかった。州の閣僚の蓄財は、別に決定的な汚職の証拠というわけではない——閣僚職はデタラメに選ばれるわけではないから、大臣に指名されるくらい賢い人物なら、二軍級の連中よりは投資家としても優秀かもしれない。それでもこの結果は、ADRのような監視組織は州の閣僚やその一家の土地取引や銀行取引をことさら注意して監視すべきだと示唆している。(11)

このアプローチはもちろん、問題がないわけではない。わかるのは当のMLA自身が開示文書で報告した財産だけだ。資金や宝石は外国の口座に隠されていたり、銀行の金庫にあったり、いとこに「貸し」てあったりするかもしれない――でもこの開示法は穴だらけなので、そのデータだけで州大臣の豊かな見返りがわかるというだけでも驚きだ。開示要件が国際的にどこまで比較可能かにもよるが、このアプローチの長所の一つは、ずっと多くの国について、各種政治環境や経済条件におかれた公職者が、選出されることでどれだけ恩恵を受けるかについて証拠が集められるということだ。たとえばいくつかのスカンジナビア諸国、イギリス、19世紀アメリカについて資産開示を活用した調査は存在するし、いまもそうした調査は行われているはずだ。(12)

資産開示調査は、その追加のお金がどこからきたかは教えてくれない。直接証拠は出せないながら、その相当部分はおそらく賄賂や横領からくるのだろうと推測できる。またそうした過剰な資産を手にした政治家が、それをどう使うかもわからない。マヤワティ・クマリは個人資産をやたらに誇示するので有名だ――さらに気前のいい選挙戦での金遣い、票の買収、贈り物などでも知られる。だから資産開示は汚職の決定的な証明にならないとはいえ、有権者、研究者、法執行当局に対し、地元のどの政治家をもっと調べるべきかという有益な情報を提供してくれる。

5.3 贈収賄のモデルに道徳性を組み込むにはどうすればいい?

ここまでの本章の議論が人間の意思決定についてあまりに合理的な見方をしていると思う人は、あなただけではない。人々はときには、利得よりは原理原則に基づいた選択をしたり、感情に基づいて行動したりする――直感的かつ拙速に、その場の勢いで行動するわけだ。でも道徳的なコミットメントや人間感情の存在は、これまで持ち出した合理的な費用便益計算を排除するものではない。ガソリン価格がいきなり2倍になったら、車の運転を減らすはずだ――これは経済的な反応であり、感情的な反応ではない。同様に、賄賂の処罰が2倍厳しくなったり、捕まる確率が2倍になったりすれば、汚職が減ると期待するのはもっともなことだ。これは、自分の政治目標を実現する最適な方法、なかでも何よりも再選に全精力を注いでいる、フルタイムの政治家についてはさらに当てはまる。彼らは考えられる他のどんな集団にも負けず劣らず、超合理的な存在だ。だからといって倫理の役割を矮小化したいわけではない。むしろ社会科学者たちが伝統的に意思決定をフレーミングしてきた合理的な考え方が、腐敗した行動を採ろうという決断を理解するにあたり、かなり有効だということを強調したいだけだ。

個人の倫理、道徳、感情をこの枠組みに組み込むやり方の一つは、情動を人々が使う選好の大きな集合の一部として考えることだ（贈収賄に対する固定された障壁として考えるのではない）。人はどうしても、一部の選好は満足させて、他のものは犠牲にするというトレードオフを行わざるを得ない。賄賂を要求するのはいけないという道徳観は持っていても、同時に他の圧力やインセンティブにも応えねばならない。賄賂を支払うのは嫌でも、仕事をクビになりたくもないし、家族も食べさせねばならない。さらにまわりの人々がやっていることに合わせたい。どの個人も、社会のつまらない要求と、良心の主張との間のバランスはちがう。周りの環境の要求が強ければ、汚職の誘惑に抵抗するためには道徳心も強くなければならない。どこかの時点で多くの人は負けてしまう。

良心に反することをするコストや、社会的圧力に逆らうコストなどを検討しなければ、汚職を考える私たちの枠組みは、重要な形で誤解を招きかねない。汚職を理解するための適切なアプローチは、人間性が合理的な計算と感情の混合なのだということを考慮するものだ。この緊張関係を理解している人は多く、「アメリカ憲法の父」とされるジェイムズ・マディソンもそれを認識して、1788年に有権者が「美徳と叡智を持つ人々を選出するだけの、美徳と知性を持たねばならない」と述べている。彼はさらに、立法者に美徳がないなら、「我々は悲惨な状況にいることになる。どんな理論的な抑制も――どんな統治形態も我々を安全にはしてくれない」と論じた[13]。

この先（そして本書の他の部分で）、私たちは標準的な合理的選択の枠組みにきれいに当てはまらない汚職の側面を採りあげる――良心の痛み、正しい（あるいはまちがった）ことをやれという社会的圧力などだ。でも正直な政府には美徳が必要なのと同じく、公職者がどうしても直面する、合理的な誘惑を抑えるためには、何らかの抑制や監督は確実に必要だ。世界で最も汚職の少ない国々では、政治家たちはこうした抑制を完全に内面化してしまったので、それが共通の道徳性の一形態となっているのだ。

5.4 政治家たちが官僚の間に汚職を広める手法

本章ではこれまで、公僕と選出された政治指導者とが、それぞれ独立に汚職をやるかどうか決めたかのごとく論じてきた。話がそんなに単純なら、官僚の汚職を減らすなんて簡単だ。成果をあげるには独立監査人や監督機構を指名して、官僚たちを監視させればいい。でも世界はそういうふうには動かない。むしろ正反対で、政治家たちは意図的に自分の指名権限を使い、地位を濫用する官僚を雇う。そしてその濫用の一部は、親分たる政治家が再選を確保できるための手伝いなのだ。

選出された公職者はしばしば、公共部門の職を左右できるので、その力を使って政治的支持を増やし、揺るぎないものにする。第2章で論じた恩顧指名は、選出された公職者が忠実な支持者に仕事を提供する機会を与える。こうした支持者たちは、それで自分が誰のおかげで食べていけるかわかるので、彼らが地位を保てるように御用聞きを喜んでやる。指名された官僚の仕事——およびその家族の厚生——がそれにかかっているのだ。

政府の役職が、能力や資格を考えずに指名できる場合には、その仕事は通常は恩顧指名と考えられる。第2章で論じた通り、恩顧指名はそれ自体は必ずしも違法ではない（とはいえコネ指名をするために公務員規定を迂回するのは、普通は違法だ）。でもその指名の後で起こることは、違法である可能性が十分にある。公職に指名されたのが政治的なボスのおかげであるような人物は、すぐに圧力に屈して、手持ちのリソースを使って、そのボスが再選を確保できるように手伝う——なんといっても、ボスが再選されなければ、その人物は失職するか降格、あるいはあまり望ましくない場所に異動させられかねないのだから。たとえば19世紀のアメリカではすべての議員が自分の選挙区の何百という郵便局の局長を指名できた。局長たちはかわりに、地域に配達する郵便に、自分の議員の選挙活動のチラシを混ぜた。こうした指名は完全に合法だったが、局長が党派的な政治目的で郵便局を使うのは違法だった(14)。

恩顧政治は今日も健在だ。ブラジルから南アフリカまで、財政危機は現職政治家たちの票買収目的での恩顧ネットワークという役割しかない、ふくれあがった政府役職のせいだとされる。[15] こうしたネットワークは、公職の慢性的な濫用を最終的にもたらした政治家たちが、権力を維持し続けられるように手助けする。

恩顧指名が選挙不正と交差しそれを悪化させる——そして再選を確実にする——という興味深い事例が、経済学者マイケル・カレンと政治学者ジェイムズ・ロングによる2010年アフガニスタンについての研究に見られる。[16] カレンとロングは投票所ごとの投票総数を集約する中で詐欺を研究した。選挙不正は、汚職と同じく、犯人たちができるだけ隠そうとするものなのに、なぜそれが行われているのがわかったのか？　研究者たちは、アフガン選挙の不正はきわめて観察が容易でひねりのないものだったという事実に助けられた。選挙の得票はその場で集計され、その集計結果が地域の当局へと伝えられて、全国の総計となる。カレンとロングは単に、投票所にでかけて選挙当日の得票数集計を示す紙を写真に撮り、その結果をもっと広範囲の集計結果と比べたのだった。この二つの数字はしばしば一致しなかった。投票所の8割近くが、地域全体の集計総数とはちがっていた。少なくとも不正の一部は、この腐敗で悪名高い国において、政治的な指導者たちが設置した恩顧システムに直接結びつくものだった。カレンとロングは、議員候補で集計担当の選挙管理員と個人的なコネがあった人物は、投票所一つあたり平均で不正票3・5票を受け取った（彼らの投票所平均の13・7％）と報告している。カレンとロングはこれが、本来は政治的に中立で無党派の公務員であるべき選挙管理人が、「自分の」候補者が勝つよう選挙不正で手助けしていた証拠だと解釈している——地位の高い友人への恩顧のお返しというわけだ。

カレンとロングが見たものは、アフガニスタンの政治的機能不全だけに見られるものなんかではまったくない。公職者がある特定の政治家のおかげでその仕事を得ているなら、その人物が失脚しないよう努力するだけの動機が十分にある。1970年代にインドでロバート・ウェイドが行った研究は、そこでの汚職ヒエラルキーに見られる驚異的なパターンを明らかにした。[17] ウェイドは、以下のように機能する仕組みを描いている。ある南インドの州にある運河の水門を開閉するエンジニアたちは、作物の灌漑に水を必要としている農民から賄賂を要求した。ここまでは、かなり単純な（醜悪だが）やりとりだ。でもエンジニアたちは、背後の政治家の恩寵と善意によりその職を維持していた。そのエンジニアをクビにはできないが、政治家たちは非協力的なエンジニアを、他のあまり実入りのない場所に異動させることはできる。だから農民からの賄賂を通じて得られたお金は、政治家に流れる。そうでないと、運河捜査員をもっと望ましくない職場に送り出すという脅しを実行しかねないからだ。

インドの灌漑水路の事例は、汚職ヒエラルキーが外部の抑制に対して実に高い抵抗力を持っている原因を明らかにしている。政治家と政府官僚は汚職で共謀しており、おかげで片方に相手を通報させたり監視させたりするのはほぼ不可能に近い。政治家が、官僚の集める賄賂から恩恵を受けているなら、その政治家に公務員の収賄をやめさせてくれとは頼めない。こうした政治家と公僕との間の耐久性のあるつながりは、曝露して解きほぐすのが実にむずかしい汚職システムを構築する。これは第2章で見た通りだ。汚職が根付いた場所では、そのシステムに参加したくない個人――つまりはその汚職の秘密性や安全性に対する脅威――はそもそも雇われないか、圧力や操作を通じて協力させられるか、異動させられてしまう。これは「汚職の集合化」と呼ばれ、潜在的な脅威をだまらせるのがとても上手な、頑健な共謀ネットワークを生み出す。ある中国の専門家は、湛江――密輸で悪名高い港湾都市――に汚職退治に送りこまれたが、女性密輸業者の姦計にはまってしまった哀れな税関職員の物語を回想した。いったん密輸組織に引き込まれてしまうと、この人物は汚職を暴露するはずだったのに、何百人もの他の税関職員――上は副市長にまで及ぶ――とともに、巨大な密輸作戦を隠蔽して永続化させるよう努めるようになった。最終的にそこに参加している人々は100人もいた。結果として1999年に、首謀者6人は死刑となった[18]。この組織が密輸した財の価値は、『エコノミスト』誌の推計では70億ドル以上だという[19]。

この節は、汚職均衡の重要な構成要素を描いている。自分の地位を濫用するにあたり、政府のヒエラルキーの中で、各種の地位にいる職員の間には相互依存関係がある。官僚の収賄は、政治家の汚職に依存し、その逆も成り立つ。汚職均衡を覆すのがむずかしいのは、この相互依存が重要な理由の一つだ。

5.5 どうして個別企業は賄賂を支払うの?

企業が公務員に賄賂を払わないようにすれば、汚職の相当部分は今すぐ消える。賄賂は事業経費を増やすはずだし、どうして企業はあっさり支払いを止めてしまわないのだろうか?

これについて考えるには、本章の前半で使ったのと同じ合理的思考の観点を採用する。ただ、ちがいは、企業は幸福ではなく利潤を最大化しようとするものとしてモデル化する、という点だ。利潤を求めるのは悪いことではない。それは企業がもっとよい製品を開発し、顧客を大事にして、ひょっとすると労働者への賃金を増やす（幸福な労働者のほうが生産性が高いと思えば）こともある。[20]でも利潤追求はまた、企業がサブプライム住宅ローンを売ったり、湖を汚染したり、賄賂を支払ったりするように仕向けることもある。

企業と賄賂についての議論は、短期に収益性をトレードオフするか、長期でトレードオフするか、という話にばかり注目することがあまりに多い。確かに贈賄には長期リスクがある——処罰の可能性や、賄賂を受け取った役人が、受注や許認可取得の面で約束を守らないという懸念などだ（とはいえ約束を果たさない官僚は、あまり長いこと居座り続けることはできないだろう）。これだけを根拠に汚職反対論を構築できればとは思う。そうなれば、賄賂を終わらせるには、株主や重役たちを啓蒙して、長期の利己性に訴えればすむからだ。[21]

でも現実には、今日の多くの企業にとって、贈賄はきわめて見返りが大きい——長期ですらそうなのだ。はいはい、捕まる企業もある。ジーメンス社の経営陣は、世界中の調達官僚に賄賂を払い、ロシアの病院機器、マレーシアの発電、中国の地下鉄信号装置などの契約を確保したのを後悔しているだろう。それは彼らが捕まって2008年に罰金16億ドルを払わされたからだ。同じことをやってバレずにすんだ企業がどれだけあるかはわかるはずもないが、そんなに少ないことはないと主張したい（捕まった場合ですら、賄賂はジーメンス社にとって価値があった可能性はある。賄賂のおかげですでに多くの契約を確保して、巨額の利潤を実現していたからだ）。一部の産業や地域では、取引を甘くするために賄賂を申し出なければ、公共事業契約を受注するのは不可能なこともある。

企業は必ずしも汚職役人の犠牲者ではない。ときには積極的にそうした取引を進めることもある。たとえばナイジェリアでは、41％の企業が「仕事をこなす」ために定期的に「非公式の支払い」をするつもりでいるし、実業家たちとのある程度は構造化されたヒアリングによれば、彼らは強請の被害者というよりも、贈賄の積極的な下手人だということがわかった。[22] とはいえ、こうした行動は汚職文化に埋め込まれたものであり、賄賂支払いの期待と規範が関係者全員にはっきり理解されているのだ。こうした場合、下手人と被害者とを区別するのはむずかしくなる。

これはつまり、高汚職環境の企業がすべて、身のまわりの文化に屈して賄賂を払うということだろうか？ いやいや。たとえばナイジェリアですら、インタビューによればまったく賄賂を支払わない企業も少数ながらある。[23] その結果、こうした企業は政府の仕事がまったくできないため、苦しんでいる。つまり汚職が規範となっているところですら、賄賂支払いを断れるが、それは高くつく。

事例研究：政治的コネの価値――インドネシアとアメリカ

大統領の息子であることの価値とは？[24] 1990年の平均的なインドネシア人に聞けば、まちがいなくすさまじい価値があると語ってくれたことだろう。そうでなければ、当時大統領だったスハルトの息子、マンダラ・プトラ・スハルトが、何百万ドルもの別荘だの大量の高級車だのを買えたはずもない。この息子は未だにトミーというあだ名で知られているが、トミーのご乱行は、インドネシアのファーストファミリーの特権的生活を垣間見せてくれるものだ。ジャカルタでロールスロイスを乗り回すトミー、セレブだらけのフォーマルディナーに出席するトミー、最新のスーパーモデルのガールフレンドを連れたトミー――大統領の息子であることの価値とはそういうものか！

どうやって彼はそのお金を捻出したのか？　スハルト一族の企業――トミーとそのきょうだい2人、バンバンとトゥトゥトが経営するもの――は公共契約を驚くほどどうまく獲得した。トミーは「メイド・イン・インドネシア」国民車開発という政府補助活動の主導者に選ばれた。そしてトゥトゥトの会社の一つは、首都ジャカルタを通る有料道路建設の入札で勝った。電力プロジェクトから道路、材木まで、大統領一族の誰かしらが一枚噛んでいた。

でもスハルトは臨終まで、子供たちの事業での成功が、鋭利な投資のセンスと経営の才以外の結果だということを認めなかった。ではスハルト一族の汚職の評判は、根拠あるものだったのだろうか、それとも子供たちは単に、とばっちりを食らっただけだったのだろうか？

2001年の研究で、私たちの片方は、インドネシアのファーストファミリーとのコネがどのくらいの価値を持つか、という問題を解明しようとした。手法としては、投資家たちがジャカルタ証券取引所で取引される企業の価値について行った、身銭を切った賭けを検討したのだ[25]。経済学者たちはしばしば、株式市場のデータを使って各種の状況や企業属性が長期利潤にどう影響するかを見極めようとする。ある会社の株式は、要するにその会社のわずかな所有権で、所有者はその会社の将来利潤の一部を受け取れる。たとえばアップル社は60億株が発行されているので、それぞれはその所有者に、同社の稼ぐ利潤の60億分の1をもらえる権利を与える。執筆時点でアップル社の株価は110ドルほどだった。もし投資家が、この株価はアップルの年次利潤の60億分の1を受け取るよりも低いぞと思ったら、もっと同社の株式を買って、株価をつり上げる。もしこの株価が高すぎると思ったら、手持ちの株式を手放そうとする投資家たちにより、株価は下がる。

企業の利潤に影響する状況は絶え間なく流れ続けているので、投資家たちが株式という形の部分的な所有権に支払いたい金額も変わる。たとえば、医学でブレークスルーが起きたら、バイオ企業の株価は高騰する――そのブレークスルーによる薬からの将来利潤は、それがない場合に比べて企業の価値を大幅に上げるからだ。2015年9月18日に、排気試験の結果を違法に操作したという暴露のおかげでフォルクスワーゲン社の株価が3分の1以上も下がった。これは投資家たちが、罰金や車両のリコール、評判の面でこのスキャンダルが同社にどのくらいの負担となると考えているかについて、何かを教えてくれる。もっと一般的に、企業の株価の上下変動を分析すれば、企業利潤を動かすのは何か（あるいは少なくとも、投資家がそれについてどう認識しているか）についていろいろわかるのだ。

このアプローチを使って、スハルト一族の企業の利潤のうち、どのくらいが大統領とのコネの結果だったのかを調べよう。それには、こうしたコネが消えかねないという不安をもたらしたニュースに対し、投資家がどう反応したかを調べればいい。

私たちが検討したコネへのショックは、大統領の健康に関わるものだ。1990年代半ば、スハルトはすでに70代半ばに達していた。数ヵ月ごとに、彼が病気で倒れたという噂が流れた。そのたびに株価は下がった。彼が倒れたら国の指導力が空白となり、そこで大混乱が起きかねないと思われた。これは万人の事業にとってよろしくないことだ。でも企業の利潤に政治的なコネが重要だったら、コネの強い企業の株価はもっと大きな打撃を受けるはずだ。コネの強い企業と、製品の品質や経営能力が強みの企業の株価を比べることで、コネの市場価値を計算できる。[26]

このアプローチを示したのが図５・１で、１９９６年７月４日前後の株価の動きを示している。この日、政府はスハルト大統領がドイツに飛んで健康診断を受けると発表したのだった。別にこれは医療上の緊急事態とは思えないけれど、ただの定期健康診断のために時間帯を10本も越える人はいない。株式市場の投資家たちの間では、スハルトがすでに脳卒中で倒れたのだとか、フランクフルトに行くのは緊急の心臓手術のためだとかいう噂が飛び交った。インドネシア株全体のパフォーマンスを示す指標であるジャカルタ証券取引所株価指数（ＪＣＩ、ニューヨークのダウジョーンズ指数に相当するもの）は、ニュース当日に２・３％下がった。

ビマンタラ・シトラ社とその親分バンバン・スハルト（スハルトの息子）にとって、事態ははるかにひどかった。７月４日の発表までの数週間、ＪＣＩとビマンタラ・シトラ社の株価はあまり変化せず、微増微減を繰り返していた。でも７月４日と５日に市場が噂で持ちきりとなると、ビマンタラ社の株価は暴落した。コネなきビマンタラ社という見通しのため、株主たちは手持ちを投げ売りして、株価はわずか２日で10％以上も下がった。

その翌週、スハルトのドイツの医師たちは大統領の健康にお墨付きを出した。心臓バイパス手術が行われるといった噂は、ただのガセネタで、スハルトの診断結果はすべて問題なかった。それどころか、彼はその後10年も生き延び、他界したのは２００８年だ。コネがいまや安泰となって（少なくとも目先の間は）、ビマンタラ社の株はいきなり、かなりお値打ちに見えてきた。投資家たちはビマンタラ株を買い漁り、株価も跳ね上がった――それでも健康診断前の水準には戻らなかった。ドイツへの旅行は明らかに投資家に対し、スハルトとその政権がいつまでも続くはずはないということを思い出させ、ビマンタラ・シトラ社の政治的なつながりや利潤の長期的な見通しについて、ずっと慎重になるよう促したわけだ。

全体として政治的なコネはどのくらいの価値だったのだろう？　ビマンタラ・シトラ社と、コネの強さがちがう何十ものほかの企業が、スハルトの健康について投資家に不安を抱かせた六つのちがう出来事に対し、どのような株価変動を見せたか分析することで、私たちはコネの強い企業の価値のうち、およそ25％が大統領とのつながりによるものだという数字をはじき出した。これは、排気試験結果の捏造がバレたときに失われたフォルクスワーゲン社の価値比率と同じくらいだ。ＶＷ社のブランドは大打撃を負い、規制当局や顧客との関係も悪化し、１０００万台以上のリコールをする羽目になった。アップル社が２００６年に鳴り物入りでｉＰｈｏｎｅを発表すると、同社の株価は８％ほど上がった。何を基準に考えても、スハルトのインドネシアにおけるコネはかなりの価値を持っていたといえる。[27]

インドネシアに使ったのと同じアプローチは、活発な株式市場がある他の国での汚職を調べるのにも使える。同じく投資家の賭けを使い、そこからさかのぼって彼らが政治的なつながりをどの程度と考えているかはじき出す。そうした国としてはアメリカがある。ディック・チェイニー元副大統領の場合を考えよう。彼はエネルギーサービスの巨大企業ハリバートン社でＣＥＯを務めてから、２０００年にワシントンにやってきた。選挙戦の間、企業びいきの懸念が生じ、それはイラク戦争中にハリバートン社などに対し、入札なしの儲かる随意契約が与えられたことで、なおさら強まった。

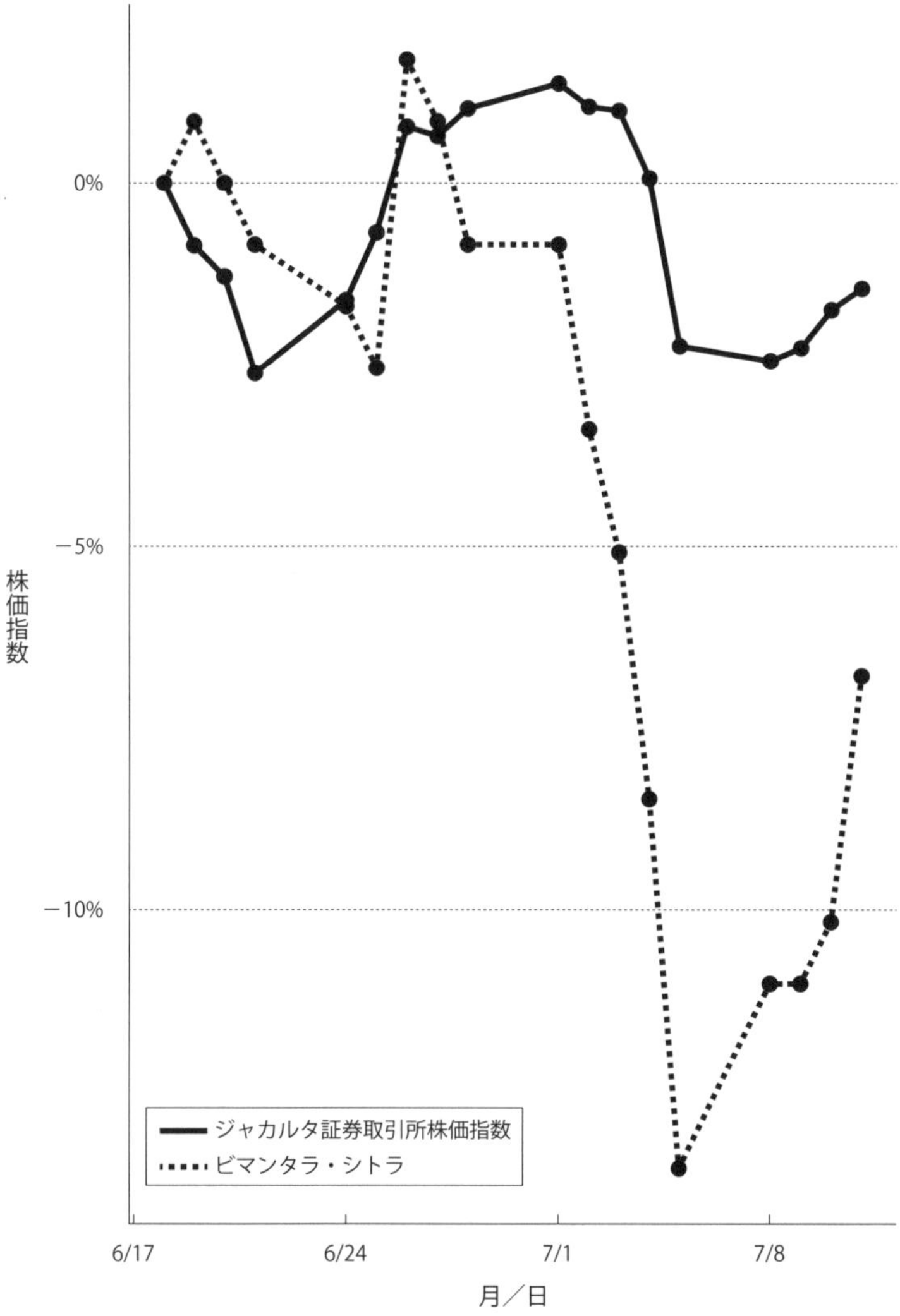

図5.1　インドネシア株式市場とPTビマンタラ・シトラの日次株価変動
（1996年6月18日-7月12日）

アメリカ副大統領がハリバートン社への政府契約を生み出すのに一役買ったのであれば、チェイニーが心臓の診断を受けたり、心臓発作を起こしたり（2000年11月と2001年3月）、血栓を生じたり（2005年9月と2007年3月）すると、投資家はすさまじく不安になったはずだ。でもチェイニーの健康状態がニュースになっても、ハリバートン社の株価はほとんど下がらなかった。チェイニーと個人的なつながりを持つ他の企業の株価も、やはり反応しなかった。このように、何も起きなかったという事実は、ワシントンでは政治的な身内びいきに限界があることを示唆している。これにはいろいろな要因が考えられる。副大統領としてチェイニーのあらゆる決定は、イデオロギーの右から左まで様々にわたる、無数の監視組織やメディアの細かいチェックを受けるし、彼らが何度も利益背反の可能性を警告したことで、彼の身内びいきは暴かれるどころかむしろ制約されたのかもしれない。

だからといって、アメリカでコネが重要でないという話にはならない。もしそうなら、議員やその職員たちが退職したとき、なぜロビイストや役員として引っ張りだこになるのか説明がつかなくなる。(28)でもこうしたコネは、少なくとも目につきやすいし、理屈のうえではそれを司る規制や法律で抑えられている。これで、スハルトのインドネシアでの事業を定義づけた（そして世界の多くの部分で未だに機能している）、違法な恩顧取引とは一線を画すことになる。

スハルトとチェイニーの事例は、経済学者マラ・ファシオによるもっと全般的な成果とも適合している。彼女は株価市場のイベント研究手法を使い、企業経営陣と政治家のつながりの価値計測を世界中で行った。包括的な政治的コネ指標を作るため、彼女は企業の大立て者たちの政治キャリアや、政治家の企業キャリアを追い、血縁をたどって家族のつながりを調べ、地元紙の社会面を読んで、誰と誰が食事をする仲かを明らかにした。ファシオの研究から得られたきわめて驚くべき結果は、ほとんどの国で密接な政治と企業とのつながりがあるということだった。１９９０年代のロシアでは、モスクワ証券取引所の上場企業の時価総額のうち、87％はクレムリンと密接なつながりを持つ企業のものだった。別にこれは、ポストソ連のロシアにおける、なんでもありの無法資本主義にあってはそれほど衝撃的ではないかもしれない。もっと驚かされるのは、ロンドン証券取引所の40％が当時は政治的なつながりを持っていたということだ。そしてファシオが述べるように、彼女のアプローチは政治的なつながりをすべて捉えられているわけではないから、これは過小推計であるはずだ。[29]

ファシオはさらに、接戦だった選挙結果を活用してこうしたコネの価値を推計する。そうした接戦選挙は、予想外の政府を作り出し、したがって予想外の企業のコネを生み出す。[30] その結果、政治的なつながりが普通の国ですら、市場がそれをどう価値評価するかには大きな差があることがわかった。一方の極にあるのがイギリスだ。企業と政治のコネはきわめてよくあるけれど、ファシオによれば、こうしたつながりが予想外に強化されたときにも、影響を受けた企業の株価は変わらない。これに対し、ファシオの故国イタリアでは——ハリウッドのステレオタイプにたがわず——インサイダーのコネは本当に重要だ。たとえば第2章で見たように、イタリアの上院にフィアット社の筆頭株主ジョバンニ・アニェッリが選出されると、同社の株価は3・4％跳ね上がった。これは追加の市場価値に換算すると何十億ドルにも相当する。

こうした方向性の研究は、政治的なコネがいかに当たり前のもので、企業のどれほど多くの人々が政治エリートとのコネから儲けているかという明確なイメージを与えてくれる。この研究の結果の多くを見ても、ジャカルタやローマの一般人なら誰も驚かないし、ショックも受けないだろう。でも、こうした分析結果は、この問題についてコネの価値を過小に述べる各種インセンティブを持った連中（たとえばスハルト一族）の、身勝手な物言いなどに惑わされないためにも重要だ。同時に、それを過大に述べたがる連中（たとえばスハルトの政敵たち）の印象論にも惑わされずにすむ。そしてチェイニーとハリバートン社のように、コネの価値に関する一般的な認識が、実は根底にある現実とずれている場合にも、こうした研究結果は役に立つ。

こうした洞察を示すにあたり、投資家などの専門家に、政治的なつながりが企業の利潤にとってどれほど重要かと尋ねたりする必要はまったくなかった。市場そのものが答えを与えてくれるからだ。

5.6 どうして企業は結託して賄賂支払いを拒否しないの？

前節は、単一企業の視点を扱った。その個別状況次第では、賄賂を払ったほうが得になる場合が多いということだ。でもだからといって、企業全体としてみたら、全員が賄賂を払うよりは、みんなが一斉に汚職に手を染めないようにしたほうが得なはずだ。手持ちの証拠——第4章で見たもの——によれば、汚職は事業成長と投資に有害だ。ならば汚職なしのシナリオのほうが、事業全般にとって好ましいはずだ。だったら、どうして事業主たちは結託して、汚職を拒絶しないんだろうか？

どうして企業集団がこれを実施するのが実に困難かを理解するには、彼らが直面する状況について「囚人のジレンマ」として考えるといい。その古典的な説明だと、囚人のジレンマというのは犯罪者

2人に、以下の難問を提示するものだ。どちらも逮捕され、警察はそれぞれの容疑者を別々に尋問し、自白を引き出そうとしている。その際の条件は同じだ。もしその容疑者が自白して共犯者が黙秘したら、自白したほうは無罪で、黙秘したほうは最大の刑期——たとえば懲役10年——をくらう。どちらも黙秘すれば、警察は厳罰を求めるほどの証拠がないので、どちらも数ヶ月の刑期だ。最後に、両者とも相手を裏切ったら、警察はどちらも起訴できるが、協力してくれたので容疑者たちにお情けをかけてくれて、どちらも刑期は1年ですむ。

さて、相手はこちらがどんな決断をするかわからない。この状況で、あなたは共犯者を裏切るか、それとも黙秘を貫くか？

囚人がどちらも、自分の刑期を最小にすることしか考えないなら、「合理的」な選択により2人とも自白して裏切ることになる。というのも、共犯者が何をしようとも、こちらは自白したほうが刑期が短いからだ。共犯者が自白すれば、こちらも自白したほうが、刑期は10年から1年に縮む。もし相手が黙秘すれば、こちらは自白したほうが（つまり共犯者を裏切ったほうが）、刑期は数ヶ月短くなって無罪放免だ。相手が何をしようと、どちらの囚人も自白するのが一番だ。でもジレンマは、2人とも黙秘していれば、両方とももっといい結果になったということだ。囚人のジレンマの残酷な見事さは、利己的な動機が共通の善を潰してしまうということなのだ。

汚職環境にある企業も実質的に、この囚人のジレンマに直面する。合理的な利潤最大化の選択は、賄賂を支払うことで、これは他の企業がどう行動しようと関係ない。もし他の会社も賄賂を払えば、同じ土俵に立つために自分も同じことをすべきだ。そうしないと倒産だ。他の企業が正直なら（古典的な囚人のジレンマで黙秘を貫くのと同じだ)、自分だけ賄賂を支払えば、公示されるあらゆる契約を取れてしまうから、お金持ちになれる。このため、賄賂禁止協定から抜け駆けしたい誘惑が絶えず続くので、こうした取り決めは本質的に不安定となる。

だから企業が集合的な利己性と行動を通じて汚職をなくしてくれるとは期待できない。でも、企業が直面する費用便益のトレードオフを変えることで、少し背中を押すことはできるかもしれない。取締や罰則を強化して、一部の企業が賄賂を便益よりは費用だとみるようになれば、取締強化と賄賂企業の減少という美徳の循環が始まるかもしれない。その理由は、贈賄をやめようと決めた企業は、汚職との戦いで、敵から味方に変わるからだ。賄賂を支払わない企業は、相変わらず賄賂を続ける企業に比べて不利な立場に置かれてしまうので、賄賂を厳しく取り締まってもらったほうがいいのだ。

ここから、アメリカ企業が長年にわたり、他の国ももっと外国での贈賄に対する取締を厳しくするようロビイングしてきた理由もわかる。アメリカ企業は、1977年に外国腐敗慣行取締法(FCPA)の可決で、外国の公務員に賄賂を支払うことが禁じられた。アメリカ企業によると、FCPAはそんな法律を持たないドイツ、オランダ、スイスなど他国企業との競争で彼らを不利にしてしまう。[32]アメリカ企業の努力がやっと1997年に実り、OECD加盟国により反賄賂条約が調印された。OECDは世界の富裕国すべてが加盟している。この協定は、全OECD加盟国がFCPAと類似した法律を制定するよう定めていて、これにより世界中のほとんどの企業にとって、外国の役人への贈賄は刑事犯罪となった。

いまでも外国で賄賂を支払うOECD加盟国企業はあるだろうか? もちろんある。[33]多くの加盟国では、反汚職法の取締は緩い。そしてアメリカなどで取締が強化されても、どんな手を使ってでも、どんなリスクを冒してでも、有利に立ち回りたいという企業は必ずある。賄賂をなくせなくても――私たちもこれが現実的な目標だとは思わない――少なくとも汚職を便益よりは費用だと考える起業を増やし、汚職に対するもっと大きな戦いの中で、彼らを味方につけることはできるだろう。

5.7 普通の人は汚職についてどう思っているの？

ほとんどの人は汚職なんか嫌いだというけれど、でも他にどうしようもないので容認する。ユーロバロメーターからの最近の例を見てみよう。これはヨーロッパ市民の典型的な意見のアンケート調査で、1973年以来ずっと行われてきたものだ。2014年に発表された調査だと、ユーロバロメーターは、ギリシャとイタリアの大半の国民――これは汚職がひどく蔓延した国だ――は、便宜をはかってもらうかわりに公職者に贈り物やお金を渡すのは決して容認できないと述べた。汚職の蔓延ぶりについて尋ねると、両国のほとんどの回答者（ギリシャは99％、イタリアは97％）は汚職が広範に存在すると述べた。(34) 2014年のピュー・リサーチ・センターによる世界態度アンケートは、世界中の5地域（中東、アジア、南米、アフリカ、東欧）の34カ国の人々に、国が直面する問題について尋ねた。汚職は犯罪に次ぐ、第2位の懸念事項となった。平均で、回答者の76％は汚職が自国の直面する「とても大きな問題」だという。これはヨルダンの23％から、タンザニアの90％まで開きがある。この比率は次第に増えてきている。ピュー・センターは2007年にも似たような調査を行っており、そこでは回答者の63％が、汚職が自国の直面する「とても大きな問題」だと答えた。前回調査に含まれた国の回答者のうち73％が２０１４年にはこの回答をしている[35]。

こうしたアンケート回答者のほとんどは、習慣的に賄賂を払ったりはしていないだろうと思う（第2章で述べた、賄賂経験の調査によると、きわめて腐敗した西アフリカ諸国でも、一般市民のうち賄賂を1年以内に支払った人は5分の1だったことを思い出そう）。だから汚職に対する高い糾弾率は、他人による賄賂支払いに対する不満なのだと私たちは解釈する——たとえば企業が利潤を増やすために支払う賄賂などであって、おばあちゃんが医者にかかるときに賄賂を支払うのを非難しているのではないと考える。

5.8 汚職が嫌いなら、個々の市民はなぜ賄賂を払ったりするの？

汚職が普通のところ——つまり、高汚職均衡に落ち着いた社会——では、市民は政府サービス（通常、最も当たり前のもの）を得るために期待され、不可欠だからという理由で役人に賄賂を払う。たとえば、通常は賄賂が最も一般的な部門を挙げてくださいというアンケートでは、医療が筆頭にくる[36]。家族が重病になって病院にきたら、トリアージの看護士に会うには賄賂がいると言われたとしよう——それを断るだけの「美徳」を持ち合わせている人間はほとんどいない。似たような圧力が、学校の教務課から成績証明をもらったり、水道をひいてもらったり、法廷で訴訟を行ったりするときにもかかる——これはすべて、低汚職国の市民が当然のように行使している権利だ。これは単純な費用便益計算であり、少額であれば黙って賄賂を払ったほうが、圧倒的にお得となる。

行列に横入りしたり、その他の手段で他の人を出し抜いたりする誘惑があるなら、他の人がすでにそれをやっている可能性は高い。そして「他のみんなもやってるし」というのは万能の言い訳で、いけないんだけれどやってしまうことをやるにあたって、私たちがみんな使っているものだ。これは社会心理学者たちがお手盛りバイアスと呼ぶものだ。これは個人が現実の認知を歪め、自尊心や自分自身の美徳についての信念を維持しようとするのを理解するための、強力なアイデアとなる。ほとんどあらゆる国の大半の市民は、賄賂の支払いは許し難いと思っている。賄賂の支払いが日常生活の一部であるような文化では、単に普通に生活をするためだけに不可欠なことについて、正当化する口実を探すのは人間として無理もない。エンロン社の会計監査人は、同社の財務がまったくのデタラメだと知りつつも、会計上のインチキを意図的に見すごしたかもしれない。あるいは、自分自身をさりげなく誘導して、簿外取引についての同社重役の説明を鵜呑みにしたかもしれない。だって自分にそう言い聞かせないと、上客を失いかねないのはまちがいないからだ。

興味深い実験研究は、不正直な行為におけるお手盛りバイアスの直接的な役割を示唆している。[37]この実験の被験者たちは、アルゼンチンの大学生たちで、コンピュータ実験室にきてお互いから「盗む」機会を与えられる。多くの被験者は相手からお金を奪おうとして、相手の被験者もやはり盗もうとするからという信念（または言い訳）でそれを正当化した。実は、被験者たちは一貫して、泥棒と組まされる確率を過大に評価した——そう信じないと、自分の盗みを正当化できないからだ。そして相手が盗むかどうかを正確に予測したらお金が支払われるようにしても、そうした言い訳を続けた。

でも、そこで話は雪だるま式にふくれあがる。いったん成績のために賄賂を払ってもいいのだと正当化したら、少し上乗せして、CをBに上げてもらうのもよいのでは？　Aにしたらどうだろう？　あるいは訴訟をするために賄賂を払ったら、判決を自分に有利にするために積み増ししてはいかが？　これは強力な誘惑で、すでに腐敗した国の市民たちは、果てしない贈収賄のサイクルをさらに悪化させるよう仕向けられてしまう。

だから全体としては、私たちは一般市民による贈賄を、社会のもっと強力な個人の被害者である証拠だと考えるものの、平均的な人物が賄賂を支払ったら、その人はシステムの共犯者となり、違法行為の幇助人となるのだ、ということは理解しておこう。脅迫されてであっても賄賂を支払うと、汚職に対する容認度が変わってきてしまい、その支払者は蔓延した汚職を、必要悪で容認可能だと正当化してしまう可能性も高まる。こうしてそれは、汚職文化に貢献することとなる。

第5章で学んだこと

◎汚職を経済的な費用便益トレードオフとして考えると、なぜ公務員が横領や収賄をするか理解する出発点として好適だ。倫理問題は、個人が腐敗した行動を採りたがるときの追加的な「費用」と見なせる。

◎政治家はまた、再選活動の資金源として汚職を行う。その収入は、政治キャンペーンの資金となったり、票買収活動の資金となったりする。

◎政治家の汚職と官僚の汚職はしばしばつながっている。官僚は政治家のおかげで賄賂がもらえる地位につけるので、もらった賄賂の一部をお返しに政治家に上納し、その再選活動の資金源を提供する必要がある。

◎企業は規制逃れや競合排除のために賄賂を払う。その最終的な狙いは利潤を増やすことだ。個別企業にとって、贈賄は儲かる。

◎企業全体としては、一致団結して賄賂の支払いを拒絶すると利潤が増えるかもしれない。でも個別企業としては賄賂を支払うインセンティブがあるため、汚職防止協定を維持するのはむずかしい。こうした企業が直面する状況は、典型的な囚人のジレンマだ。

◎アンケートによる証拠から、一般市民は汚職はいけないと思っている人が圧倒的に多いとわかる。でもある程度まで、彼らは自分の状況の犠牲者だ——贈賄が普通なら、まわりに合わせないと非常に高くつく。

第6章

汚職の文化的基盤とは？

社会科学者にとって「文化」ということばはある特定の意味を持つ。それはその社会の個人が行動し、相互にやりとりを行う方法を定義づける、価値観や規範の組み合わせを指すものだ。この定義の「規範」の部分は、本書でずっと強調してきた均衡という考え方とうまく整合するのをこれから見よう。そして私たちの規範議論は、均衡としての文化を強調する。でも文化を特定の価値観集合として考えるのが、汚職を理解するのに有意義かどうかも検討しよう。つまり一部の集団やある社会丸ごとが、そもそも汚職を容認するような価値観を持っているのかもしれないということだ。その可能性を考慮しないと、文化や汚職の文化を議論することはできない。だから本章の後半では、一部の集団——民族性、宗教、歴史的アイデンティティに基づく集団——が他より汚職を容認しがちかどうかを検討する。

6.1 汚職の文化ってどういう意味？

もっと一般的な問題から始めよう。「文化って何？」この用語を、事例で定義される広大な現象のカテゴリーに入れてしまいたくもなる——つまり「説明できないけど見ればわかる」というやつだ。たとえば日本でのあいさつはお辞儀だけれど、イタリアではキスだ。シリコンバレーでは、だれも職場に上着なんか着ていかないし、ネクタイなんかしたら気でも狂ったかと思われるが、マンハッタンのミッドタウンではスーツ以外の服装は見かけない。また文化の構成要素として、何がよくて何が悪いか、何が正しく何がまちがっているかを教えてくれる、肩に止まった小さな天使と悪魔も含めよう。

おばあさんが道を渡るのを手伝いましょう。盗みはいけません。殺しはいけません。

天使や悪魔の形はさておき、文化というのは法律や、行動を指図するルールブックのないところで、行動の指針を提供する内なる声だと考えられる。その一部は良心だ。バスで見知らぬ老人に席を譲るのは、後ろめたさを避けたり、他の乗客の冷たい視線を逃れたりするためであって、逮捕されるのを避けるためではない。でも文化はまた、まわりの人々と行動を協調させるものでもある。キスとお辞儀で、本質的にどちらがいいわけではない。でも双方が規範を知っていれば、出会いのときに効率的だし、まごつかずにすむ。

私たちの言う汚職の文化は、この一般的な定義からまっすぐ出てくるものだ。まず、一部の社会は賄賂のやりとりについて、道徳的にあまり問題視しないのかもしれない（本章のあとのほうでは、「文化的」性向が汚職についての態度に影響するかという問題を検討する）。第二に、汚職の文化は賄賂についての、相互に整合し強化し合う規範の集合と見なせる。このような汚職の文化という概念は、汚職を社会的均衡としてフレーミングするという私たちのやり方とうまく整合するし、これは当初から強調してきたように、似たような倫理を持ち、似たような汚職取締水準を持つ社会であってもまったくちがう汚職率になってしまう理由を理解しやすくしてくれる。

汚職の文化についての「調整」的な見方は、読者のみなさんもあまり馴染みがないのではないだろうか。説明のために簡単な例から始めよう。これは第1章での均衡の議論を繰り返し、拡張させたものだ。スピード違反で停車を命じられた運転手を考えよう。調整の側面に注目するため、状況の倫理的な面は無視して欲しい。あなたなら、罰金を払うかわりに賄賂を渡すよう運転手に勧めるだろうか？　その答えは、この運転手を捕まえた警官が、賄賂を平気で受け取る警官か、それとも法と秩序を重視する警官で、賄賂を贈ったら一晩牢屋で過ごすことになると思うかでちがってくるはずだ。言い換えると、答えはこのやりとりが起きているのが、賄賂が常習化している腐敗度の高い社会なのか、賄賂が珍しい腐敗度の低い社会だと思われるかでちがってくる。

またも倫理は無視するとして、警官のほうにはどんな助言をするだろうか。運転手から賄賂を巻き上げようとすべきか、それとも地元政府が罰金を徴収できるよう違反切符を切るべきだろうか？　これまた、運転手に何を期待するかでかわってくる。10ドルの罰金を避けるために、喜んで警官に5ドル払うドライバーなら、賄賂を要求するのが警官にとっては収入最大化の選択肢だ。でも運転手が賄賂要求に従おうとしなければ、それを要求する警官は取り調べを受けたり、クビになったりしかねない。

賄賂のやりとりが常習化している必要がある。この取引が成立するのは、警官に車を停められたときの仕組みについて、両側が相互に整合した期待を持っている場合だけだからだ。賄賂を要求し、それを受け取るか、切符を切って罰金を払うか。期待の不整合は片方または双方にとって困った事態を引き起こす。運転手は牢屋で夜を越すか、警官がクビになるか、両者とも路肩で誤解に基づくにらみ合いのまま何時間も過ごすはめになる。デンマークで賄賂を申し出るのも、ベナンで賄賂を払わないのも、日本で取引先にベアハグを食らわせたり、イタリアでお辞儀しかしなかったりするのと同じだ。

私たちの友人、政治学者ジャスパー・クーパーは、西アフリカでトラック運転手たちといっしょに何度も長距離ドライブ——合計1500キロほど——する中で、まさにいま述べたような交通賄賂のまったくの常態ぶりを目の当たりにした。[1] クーパーは、アフリカの高速道路に点在する多くの検問所で、担当者への賄賂提供がどんなものかを自分の目で見たいと思った。一回の道中で、トラック運転手は警察、税関職員、憲兵など各種の役人に停められる。予想通り、賄賂支払いプロセスは、両側が準拠する標準脚本にしたがうことをクーパーは発見した。公安職員たちは、運転手の隣に白人の若者（つまりおそらくは外国人）がいても、運転手が1人だった場合と同じくらいの金額を、同じくらいの頻度で要求した（なぜそれがわかるかと言えば、時には公安には見えない後部座席に隠れたりもしたからだ）。この体験によると、賄賂の支払いは高速道路の検問でどうすべきかという、安定した相互の期待で明らかに形成されている。つまり、賄賂を払うということだ。これぞ汚職の文化と呼ぶものだ。

交通の検問では、かかっているものは比較的小さいが、似たようなモデルはずっと大きな影響を持つ袖の下のやりとりにも当てはまる。バンコクを通る、何十億ドルもかかる有料道路の建設を受注したいとしよう。右折禁止でつかまった運転手と同じように、この市の市長が賄賂を受け取るような「タイプ」の人物なのかを見極める必要があるし、市長のほうは、あなたが本当に賄賂を提供しているのか、それともこれが政権潰しのためのメディアによる囮《おとり》作戦なのかを見極めねばならない。みんながビジネスと政府とのつきあい方について同じ安定したリハーサル済みの期待を持ち、何が作用しているかについて予想外のことがないほうが、万人にとって有用だ。

ときに部外者は、どう行動すべきかについてまちがった期待を持っている。ファイナンス教授アンドレス・リーバーマン（これもレイの元博士課程の学生でもある）はそれを示す以下のような例を教えてくれた。リーバーマンによると、故郷サンチャゴの新聞にはときどき、可哀想な欧米バックパッカーの運命を描く記事が載るのだそうな。その旅行者は、テキサス以南のあらゆる地域は、南米的な汚職のかたまりなのだと思い込んでいる。そしてその無知な旅行者は、警官や税関職員に袖の下を渡そうとして、自分のいるのが法と秩序の整ったチリという国なのだと思い知らされる（トランスペアレンシー・インターナショナルの２０１４年汚職ランキングでは21位、アメリカやアイルランドのすぐ下だ）[2]。ブタ箱で一夜を過ごしたことで、そうした粗雑な文化的類型化を行う危険性について、有益な教訓が得られたことを願いたい。

6.2 汚職に対する個人の態度は変えられる？

いまのエピソードは、汚職についてはかなりの倫理的な柔軟性があることを示唆している。ローマでは、ローマ人に倣えというわけだ。私たちはどちらも、多くの同僚や知り合いから、アジア、アフリカ、南米でなにかもめ事に巻き込まれ、警官や役人に賄賂を払うしかなかったという話をいろいろ聞かされる。そういう知り合いたちは、アメリカや北欧ではスピード違反の切符を切られたとき、賄賂で切り抜けようなどとは考えもしないはずだ。こうした汚職の話がこれほどあけすけに語られるということは、みんな地元の状況に応じて平気で行動を変えるということだけでなく、汚職水準の高い環境ではちがう基準に基づいて行動しても正当だ――少なくともそれが必要だ――ということを、故国の友人たちが理解してくれるという信念を示している。これは単なる個人的エピソードの問題にとどまらない。反汚職取締活動や彼らの集める情報のおかげで、いまや欧米企業の本社派遣社員たちですら汚職地域で働くときには、しばしば贈賄で捕まることがわかっている。おそらくこうした個人は、自国では賄賂など使わなかっただろうが、赴任先ではそうせざるを得ないと感じたわけだ。

同時に、個人の適応力には限界がある。これは文化というのが調整問題にとどまらず、本章の冒頭で述べたように、価値観の問題でもあるからだ。もし成長期に法治文化で暮らしたり、賄賂文化で育ったりすれば、価値観もそれに応じた発展をとげる。人々は、身の回りの人がどう行動していようとも、ある行動が正しいとかまちがっているとか感じるようになる。成人する頃には、日本人はキスを伴う挨拶を居心地悪く感じるようになるし（こんなに身体的に入り込んでくるなんて！）、イタリア人たちはキスなしの挨拶を居心地悪く思う（なんてよそよそしいんだ！）。

汚職の中で暮らす長期的影響についての示唆的な結果は、レイが経済学者エドワード・ミゲルと共著した２００６年の研究に見られる。[3] 文化の役割――つまり人々が法的強制のないときにどう行動するか――に注目するため、私たちはニューヨークで国際連合の外交官たちの行動を研究した。というか、外交官たちが駐車違反切符をどれだけ平気で貯め込むかについて研究したのだ。彼らは外交官免罪特権のために、駐車違反をしても処罰を受けないのだ。

外交官が外国では逮捕や訴追を受けないというのは、いまや制度としてアナクロめいたものになっている。冷戦時代なら、東側や西側の使者たちが嫌がらせをうけたり、でっちあげの容疑で逮捕されたりしないように保護するという有益な役割があったかもしれない（この慣行はずっと古いもので、少なくとも13世紀蒙古帝国の建国の祖チンギス・ハンが、自分の大使たちの安全な通行を断固として要求したときにまでさかのぼる）。だが最近の外交官たちは、おおむねこの特権を濫用してきた――１９９７年に泥酔したロシアの高官がニューヨークの警官と一悶着起こし、外交官特権を振りかざして逮捕を逃れた。そしてその悶着の原因とは？　駐車違反の切符だ。

外交官特権があっても、外交官は駐車違反の切符を切られる。でも私たちがデータを集めた1997—2002年の時期だと、外交官たちは実際には駐車違反の罰金を支払う必要はなかった（2002年にニューヨーク市長マイケル・ブルームバーグがアメリカ国務省を説得し、ニューヨーク市警察が未払いの駐車違反切符を3枚以上切られた車両のナンバープレートを外してよいことにした）。未払いの違反切符は記録に残るので、どの国の外交官たちが法からの保護を濫用して個人の利得を得ようとしたかが明らかになる——外交官1人あたりの未払い違反切符が多い国ほど、外交官特権を大きく濫用した国というわけだ。

最低の成績だった国の多くは、トランスペアレンシー・インターナショナルの腐敗認識指数（CPI）の成績も悪い。エジプト、チャド、スーダン、ブルガリア、モザンビーク、アンゴラ、セネガル、パキスタンは、未払い切符でも底辺に属する。その反対の極で非の打ち所のない成績を見せた外交使節団を保つ国の多くは、カナダ、ノルウェー、スウェーデンといった低汚職国だった。顕著な例外はあったものの（たとえばクウェートは、汚職水準はそこそこなのに、未払い違反切符はやたらに多い。そして高汚職国のいくつかは、ニューヨーク派遣の外交官がまったく駐車違反をしていない）、全体的に見れば、故国の汚職度と、自分の肩書きを利用してニューヨークで違法駐車をしようとする意思との間には、きわめて強い正の相関があった。

これはもちろん、「少年をディクシーランドから連れ出すことはできても、少年からディクシー色を消すことはできない」という格言の唯一の証拠などではない。アンドレア・イチノとジョヴァンニ・マッジによる、よく引き合いに出される研究は、イタリアのある銀行で従業員たちが、同国の発展の遅れた（そしてあまり勤勉ではない）南部での勤務から、北部の支店に転勤となったとき、およびその逆の場合にどんな仕事ぶりだったかを検討した。(4) これは汚職だけに注目したものではないが、この調査はそれと密接に関係している、銀行労働者のサボりと非効率性を予言するのに、出身地と現在の環境のどちらが強力かを検討している。イチノとマッジは北部に転勤になった南部からの労働者は、そもそも転勤前から欠勤したり職場の規定違反をしたりしにくいのだということを発見した――つまりそもそも勤勉な北部に転勤となるのは、南部でも真面目な労働者なのだ。またその行動は転勤後にさらに改善されることもわかった。つまり新しい北部のイタリア人同僚からの、正の同調圧力が示唆される。それでも、決して完全には追いつけない――北部に転勤になる南部陣は、やはり北部育ちの同僚たちに比べて、まだサボりがちとなる。(5)

イタリアの研究から得られる知見は、人々は育った地域の価値観や行動が抜けないということと同時に、他の規範や文化に遭遇すると同化しようとするということだ。だから、さほど意外ではないかもしれないが、汚職の文化は様々なものの組み合わせだ。どの個人についても、一部の行動は状況次第で簡単に変わる――これはご近所や同僚の行動に基づいてカメレオンのように変わる部分だ。他の側面はもっと変えがたく、変化に何世代もかかることさえある。

6.3 汚職の文化はどのように拡散するのか？

1959年、フランク・セルピコはニューヨーク市警察学校から卒業して、警官になりたいという生涯の願いを実現させた。ものの数日で、ニューヨーク市警察（NYPD）についてのこの若き新人の理想主義的な見方、つまりここが法を守ろうとする善玉の集まりだという見方は、あらゆるところで見かけた慢性的な汚職により押し潰された。同僚の警官たちは、セルピコが戦おうと志願したはずの犯罪者たちと同じ活動をいろいろやっていた。ピーター・マースによるベストセラーの伝記『セルピコ』によると、警察学校の同級生たちのほとんどは、すぐに署の規範を身につけ、古参の署員たちとおなじように冥加金の取り立てをやったり、袖の下を受け取ったりするようになった。「みんなやってる」――永遠の言い訳――が、そうした行動を正当化するのに使われていたのはまちがいない。

セルピコは、変節警官たちの仲間に加わるのを拒否した。自分の仕事を規定通りにやろうとして、自分の管轄区の警官たちが近所の犯罪者たちから毎週巻き上げていた上納金の分け前を拒絶した。袖の下を受け取っていた同僚たちは、当然ながら正直な警官セルピコをいぶかしんだ。こいつ、何を企んでるんだろうか？　自分たちを脅迫する気か？　密告するのか？　彼の旧友でパトロール仲間だったトム・キーオウはこう語った。「袖の下をもらわない警官なんて、まるで信用できないだろう？」(6)

キーオウ自身も冥加金一味の1人だったので、セルピコに対して自分が仲間の1人だと証明するために、形ばかりでも分け前を受け取れと告げた。セルピコはこれを拒否して、かわりに同僚たちの悪行を上申した。何も対応が取られないのに頭にきて、セルピコはやがて市長室に対して訴えを起こし、このため仲間の警官たちは――数少ない正直な警官すら――署の恥をさらされたことで腹をたてた。フランク・セルピコの末路は悲しいものだった。1970年に、失敗した麻薬捜査のガサ入れの最中に、彼は顔を撃たれる。どうも口封じのために仲間の警官に撃たれたらしい。いったん汚職の文化が根付いたら、圧倒的に楽な道は、だまってそれに従うことだ（あるいは最低でも何も言わないことだ）。

それどころか、セルピコの所轄の警官のほとんどは、単にだまって従っているだけではなかった。彼らは警官の汚職がもたらす権力と追加収入を気に入っていた。一部はまちがいなく、まさに賄賂を受け取る機会があるからこそ警官になったのだった。

これは組織文化がきわめて変わりにくい理由の一つだ。その組織への参加候補者が、参加を決める理由になっていることもあるのだ。類は友を呼ぶ。ニューヨーク市警が根っから腐っていると若き理想主義者セルピコが知っていたら、そもそも警察学校に入ろうとは思わなかっただろう。当時、ニューヨークの警官という人生に惹かれたのはどういう人だろうか？　日常的なゆすりたかりについて、倫理的な抵抗がなく、たまに支払いを渋られたら頭をかち割るくらいしても気にしない（いやそれを楽しむ）ような人物だ。組織は、その文化に適合する価値観を、すでに参加以前から抱いている人々のたまり場となる。

2012年に経済学者レマ・ハンナとシンイー・ワンは、インドのバンガロールの大学生に実験を行い、腐敗が腐敗を招くという仮説に説得力ある裏付けを与えた。(7) 不正直であることが示された参加者は、汚職で悪名高いインドの公務員になりたがる傾向が強いことを彼らは発見したのだ。

ハンナとワンの研究に参加した大学生たちは、サイコロを42回投げて出た目を毎回記録しろと言われた。さらに、出た目の合計に応じた支払いを受けるとも言われた。合計値が大きければ、実験の終わりに支払われる金額も多くなる。

サイコロの目は偶然でしかないから、出る目が多い参加者も少ない参加者もいる。したがって、個別のサイコロ投げの結果の記録がまちがっているとか、あるいは特定の参加者がインチキをしたとかは必ずしもいえない。だが二つの個人集団の結果を比較すれば、サイコロ投げの回数がとても多いので、片方の集団が明らかに高い平均値を出しているようであれば、その集団は数字をごまかした可能性がとても高いと言えるだろう。(8)

ハンナとワンは、参加者の多くがインチキをしたことを発見した――6の目が、4分の1も出ていて、1の目は10%ほどしか登場しない。全体として、もし生徒たちが正直に申告していたら、サイコロ投げ42回の合計が170を超えるのは全体の1%にしかならないはずだが、実験に参加した学生669人のうち、3分の1以上が170以上の合計を叩き出している（合計が252、つまり42回とも6の目が出たと申告するだけの厚顔さを持った学生はごく少数だった）。だが全体的なインチキのパターンよりもっとおもしろいのは、高い合計値を申告した学生は、卒業したら公務員になりたいと述べる割合がずっと高かったということだ。

デンマークは、トランスペアレンシー・インターナショナルによれば世界で最も汚職の少ないトップスリーの一つだ。その研究者たちは、コペンハーゲンの大学でほぼ同じ実験を行った。(9)そこではハンナとワンとは正反対の結果が得られた。公務員志望者のインチキ率は、むしろ低かったのだ。

この二つの実験結果を見ても、そもそもなぜデンマークの政府官僚機構が正直で、インドの政府機構が腐敗しているのかという疑問の答えは出てこない。でもいったんそうした文化が確立したら、なぜそれをなかなか変えられないのか、という理由には光をあててくれる。政府機関がひとたびその権限を使って汚職を実行するようになると、その役職もまた積極的にそうした手口を受け入れる人々だらけとなるからだ。汚職をなくしたいと思う人は、そもそも公務員なんかになろうとしないか、なっても押し出されてしまうのだ。

6.4 汚職は「贈答」文化に多いのだろうか?

運試しに中国にでかけたビジネスマン(そういう人はたくさんいる)は、贈答で有名な文化を乗り切るのがいかに大変かを教えてくれる。万能用語である関係(グァンシー)、しばしば「コネ」「関係」と訳されるものは、私的な関係性により、ある個人が他の人より優遇してもらえるという漠然とした感覚を示すものだ。ある個人の関係ネットワークは、必要に応じて――不作のとき、医者を探すときなどに――頼れる連絡先をいろいろ与えてくれる。そしてこれはまた、賄賂や汚職とも同一視される用語だ――お決まりの豪華な晩餐、高価な腕時計、各種袖の下は、中国で仕事をするときには不可欠だ。

贈答と賄賂が混同されるのは無理もない。どちらも便宜を図ることであり、どちらもいずれはお返しがくるものという信頼感を必要とする。片方は美徳だし、片方は罪だ。法学者ダニエル・ヘイズ・

ローウェンスタインに言わせると、この二つを区別するのは、「一般的にいって人類にとって、機能的にも本質的にも根本的に有益な取引や関係のうち、ある一部だけを不道徳で犯罪的だとすることなのだ[11]」。

贈答と賄賂の類似は当然、それがセットで登場するのだろうかという問題を引き起こす。贈答に基づく文化は、こうした互恵意識を役人との便宜融通にも持ち込むだろうか？　そして部外者が汚職と呼ぶものは、一部の人類学者たちが主張するように、大量の贈答を必要とする昔からの文化慣行の一部にすぎないのだろうか？[12]

汚職と贈答がセットになっているかを検討する前に、贈答という言葉の意味を明確にして、一部の文化が本当に他にくらべて贈答指向が強いのかを見極める必要がある。

社会的贈答は、社会学者たちが大いに採りあげてきたものだ。これは少なくともマルセル・モースの１９２５年の古典『贈与論』にまでさかのぼる。同書は、贈与は個人の間に義務感をつくりだす手段だと述べ、そうした義務がきちんと果たされるように贈り手が使う、各種の手法を描いている[13]。こうした形の贈り物の交換は、ほぼあらゆる人間（そして多くの人間以外の）社会できわめて大きな役割を果たす。どんな文化でも、お返しという感情を示す表現を持っている。恩返し、持ちつ持たれつ、といった具合だ。これは悪いことではない。相互助け合いの規範は協力には不可欠で、それがなければみんな石器時代に逆戻りとなり、みんな個別に車輪の発明方法を考案しなければならなくなってしまう。

この贈り物の贈答規範は、国によってちがうのだろうか？　２００２年の調査によれば、ちがう。

関係《グァンシー》の国である中国では、韓国、日本、アメリカよりも互恵性の規範は強い[14]。

この4カ国のそれぞれで、この研究の著者たちは大学生をコンピュータ研究室に集めて、2人1組にして「信頼」ゲームをさせた。被験者の片方が無作為に選ばれて「送り手」となり、もう片方は「受け手」となる。送り手はある金額——10ドルとか——を与えられ、それを自分と受け手とで分ける。送り手は、自分に割り当てた金額は自分でもらえる。残りの金額は3倍になって受け手に行く。受け手は、自分にきた金額のうちいくらを送り手に返すかを決める。この実験は贈答関係の基本的な要素をある程度とらえている。送り手としては10ドル全額を受け手に渡すのが効率的だ（3倍の30ドルになるから）。でもそれには、受け手がお返しにある程度戻してくれるという信頼感が必要だ。30ドル全額（つまり10ドルの3倍）を受け取っても、受け手のほうがそれをすべて自分の懐にいれるのを阻止するのは、互恵的な義務感しかない[15]。

研究者たちによれば、集団として最も相手を信頼し、また信頼できる存在でもあったのは中国人被験者だった。つまり中国人の送り手たちは、最初の資金のうち高い割合を「投資」し（信頼したわけだ）、そして相手からの善意をお返しする可能性も高かった。つまり、送り手の初期投資以上の金額を返す割合が高かった（信頼できる存在だったわけだ）。（アメリカの学生たちは、無い物ねだりの期待過多を示したようだ。アメリカの送り手たちは、「投資」は中国人と同じくらいだったが、アメリカの受け手たちは中国人の半分以下しか善意を返さなかった）。

では、贈り物と賄賂を区別するものは何だろうか？　法学者ジョン・ヌーナンによる記念碑的な歴史研究『賄賂』によると、人類史の最初の記録では、この両者の間には何のちがいもなかったという[16]。

つまり、双方の取引の中で自分の義務を果たすこと以外には、道徳性についての配慮はなく、これは公務員としての役職実施においても同じだった。紀元前1500年には、賄賂は容認されていたどころか、道徳的な行為だった。

例としてヌーナンは、「ニップールの貧者」という物語をあげる。これは古代メソポタミアに伝わっていた、ジミル・ニヌルタという「不幸な男」の物語で、自分の人生を向上させたいと思ってニップール市長に贈り物を贈ったのだった。支配者に手ぶらで会うわけにはいかないと思ったこの貧者は、文字通り着ていた服を売り払い、ヤギを買って市長の邸宅に赴く。贈り物が必要だと思った彼は正しかった。ジミル・ニヌルタが到着したとたん、市長は「このような捧げ物を持ってくるとは、悩み事は何ですかな?」と尋ねる。貧しい男の言い分を聞いたあとで、市長は古いビールとかじる骨を与えただけだった。そこでジミル・ニヌルタは仕返しを目論む。最終的には貧者にかわり神様が介入する。市長は殴られ(たぶん死ぬほど)、ヤギを失った農夫に何倍ものお返しを与えねばならなくなった。ヌーナンが強調するように、市長の罪(そして神の介入の理由)は、彼が贈り物を要求したことではない――最初の捧げ物は、自然なやりとりとして描かれている。市長の過ちは、賄賂を受け取ったくせに、その送り手に応分のお返しをしなかったことだ。

ニップール市長が当然の報いを受けてからほどなくして、いまは賄賂と呼ばれるものについての態度は変わりはじめた。旧約聖書のホセア、イザヤ、ミカといった人物が紀元前8世紀や7世紀に預言をしていた頃には、神様は地上の生き物などに買収されて便宜をはかるような存在でないのは明らかであり、そして人間の支配者や判事についても同じ水準の行動を期待した。ヌーナンは、イザヤ書1

章11-13節を引用する。

主は言われる、「あなたがたがささげる多くの犠牲は、わたしになんの益があるか。わたしは雄羊の燔祭《はんさい》と、肥えた獣の脂肪とに飽《あ》いている。わたしは雄牛あるいは小羊、あるいは雄やぎの血を喜ばない。

あなたがたは、わたしにまみえようとして来るが、だれが、わたしの庭を踏み荒すことを求めたか。

あなたがたは、もはや、むなしい供え物を携えてきてはならない。薫香《くんこう》は、わたしの忌みきらうものだ。新月、安息日《あんそく》、また会衆を呼び集めること――わたしは不義と聖会とに耐えられない。

もちろんだからといって、人間の互恵性の感覚がすっかり消えうせたとか、役人がいきなり贈り物に動じなくなったとかいうことではない。むしろイザヤ以来の3千年にわたり、人類は人間関係における互恵性と、公僕がその職務を公平に執行し、贈り物や捧げ物に左右されてはならないという要求との間の緊張関係について苦闘してきたのだ。

でもやがて、公職者の役割や責任についてはもっとはっきりした仕分けが発達してきた。役職を果たして給料をもらい、個別の袖の下は期待しないということだ。だからこそ、贈り物という遺物が公職者相手だと、実に落ちつかないものに思えるのだ。

社会学者モースとその弟子たちは、ここにあるちがいに敏感で、各種社会状況において何が「正当な」贈り物であり、賄賂や恫喝といった不当な交換と何がちがうのか区別するのにかなり手間暇をかけた。贈り物は、適切な規模でなくてはならない。そうでないと受け手は、お返しとして期待されているものについて、不安を抱きかねない。お隣に砂糖の壺を渡すのはＯＫ。ミシュランの三つ星レストランでの夕食に招待したり、うちのフェラーリを使っていいよと言ったりするのは、不適切だ。ご近所に夕食に招かれたら、適切な反応は、自分も相手を招き返すことであって、財布を取り出してその行為のお返しに現金を支払うことではない（そしてお返しはあまりすぐにしないほうがいい――17世紀のフランス貴族、フランソワ・ラ・ロシュフーコーが、その膨大な箴言の一覧の233番で「義務にあまりに急いで返報しようとするのは一種の恩知らずである」と述べている）。また恩義や頼み事をどのような形で行うかも重要だ――砂糖を借りるにしても、野球のバットや拳銃を構えて現れるのは絶対にダメだ。

だがそれ以上となると、ある取引をご近所の善意ではなく「恫喝」「賄賂」にするのは何かというのは、多少は程度問題だし、解釈の問題でもある。境界線のどちら側なのか、だれもが合意できる明らかな例はある。友人にコーヒーをおごるのは大丈夫。インド通信情報技術大臣Ａ・ラジャに、無線周波数の入札者が5億ドルを送るのはダメだ。だがその間にはかなりのグレーな領域があり、社会学者マーク・グラノヴェッターが賄賂の社会生活に関する研究で述べたように「まったく同じ行為でも、状況次第でまったく解釈がちがってくる」[17]。

本書の著者たちも、何をもって「正当な」贈答とするかという、こうした文化的なちがいの一部を目の当たりにした。著者の1人の学生は、中国からアメリカの大学院にきた留学生で、自国の関係規範をたずさえてきた。毎年、この学生はクリスマス時に、かなり高価で思慮深い贈り物をよこす[18]。アメリカ人の学生からきたものなら、これは成績のゲタはきや、よい推薦状を買おうとしているのではという疑念を引き起こす。最低でも、社会的な作法を知らず、ちょっと変なヤツだと思われる。なれなれしく、個人的すぎる感じで、返報性の義務を作り出そうという策略の匂いが強すぎる。でも知識を教えてもらうかわりに生徒が教師に贈り物を与えるのが当然の社会では、生徒の適切な贈答感覚には整合しているのだ。

ということは、中国の学生は役人が賄賂をもらうことにあまり目くじらをたてないということだろうか、あるいは当人が就職したら、賄賂を贈る傾向が強いということだろうか？　この問題について手持ちのデータを見る限りでは、答えはノーだ。世界各国で、互恵性の指標と、汚職計測に一般的に使われる指標とを相関させられるような「投資ゲーム」の国際研究のようなものはない。でも多くの国の回答者に、一般的に人々をどこまで信用できるかを尋ねる、信頼調査というおおまかな近似は存在する。そしてそうした一般化された信頼は、恩返しのやりとりの中で、他人が期待通りにふるまうかどうかという信念と密接に相関している。そして実際、中国人回答者はかなりの割合で、人は信用できると言う。一般化した信頼が中国人より高いのは、北欧諸国だけだ。

政治学者エリック・ウスレイナーが示した通り、信頼の高い国では汚職はむしろ低い傾向にある。[19]そうなりそうな理由はすぐにわかる。もし賄賂が「適切でない」交換を伴うなら、それがあまり広がると、適切な贈り物や好意のやりとりに対する信頼をダメにしかねない。つまり、もしいつも贈答に裏があるのなら、何の下心もないとされる贈り物の裏の動機も勘ぐるようになってしまうし、もっと広くは互恵性というのがそんなにいいものかどうかも疑問視するようになってしまうからだ。[20]

信頼と汚職との全般的な関係についてのウスレイナーの発見はまた、信頼も高く汚職も多いという中国のような国も多少はあるものの、信頼と汚職が正反対の関係を持つ国のほうが圧倒的に多いことを強調している。この点において、中国は例外的な存在だ。

そしてその中国ですら、昔ながらの伝統である教師の日（これは生徒たちが、先生に花やカードなどのプレゼントを贈る日だ）などが汚職のせいで色眼鏡で見られるようになっているという恐れが存在する。近年では、裕福な家族出身の生徒は、薄給の先生に航空券や宝石を贈ったりすると言われる。近年の調査では、回答者の8割が教師への贈り物は全面的に禁止されるべきだと回答した。教師の日の贈り物は、昔は容認できるものだったが、最近ではあまりに豪勢な贈り物が増え、明らかに贈賄の領域に入り込むようになったために、この習慣が歪められてしまったのだ。

だから一部の文化――たとえば中国――は贈答の深い歴史があっても、あらゆる社会には、贈り物をすること（これは美徳）と、賄賂をおくること（これは悪徳）との間の区別があるのだ。

6.5 汚職は宗教集団ごとにちがいがあるのだろうか？

2011年エジプトでのアラブの春以降、厳格なイスラム原理主義に基づいて活動するムスリム同胞団が、主に反汚職改革の主張に基づいて権力を握った。2014年にインドネシアのイスラム系政党の得票数が倍増したのは、スシロ・バンバン・ヨドユノ大統領の民主党にはびこる汚職スキャンダルへの反発によるものだとされた。イラクとシリアのイスラム国（ISIS）は正当にも悪者扱いされているが、彼らですら支持を得たのは、汚職の取締を主張したからだ。別にその宗教指導者たちが真面目にお祈りをするとか、食べ物についての律法を遵守するとかのせいではなく、信仰のおかげで袖の下に耐性があるという主張のおかげで、こうした宗教系政党は支持を増やしている。これは最近のごく有名な例でしかない。もしそうなら、宗教指導者たちは、それが口先ではないと支持者たちに信じてほしがる――ある血なまぐさい例として、シリアのＩＳＩＳ武装勢力は、汚職の罪で自分の身内の１人を処刑し磔《はりつけ》にした。回覧されたその血みどろの死体写真の首には「罪人――アブ・アドナン・アルアナダリ。刑罰――処刑と３日にわたるはりつけ。動機――検問で運転手たちに異端の嫌疑をかけてお金を脅し取ったこと」という看板がかかっていた。(21)

どの宗教や宗派でも宗教指導者たちは、汚職は邪悪だと説く。汚職に反対する彼らの立場は、前節で引用したイザヤの戒めの自然な延長だ。イザヤは、審判と引き換えに報酬を受け取るのを戒めていた。神様は、自分の地位を利用して私腹を肥やす者を罰する。このおかげで多くの人は、宗教と関連した反汚職運動は信用が増すように感じる。ウソをついたり、ごまかしたり、賄賂を受け取ったりすれば地獄に落ちると説く宗教であれば、それを信じる政治家たちはそうした活動を実行しない傾向にあるかもしれないからだ。

宗教政党が本当にその反汚職レトリックを遵守するかどうかは、大いに議論の分かれる問題だ。ムスリム同胞団は、いったん権力を握ったら自分でも汚職や縁故主義スキャンダルにはまりこんだし、執筆時点ではイラン人たちが、アヤトラたちの子弟が運転する派手なスポーツカーをめぐり激しいデモを展開している。

国のレベルでは、宗教性が汚職を増やすか減らすか判定するのはやっかいだ。非宗教的な社会は、宗教的社会よりはるかに豊かだが、その理由はいろいろ考えられる。宗教集団は科学的イノベーションをあまり受け入れたがらないかもしれない。社会のリソースを（GDP最大化ではなく）宗教的な目的に向けたがることも多い。そして宗教の実践は、人々が豊かになり、宗教的な慰めが必要なくなれば衰退することも多い。豊かさと汚職とのつながりを考えれば、全体として宗教的な社会のほうが汚職水準が高いのは避けられない。だがそれは単に、世俗性が豊かさにつながり、それが低汚職をもたらすからにすぎない（アメリカの読者はこれを読んで首を傾《かし》げるかもしれない。だがそれは、アメリカの宗教性の高さは先進国の中で例外的だからにすぎない。ほとんどのアメリカ人は、宗教が重要だと思っている。ほとんどのヨーロッパ人などは、そうは考えない）。

だが個人の水準で、宗教は低汚職と結びついている。経済学者ロベルタ・ガッティなどが示したように、同じコミュニティ内の2人を比較すると、教会に通う人のほうが、非宗教的な人よりも賄賂を贈ったと述べる確率が低い[22]。つまり宗教は、確かに汚職を行う傾向の低い人々を生み出したり、集めたりするようだ（少なくともアンケート調査員に対しては汚職をしないと述べる傾向の強い人々を集める）。

反汚職メッセージは、どれか特定の宗教や宗派とことさら親和性が高かったりするだろうか？　創意に富む研究者たちはこうした関係性を探し、少なくとも国際相関調査の中ではそれを見つけた。世界的な汚職の原因に関する広範な分析で、政治学者ダニエル・トレイスマンはプロテスタントが低汚職と関連していることを発見した[23]。この観察と整合するようなお話は、もちろんいろいろ提供できる。プロテスタント宗派は博愛主義的で個人主義的だし、このためカトリックや東方正教会のような階級的で国と癒着した宗教よりは、役人たちの逸脱を糾弾したがるのかもしれない。考えられなくはない。だが、実際問題として何とも言えない。プロテスタントは、実に様々な社会的性質のちがいと関連づけられている。マックス・ウェーバー的な、プロテスタントの労働倫理のせいなのかもしれない。あるいは単に、プロテスタント国がたまたままったくの偶然で、産業革命の口火を切ったせいにすぎないのかもしれない。ちがった宗教的な伝統を持つ国々は、他の面でもすさまじくちがっているので、それを比べても何か強い結論が出る見込みはあり得ないのだ。

宗教と汚職に関する議論から引き出せる最も有益な洞察は、汚職の心霊的なコスト——この場合は罪悪感や天国・地獄の信仰——を高めるものはすべて、個人が贈収賄を行う衝動を抑えるのに役立つということだ。そしてこれは、ローマ法王やアガ・カーンやアヤトラのような宗教指導者たちが、汚職と戦うのにもっと重要な役割を果たせるのではないかという問題を提起する。私たちとしては、彼らがその強い影響力を使ってそうしてくれることを祈りたい。

6.6 汚職に走りがちな民族集団はあるのだろうか？

民族と汚職とを関連づける研究は、どの集団が正直または不正直な行動をとりやすいかどうかについて、まったく何も言える状態ではない。研究者たちはむしろ、民族多様性の影響について調べ、民族集団の混成ぶりが高いと（したがって集団としての忠誠が様々な方向を向いていると）、その社会は汚職に弱くなりがちだと述べている。

民族性は、相当部分が社会的構築物だ。それは何か共通の特徴——宗教、言語、人種、部族——に基づいて定義されるが、社会的文脈でも変わるし、また個人の選択に左右されることもある。ドミニカ生まれのアメリカ人で、肌が黒い人物は、アフリカ系アメリカ人を名乗ることもあればヒスパニックを名乗ることもある。ケベック出身のカナダ系ユダヤ人は、自分をフランス系カナダ人と考えることもあるし、アシュケナージ（東欧系ユダヤ人）と考えることもある。国によっては、民族は政府により制度化され、身分証に記録されるので、民族の境界も強化される。その源泉によらず、民族性は集団やコミュニティへの帰属に基づき、社会アイデンティティの感覚——自分が何者かという感覚——をもたらす。

人間は実に簡単に集団アイデンティティにしがみつき、結果としておれたち対あいつら的な思考に陥ってしまう。おれたちのシャツは赤、おまえのは緑。おまえの目は茶色、おれは青。社会心理学者ヘンリ・タジフェルは、集団がアイデンティティを形成するのに必要な、ほんのわずかなきっかけを表すのに「最小限の集団パラダイム」という用語を提案した。１９７０年代の一連の先駆的な研究で、タジフェルは、どれほどつまらないことでおれたち対あいつらの感覚が生じるかを検討した。ある実験で、被験者たちは一連の絵画を見せられて、どれが好きかを尋ねられた[24]。そして絵画の趣味に応じてクレー集団とカンディンスキー集団に分けると言われる（彼らが見せられた絵画はパウル・クレーとワシーリー・カンディンスキーのものだった）。実際には、被験者たちは無作為に分類されていた。それぞれの被験者は、自分がどの集団に所属しているか告げられ、そして別々の区画に案内されて、他の被験者に得点を割り振るように言われる（知らされるのは彼らの帰属する集団だけだ）。その得点は、実験の終わりに受け取る支払額を決めるものだ。クレー集団の被験者は、他のクレー愛好家（と思った人々）に報酬を与え、カンディンスキー集団の人々を犠牲にした。[25]

民族性はしばしば、こうしたおれたち対あいつら的思考の原因となる。植民地支配後の、混成民族のアフリカでは、国が地元の歴史ではなく、植民地主義的なヨーロッパ諸国の権力争いにより切り分けられた。だから国境はしばしば民族集団の伝統的な土地を切り離してしまう。たとえばマサイ族は、ケニアとタンザニアとに分けられてしまった。アンイ族はガーナとコートジボワールの間で切り離された。植民者たちはまた、複数の集団――それも歴史的に敵対している集団――を一つの国境の中に束ねてしまい、おかげで独立後も新生国家の中で民族紛争が起きるようになった。[26]

いまや経済学と政治学では、こうした恣意的な国境がもたらす長い悪影響についての研究が大量にある。研究者たちは、しばしば多様性の指標として「細分化」の度合いを使う。これは無作為に出会う個人が、ちがう民族集団出身である可能性を捉えたものだ。もし全員が同じなら、この値はゼロだ。日本はきわめて均質な国で、この下限値に近い。もしあらゆる人が自分は独自の民族アイデンティティを持つと考えれば、細分化指数は1だ。もちろん、ここまで極端な国はない。だが多くのアフリカ諸国は、恣意的な植民地の境界線もあって、民族細分化指数が0・8程度となる。これはとても高い。[27]

広く引用されている研究は、共通の人種と言語を元に民族性を定義していて、民族的に細分化した国の所得は、もっと均質なところよりも所得の伸びが遅いことを発見した。[28] この研究はまた、民族的に細分化した国では汚職も横行していることを発見した。[29] だから特定の民族の存在よりはむしろ、民族多様性のほうが汚職につながりやすいわけだ。

どうしてそうなると考えられるだろう？　経済学者アビジット・バナジーとロヒニ・パンデは、その大きな原因は有権者が政府を選ぶときに、能力や正直さよりも民族的な忠誠心に基づいて投票しがちだからだ、と論じている。(30) 政治学者グループによる研究は、同じ民族への投票は、同じ集団の他の人々の厚生に対する配慮が大きいからなどではなく、協力しなければ自分と同じ民族集団からの処罰を恐れる結果ではないかと示唆している。(31)

第二の貢献要因は、民族的に細分化した国では、民族ごとの政治的な引き立てや恩顧主義がはびこっていることだ。たとえばムワイ・キバキの例を見よう。２００２年にケニア（細分化指数０・86）で、彼の国民レインボー連合が政権を取った。キバキは即座に、政府を自分の属するキクユ族だらけにした。長年権力を奪われていたので、自分と同族の人々が公職にもたらす機会を活用できるようにする、というわけだ。ケニアは比較的均質なボツワナ（細分化指数０・41）とは好対照だ。ボツワナはアフリカの経済成功物語の一つで、その成長の少なくとも一部は、機能的に優れ、私腹を肥やそうとしない政治制度のおかげだ。(32)

キバキの収奪的な政策は、ケニアの分断的な政治環境への対応としてはまったく合理的なものだったかもしれない——もし政府が数年で別の民族集団に支配されるなら、機会のあるうちに、取れるだけ取っておくのが得策だ。もちろん、こうした政策を採れば、他の民族集団が自分の統治の番がきたときに、まったく同じ行動を採ることをほぼ確実にしてしまう。結果として、ケニア（さらには細分化された社会全般）はまともな学校も舗装道路もなく、その国民は集合的にずっと暗い未来に直面することとなる。

第6章で学んだこと

◎文化は、ルールがないときに個人がどうふるまうかを律する。そこには価値観と協調の両方の要素がある。

◎個人が道徳的に汚職に反対でも、社会規範に従えという圧力のため、高汚職環境では人々は腐敗した行動を採るようになりかねない。

◎汚職の文化は、汚職の機会がある国々の公職に、不正直な個人が参入するという自己選択により強化される。

◎特定の宗教集団や民族集団が、特に汚職をしやすいという説得力ある証拠はない。

◎民族的に細分化した社会は、均質な国よりも汚職が激しいことが多い。

第7章

政治制度が汚職に与える影響は？

第3章では、汚職が富裕国より貧困国ではるかにはびこっているのを見た。つまり、1人当たりGDPは汚職について莫大な情報を与えてくれるということだ。第3章で見た国際データは、ある国の汚職水準について、1人当たりGDPだけで6割は説明できると示唆している。(1)

だからといって、政治制度が無関係ということではない――同じくらいの所得水準の国でも、汚職水準は大幅な差があるし、政治体制やプロセスがまちがいなくそこには影響する。それと同じかそれ以上に重要なこととして、機能不全の政治制度は貧困と汚職の両方の重要な原因となっている可能性が高い。本章で見る通り、全体として汚職、政治システム、所得の関係は複雑であり、どれも残りの二つに影響する。

この関係を理解するのは――特に国レベルで理解するのは――実証研究者にとって、ことさら頭の痛い課題群をもたらす。国の制度について実験はできない。また政治制度がいきなり突然変わったりするようなことは、そうそうあるわけではない――たとえば国がいきなり、ものは試しとばかり地方政府に意思決定の大きな権限移譲をしたりはしない。だから汚職が制度変化でどんな影響を受けるのか、はっきりと見極める手段はない。こうした制約のため、本章では他の章よりもなおさら理論に頼るし、データに見られる相関の検討を行う。いくつか得られるパターンの一部は、びっくりするようなものだ。最初にして最大の驚きは、国の政治レジームの性質――民主主義だろうと非民主主義だろうと――はどうも汚職にまるで影響しないようだということだ。

7.1 民主政治レジームは専制政治よりも汚職が少ないか？

一般には、民主主義は汚職を抑えると思われているし、その理由はすぐにわかる。活発な民主主義は、政府の政策を人々の利害と一致させる有効な手段となる――あるいはなるべきだ。候補者は有権者の忠誠と支持を求めて頑張らねばならない。有権者は政府（または個別選出高官）の業績への不満を、政権や役職からの追放という形で表現できる。真に競争的な選挙――投票箱に不正票が詰め込まれていたりなど、結果が各種の手法で仕組まれていないもの――は有権者に、だれが統治するかという選択肢を与える。有権者は（おそらく）社会の利益に奉仕するよい候補者を支持する。選挙競争はまた、結果に不確実性を導入する効果があり、これは多くの追加便益をもたらす。不確実性により、有権者は政治家やその公約に注意を払い、有権者が実際に投票するよう奨励する――選挙の結果が事前に見えているなら、わざわざ選挙にでかける意味もない。最後に、こうした検分と、有権者に気に入られる必要性のため、政治家たちは世間に対する訴えをどう構築するかについて慎重になる。

競争的な選挙は、有権者たちの認める政策を政治家たちが考案するインセンティブを作り出すし、このためいったん政治家が選出されてからも、高いアカウンタビリティにつながる（そうでないと次の選挙のときに落選してしまう）。だからこそこうまく機能する民主主義下の市民たちは、選出されない支配者たちの気まぐれで政策が決まるような政治体制の市民よりも、食事もよく、健康もよく、寿命も長く、政府サービスもよく、繁栄するはずだと期待するのが人情だ。そして理論的にはそうした民主政府は汚職も少ないはずだ。これが世間的な通念だ。残念ながら、このどれ一つとして、実は正しくない。民主主義が世界の物質的な課題を解決したと願いたいところだが、現実は専制主義も、平均的には同じくらいの成果を挙げるのだ。(2)

このパターンは図7・1を見るとわかる。ここでは図3・2で見たのと同じ世界中の国を扱っている。今回は、その国々が2008年(政治レジームの種類について包括的なデータのある最新年)に民主主義かどうで、各国を分類してラベリングしている。このグラフを見るだけで、民主主義、所得、汚職の関係がわかる。

ある政治体制を、独裁主義から競争的民主主義まで広がる範囲のどこに配置するか、というのはそれ自体が一つの分野だ。私たちは、政治学者アダム・プシェヴォルスキとその学生たちが開発した定義を使う。(3) 彼らは「変更」ルールを使う。そこにはこんな基準がある。(a)最高位者は一般投票(または一般投票で選ばれた政体)で選出されること。(b)立法府は一般投票で選ばれること。(c)選挙で争う政党が複数あること。(d)現在の政権を権力の座につけたのと同じ選挙制度のもとで、過去に政権交代があったこと。この最後の基準が、競争的な民主主義と——名目的には公正な選挙があっても——同じ政党がなぜかいくら選挙をやっても政権を握り続けるものとを区別している。この変更基準は、1975年から2015年にかけての40年間で、国の政府を牛耳る政党が14回も変わったイタリアと、同じ政党が1929年から2000年までの71年間にわたって大統領の座を握っていたメキシコとを区別する。メキシコはこの変更ルールを使うと民主主義レジームとは認められなかったが、2000年になって制度的革命党(PRI)が大統領選で敗れた。

図を見ると、いくつかのパターンが浮かび上がる。まず、グラフの左側にたくさん国々が群れている。この国々は2008年の1人当たりGDPが1万1455ドル以下だ。これは世界銀行が国を高所得国に分類するときの境界線だ（この境界線は、グラフの点線で示した）。この線の左側の国は、世界各国の多数派だが、私たちの使う汚職尺度でも成績が悪い。第二に、線の右側に移って世界の富裕国を見ると、こちらはほぼすべて民主国であり、知覚された汚職水準も低い（とても豊かな専制国もいくつかあるが、これはUAE、クウェート、サウジアラビアなど、アラビア半島の産油国がほとんどだ。これは図7・1で示した）。でもこれだけでは、民主主義が所得と汚職のどちらに対してどんな影響を及ぼすかについては、判断がつきかねる。この三つはすべて、国レベルの特性として――期待余命や平均教育水準と同じく――セットになりがちだ。図に見られるパターンは、富裕国が一般に、知覚される汚職水準の低さと民主的政治体制の両方を備えているということだ。

話がおもしろくなるのは、貧困国に注目したときだ。図7・2は、いまの図の一部を拡大したものだ。1人当たり所得が1万1455ドル以下の中低所得国146ヵ国に注目している（図7・1で1万1455ドル所得以下の部分だけを見れば、どこを拡大したのかわかる）。この集団を見ると、民主主義と所得の間には目に見える関係はあまりないし。民主主義と汚職の間にもはっきりした関係はない。[4] 民主主義が非民主主義よりも汚職をうまく抑えられるなら、（民主主義国の）三角形の多くは、所得のあらゆる水準で（専制主義国の）点より下にくるはずだ。そうなれば、CPIに基づく汚職が低いということになる。でもそういうパターンは見られない。

まずデータを見たところで、何が言えるだろうか？　考えられる解釈としては、民主主義政治体制

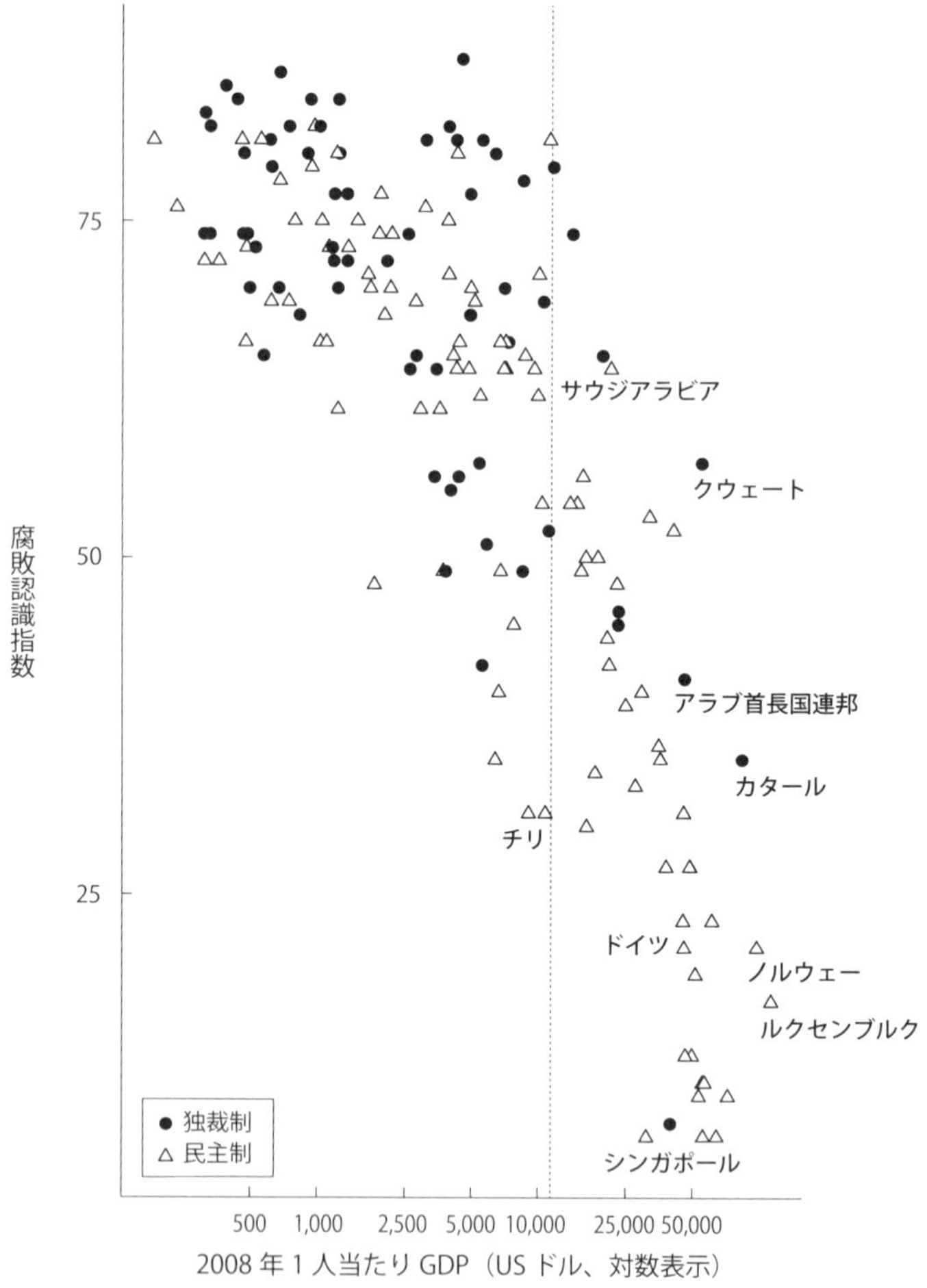

図7.1　1人当たりGDP対数とトランスペアレンシー・インターナショナルの腐敗認識指数（CPI）の散布図、164ヵ国について政権種類（2008）を示した

注：USドル11,455の破線は、世界銀行の低所得国と中所得国のカットオフ水準を示す。腐敗認識指数は逆転させて、低い値が低い汚職を示すようにした。政権種類はB. Cheibub, J. A., Gandhi, J., and Vreeland. J. R. (2010). Democracy and dictatorship revisited. *Public Choice*, 143(1-2), 67-101.

は汚職を抑えるにあたり、おおむね余計なものだということだ。富裕国は腐敗していない——こうした国々を豊かにしている各種要因は、同時に汚職を抑えるものであり、それがどんな政権下にあろうと関係ない。貧困国では、民主主義制度は効果がないようだ。ほとんどの貧困国は、富裕国に比べて汚職の水準が高い。これは競争的な政治体制だろうと独裁者に統治されていようと関係ない。

民主主義と汚職の直接的な関係だけを見れば、両者が密接に関係していると思うかもしれない。つまり経済発展の水準を考えなければ、民主国は専制国よりも汚職が少ないと思ってしまう。だが図7・1と7・2のグラフを見ると、民主主義と汚職の関係は、実は経済発展がもたらす幻影でしかないのがわかる。豊かさと汚職もまた密接に関連していて、ある国の豊かさがわかれば、民主主義かどうかで汚職の有無がそれ以上予測できるかははっきりしない。

どうして民主主義政治体制が政治的アカウンタビリティをもたらすという通念と理論は成立しないのだろうか？　この問題は、なぜ汚職候補者を有権者が支持したりするのかという問題を検討する第8章で、個別有権者の観点から検討しよう。本章ではこれから、なぜ民主主義が汚職を減らすのに役立たないかについて、大ざっぱなマクロレベルの説明をいくつか検討しよう。その説明とは、民主主義へと集約するプロセスが長くつらいものだということ、そして一党支配の影響だ。また、ある国の政治体制の細かい特徴——たとえば選挙の規則や中央集権の度合い——が汚職にどう影響するかも考える。汚職がなぜ民主主義でも続くのかという問題に目を向ける前に、少し寄り道して汚職が非民主主義体制でどう機能するかという問題を考えよう。これは民主選挙が汚職を抑える役割を理解するための、自然な出発点として機能する。

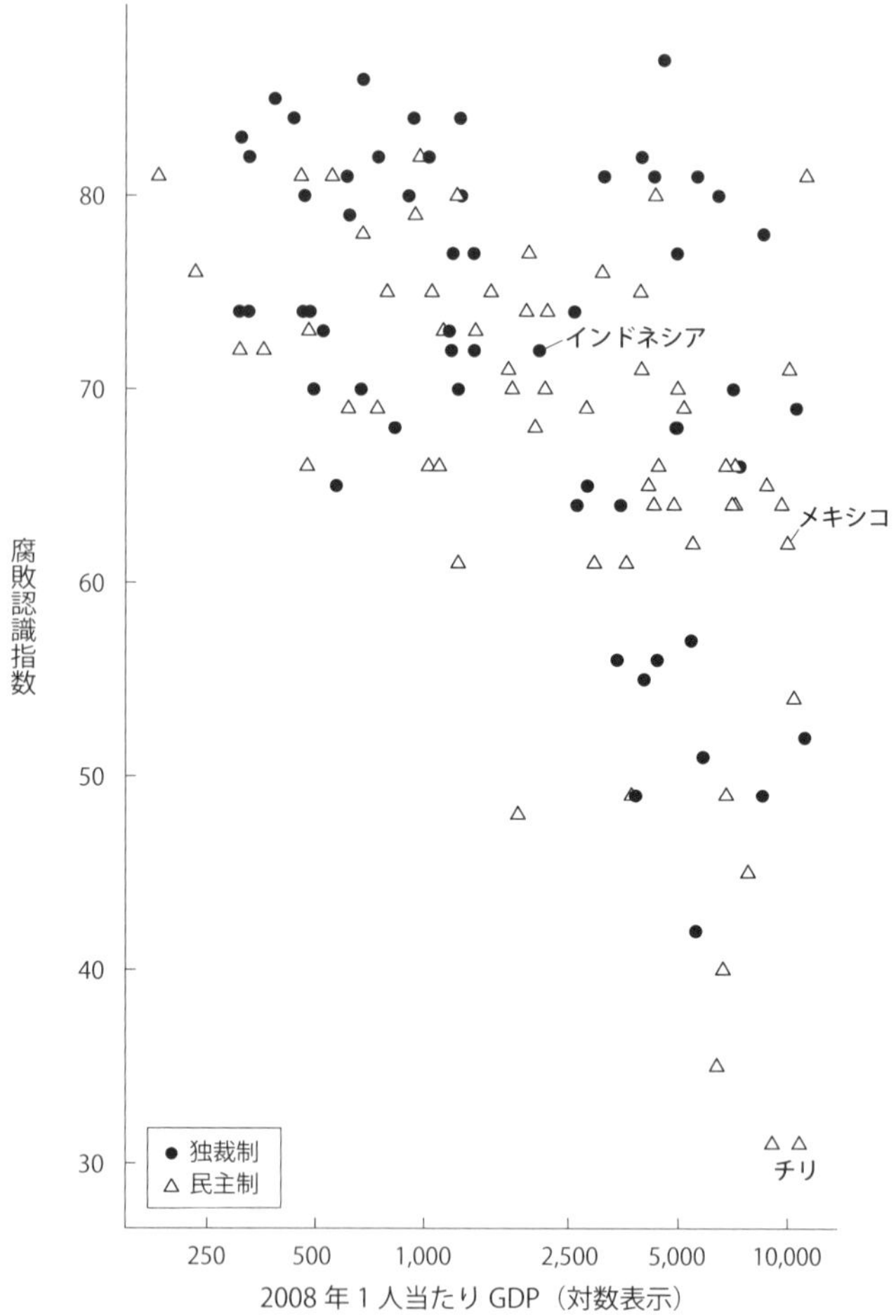

図7.2　1人当たりGDP対数とトランスペアレンシー・インターナショナルの腐敗認識指数（CPI）の散布図、中低所得国146ヵ国について政権種類（2008）について示した

注：世界銀行の1人当たりGDPがUSドル11,455により低所得国と中所得国を定義。腐敗認識指数は逆転させて、低い値が低い汚職を示すようにした。政権種類はB. Cheibub, J. A., Gandhi, J., and Vreeland. J. R. (2010). Democracy and dictatorship revisited. *Public Choice*, 143(1–2), 67-101.

7.2 専制主義はすべて同じくらい腐敗しているのだろうか？

専制主義はどれも同じというわけではない[5]。政治学者たちは専制主義には3種類、ときには4種類あると考えている。王政のような世襲政権、共産主義体制のような一党政権、軍事クーデターで生まれたような軍事政権、個人や小集団（政党や軍ではない）が世襲以外の手段で独占的な権力を持つようになった個人支配的政権だ（たとえばリビアのムアマル・アル＝カダフィやザイールのモブツ・セセ・セコなど[6]）。

つまり専制体制は、だれが権力を行使するか――軍人、党のトップ、王様やシェイク――そして彼らがどうやってその権力を手に入れたかでちがってくる。ときには、こうしたそれぞれの分類に属する国は選挙を行ったりする――個人支配的な政権が選挙を行う率は最も高いが、一党政権もまたしばしば選挙をする――でもそうした選挙の結果ははじめからわかっている。

口承レベルの話だが、非民主主義国も汚職水準の度合いが大きくばらついているらしい。実は、口承以上の話はなかなか出てこない。民主主義体制下で汚職を研究するのはむずかしい。汚職は違法であり、したがって秘密裏に行われがちだからだ。でもそれを専制主義下で研究するのは、学術研究とメディアの両方に対する制約のおかげでなおさらむずかしい。だから非民主国の場合、いろいろ弱さはあっても、第3章で検討したアンケートに基づく調査にしか頼れない。

データを見る前に、独裁制の状況で汚職という概念がそもそも何を意味するのか考えておこう。汚職は、政府職員による違法行為だと述べた。だが全権を握った将軍が、好き勝手に法律を書ける軍事独裁では、そもそも汚職とそうでないものとを区別するのに合法性が役立つのだろうか？　意外かもしれないが、答えは一般にイエスだ。自由で公正な選挙のない国でさえ、公職者がどうふるまうべきかについてのルールはあるのだ。法的にいえば、公共財産の窃盗、着服、キックバックの受け取りなど一般的な汚職形態は、非民主国でも同じく汚職とされる。実際、本書執筆時点で進行中だった最も劇的な反汚職キャンペーンは中国でのものだ。中国は厳格な専制主義体制だ。専制支配者ですら、手下たちが政府の財産を私用のために盗んでほしくはない。

図7・1の散布図に戻ろう。非民主政権の中で見られる汚職の差はきわめて大きなものだ。シンガポールは一党国家だが、世界で最も汚職の少ない国の一つだ。これは同国が散布図の右下にあることで明らかだ。赤道ギニア――中央アフリカの国で、貧しすぎて1人当たりGDPすらわからない（だから散布図にも出てこない）――は1979年に軍事クーデターで権力を掌握したテオドロ・オビアン・ンゲマ・ムバソゴが支配している。同国はまた、世界で最も汚職の激しい国でもある。[7]　独裁制はしばしば汚職を悪化させる。指導者が盗みをしたいなら、抑制のない権力はそれをずっとすばやくできるようにする（第3章で見た、「ベビー・ドック」デュバリエの、ハイチ鉄道解体売却を思い出そう）。だがときには、独裁者はむしろ徹底して汚職と戦おうとする。これはリー・クアンユー支配下のシンガポールで起きたことだ（そして現在では中国で起きているのかもしれない）。

民主主義ときれいな政府との関係について、一般的な結論が得られなかったのと同様に、汚職に関して独裁政権が取る道は明らかにはっきり分かれる。これはおそらく、政権を握っているときに、その目的の間で行うトレードオフのちがいのせいだ。あらゆる政治家に共通する点として、非民主指導者たちも権力を握り続けたがる。その支配が全権を持つ党組織によるもので、当分の間政権を握り続けるつもりであれば、指導者たちはもっと長期的な考え方をするようになるだろう。もっと個人支配的な政権では、指導者たちは自分たちが権力を失ったときに備えて、外国の銀行口座に何億も塩漬けにしておこうとするだろう。

どの種類の独裁政権が、汚職についての方向性が分かれるかについて検討するため、図7・3では四つの非民主政権のそれぞれについて、トランスペアレンシー・インターナショナルの腐敗認識指数（CPI）のデータを箱ひげ図（ボックスチャート）で示した（箱ひげ図は、最低、25百分位、メジアン、75百分位、最高について描くことで、データの分散を示したものだ。箱は25から75百分位を示し、上下の「ひげ」は最大値と最小値を示す。それぞれの箱の中にある水平線がメジアンだ）。王政――データ集合の中にはあまり多くない――はその他3種類の専制主義（軍事政権、一党、個人支配）に比べ、汚職度合いがずっと少ない。なぜそうなのかについては、憶測しかできない。王家はずっと将来のことまで考え、自分の何世代も後の子孫まで考慮して、したがってよい統治の評判を維持する動機が十分にあるのかもしれない。あるいは王家は、汚職についての情報を封じるのがことさら上手なのかもしれない。だれも確信はできない。

図7・3に示したデータはまた、一党政権は一般に、軍事政権や個人支配的政権よりは汚職度合いが少し低いことを示している。中国の反汚職取締は2012年末に始まったが、なぜ一部の非民主政権が汚職を抑えたがるのかという理由の典型だし、また汚職撲滅を目指そうとする中で得られる便益

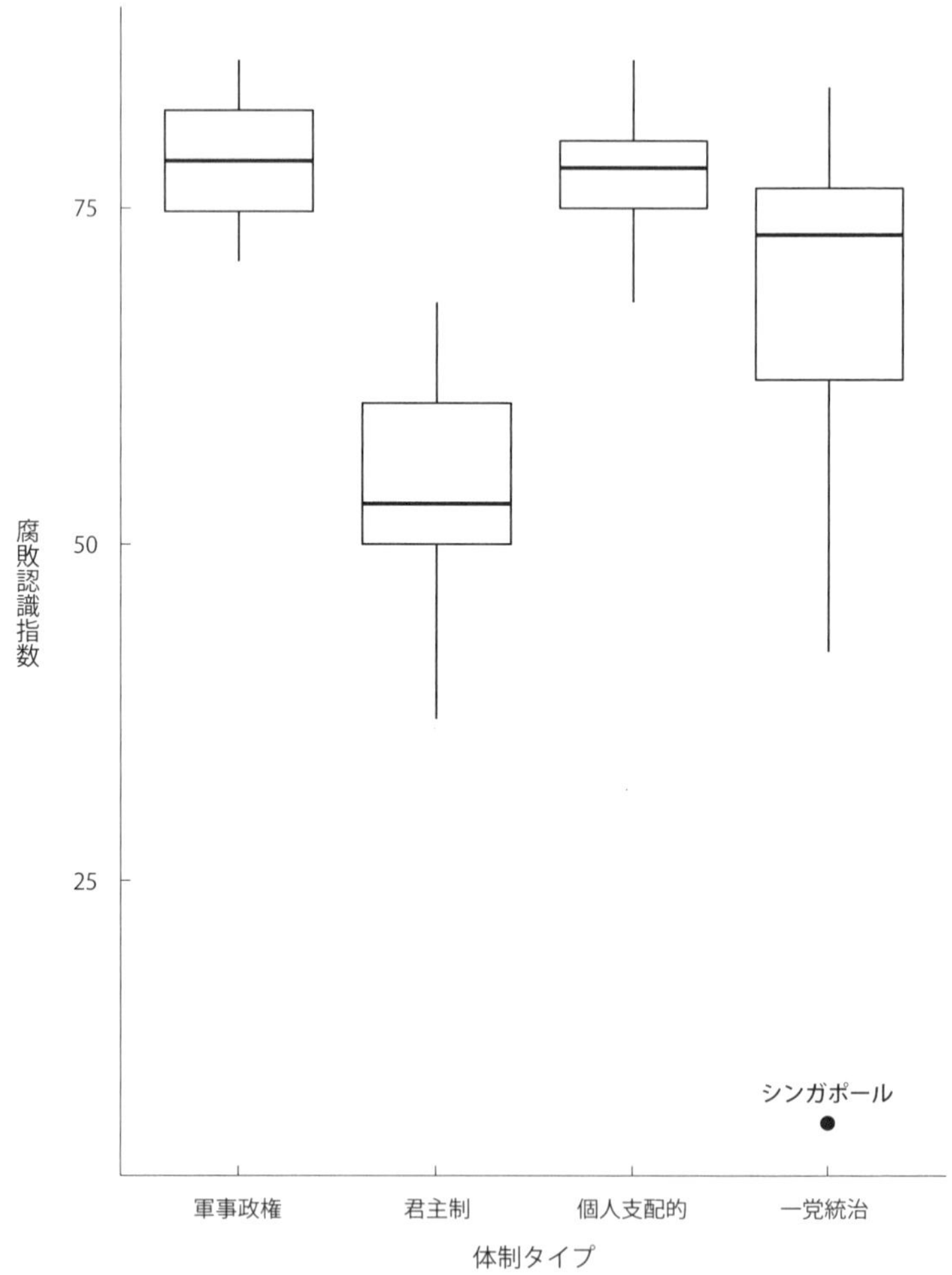

図7.3　トランスペアレンシー・インターナショナルの腐敗認識指数（CPI）を、非民主政権の種類別に59ヵ国について示した箱ひげ図

注：腐敗認識指数は逆転させて、低い値が低い汚職を示すようにした。政権種類はB. Geddes, J. Wright, and E. Frantz, (2014). Autocratic breakdown and regime transition: A new data set. *Perspectives on Politics*, 12(2), 313–31.

もよく示している。ほとんどの見方からすると、中国の反汚職活動はきわめて真面目なものだし、公職者（とその子弟）がダイヤを散りばめた腕時計をしたり、フェラーリを運転したり（そして時にそれで事故を起こしたり）する様子に対する世間の不満への対応でもある。中国が本気で汚職撲滅に取り組もうとしたら、公職者をそれに従わせるにあたり、デュープロセスや人権尊重といった配慮にとらわれたりはしない。物事をすばやく実行したいなら、民主主義的な制約は面倒で非効率なものとなる。独裁者たちが汚職を抑えようとするかどうか、あるいはもし自分が私腹を肥やすことにした場合、政府からの余録をだれとどうやって分かち合おうとするか。これは大きな問題だが、データ制約のおかげで答えようがない。本章ではこれから、民主政体に話を戻す。議論の出発点は、選挙が汚職を減らすかという大きな問題で、そこから議論をだんだん狭め、民主体制が国ごとにどう組織されているかで、汚職への影響にどんな差が出るかを検討する。

7.3　選挙は汚職を減らすか？

今日の長命な民主政治体制は一般に、非民主的な反例から生まれてきたものだ。これは世界中のどこでも同じで、例外はほとんどない（そのわずかな例外はアメリカとカナダなどだ）。それに先立つ政治体制は王政、一党独裁など、各種の専制主義だ。過去半世紀では、共産党による一党支配や植民地支配から脱する国の波がさらに高まり、少なくとも名目上は民主主義になった。

でも民主主義を作り出すのは、王室を打倒したり、独立を宣言したり、選挙をしたりして、スイッチを入れれば済むような簡単なものではない。本当に競争的な選挙が容認される場合ですら、政党が確立し、意図通りに機能するようになるまでには時間がかかる。新民主政権の有権者たちは、民主主義以前の過去から受けつがれた政党しか選択肢がないことも多い。そうした政党の基準、目的、仕組みは、その国の新しい民主主義への取り組みに対応するだけの補正を経ていないことも多いのだ。近年では、政治体制の変化と、それに対応する政治的な現実のシフトとの間に、かなりの時間差があることを示す実例が大量に見られる。一例がモザンビークだ。そこでは、同国独立後の16年にわたる内戦の両サイドを代表する二大政党は、正規の民主主義ルールの外で活動するのに慣れてしまった。1992年に内戦が終わってかなりたってからも、両党の指導部は非公式の交渉を（有権者に隠れて）続け、ときには意見の相違を解決するのに、議会での審議ではなく武力紛争を使うぞと脅した。一度ならず、両党の間の煽るような政治レトリックで、同国は内戦寸前となった。名目的には民主国ながら、同国は政治的に不安定なままだし、二大政党はどうも部分的にしか民主主義を受け入れていないようだ。支配政党は、2014年という最近ですら不正選挙で糾弾されている。だからモザンビークは民主国に分類されてはいても、その制度は脆弱で、多くの点でまだ機能不全だし、これは反汚職活動も含む。2016年初頭に『エコノミスト』誌が指摘した通り、同国はいまだに「汚職と紛争の中でもがいている」[8]。

別の事例がブラジルだ。ここでもまた、公式の政治制度は変化したのに、政治的な活動を行うための伝統的な――つまり非民主的な――やり方がいまだに残っている。1985年の民主化後も、軍事独裁時代に権力を握っていた政党や政治家たちが10年にわたり支配を続け、専制主義後の改革活動を邪魔してきた。特にこれは、地方部や北東部の低開発地域で顕著で、そうした地域では旧政権の政治家たちが恩顧主義や地元利益誘導などにより、政治支配を維持し続けている。同国のこうした地域では、貧しい有権者は従来の政党に忠実であり続けたが、２０００年代に、貧困と必要性についてのもっと客観的な、数式に基づく手法による便益を提供するような社会政策が、従来の利益誘導にとってかわったことでそれがおさまった。それでも、北東部ではいまだに投票買収、恩顧主義、選挙不正が横行している――そしてまた、伝統的な政治エリートたちに驚くほど忠実なことも多い貧困有権者も多数残っている。

こうした例は示唆的だ。政権変化が起こり、新しい政党が政権の座につくと、その最優先課題は通常は汚職を減らすことではない――それが公約の一つだったとしても。以前の政権政党やエリートたちは、民主化後もその地位を利用し続ける。政治家だけでなく、官僚たちもまたこれまでのやり方に慣れていて、それは政府財産を盗んだり、賄賂を要求したりといったことも含まれる。彼らの行動を変えさせるためには、新しい監督、監視、処罰の形態を導入する必要がある。こうした変化は一夜にして実現できるものではない。政府の掃除には時間がかかる。反汚職方針が得票につながることを候補者たちが――願わくば――学習するには、選挙が何度も必要だ。制度政治変化と汚職との関係を分析する研究者たちは、１、２年で影響が見られるものと想定することが多すぎた。これは、なぜ彼らが民主主義と汚職との間に負の相関を見つけられないことが多いのかという説明になる。民主的なやりかたが確立するまでには長いこと――実際には数十年も――かかるのだ[9]。

最後の例として、メキシコを考えよう。ここでは有権者が２０００年にやっとＰＲＩを大統領の座から排除した。それまで70年にわたりＰＲＩは大統領府をずっと押さえ続けてきたのだ。政権に新たについた国民行動党は、前政権の悪名高い汚職を減らそうなどという様子はまるで見せなかった。そして10年後――大統領府の政党は何度も変わったが――メキシコの汚職は相変わらず猖獗《しょうけつ》を極め、組織犯罪はさらに悪化している。メキシコの有権者たちがこうした問題の存続に抗議し続けても、ほとんどの政治家たちは国民の懸念などどこ吹く風だ。もう一度図7・2で、メキシコの場所を見て欲しい。メキシコはその所得階層の中で、民主国として最も汚職の多い国の一つだ――しかもこれは、10年以上もまともな民主主義支配が続いた後の話だ。いまだに、汚職の一掃を中心的な政策公約に掲げたメキシコの政党は一つもない。

だが変化はメキシコにすらやってきている、と願いたい。２０１５年に、同国国会は、新しい反汚職法制を可決した。これは特別検察官がこの問題に取り組むことを認め、反汚職活動を統括する特別法廷を設立している。これまでの15年で、既存エリートは本気で汚職に反対などしないのがわかっていたので、新しい職員を配置した新しい制度機関の設立は、新しい期待を生み出した。汚職に手を染めていない新世代の政治家たちも台頭しつつあり、その一部はメキシコの頑固な中産階級が願う、反汚職や反犯罪という課題に取り組みつつある。メキシコの新生民主主義が追いつくにはまだ何十年もかかるかもしれないが、反汚職政策が成功を見せ始めるだろうと考えてもよさそうだ。

7.4 党派的な競争は汚職を減らすか？

前節で論じたように、民主政治制度や選挙が汚職を撲滅できない理由の一つは、それが自動的には汚職に取り組める／取り組みたい政党や政治家をすぐに生み出したりはしないことだ。

この節と次節では、汚職を減らすにあたり政党と選挙での競争が果たす役割をもっと細かく検討しよう。時間をかけても、選挙での競争が政府の正直さを高めるという保証はない。これはずいぶん驚きだ。というのも競争的な選挙の中心的な狙いの一つは、まさに政府のパフォーマンス改善だからだ。

競争の有益な影響についての直感的な理解は、市場の比喩を使ったものだ。競争が増えれば「消費者」の求めるものも増えるはず、というわけだ。なぜこの例えがしょっちゅう外れるかを理解するには、政党がどうやって政策の優先度を決め、議席向けの候補者を選ぶかを理解することが重要となる。実際に汚職を減らすためには、少なくとも一つの政党が、統治改善を約束する候補者を擁立しなければならない[10]。通常、これをやるのは野党となる。というのも政府のリソースに手が出せず、したがってそれを懐に入れたり配分を歪めたりできないのは、野党の方だからだ。この野党は、いったん選出されたらその公職者たちが、追い落としたばかりの政党の蛮行に退行せず、自党の反汚職路線を守るようにしなければならない。だが汚職への退行は大きな誘惑だ。政党をまとめるためには、低位の役人が汚職を続けるのを容認しなければならないかもしれない――そうでないと彼らが旧政権党に寝返りかねない。加えて、新与党は袖の下を使って公共契約を確保する事業者に囲まれているかもしれない。こうした事業者たちは、賄賂を払わない企業からの競争に対して自産業を囲い込みたがる。だから企業は、それまでは清廉な政党に対しても、汚職を促進させる強い勢力になりかねない。そうした企業は、巨額の賄賂を払い、党員たちがとても拒否できなくしてしまうのだ。反汚職の旗印を掲げて権力を握った政治家は多い――でも多少なりともまとまった期間にわたり、その約束を遵守し続けられる人はほとんどいない。

善意の党指導部は、どうやって汚職撲滅を実現するのか？　有権者に対して、汚職をなくすのが彼らの利益になると説得することで、市民とその票を買い上げる政治家との腐食性の関係を断ち切るのだ。第3章で論じたように、有権者がとても貧しければこれをやるのはむずかしい。貧困は票の買収や恫喝や利益誘導をやりやすくするからだ。その日の食い扶持を稼ぐのが精一杯なら、コメ一袋と清廉な政府を約束する候補者の約束（つまりコメなし）とでどちらを選択するかは決まっている。多少の現金の蓄えがあれば、汚職の少ないよい未来に賭けてみる余裕も出てくる。反汚職救世軍が成功するには、大きな中産階級が存在するまで所得が改善しなければならない。そういう市民は、政治家が有権者に見返りを提供し、その有権者が汚職を行う（そしてその資金で再び汚い選挙をする）公職者を選出するという、継続中の均衡に有権者をはめてしまうような誘惑を断るだけの財力があるからだ。

でもここに落とし穴がある。中産階級の有権者たちは（あらゆる有権者と同じく）汚職は嫌いだが、まさに中産階級であるからこそ、公共部門があまりに非効率で利益誘導まみれで腐敗していたら、民間市場で財やサービスを買うだけのお金も持っている。これは腐敗政治家からの独立をもたらしてくれるが、皮肉なことに、おかげで中産階級はそもそも公共リソースを使用しないだけの余裕をもたらすのだ。すると、彼らの反汚職へのこだわりも薄れてしまう。中産階級は、政府が水道や保健、教育といったサービスを提供するという約束は満たしてほしい――しかもそのために有権者が個人的なコネを使ったり、役人に袖の下を贈ったりせずにすませたいとは思う。でもまともな反汚職政党がなければ、中流階級有権者たちは、貧困者たちに比べて公共セクターをそもそも相手にせず、反対の声をあげるよりは政治をあっさり無視してしまえる。抗議を組織するのはむずかしく、あまり効果もないから、多くの場合はあっさり退出するほうが簡単なのだ[11]。

十分に大きな中産階級が発達し、反汚職、反利権抗議が維持できるだけの財力を得れば、野心的な政治家たちはこの要求に応えるだけの政治キャンペーンを打てるかもしれない。反汚職公約をすれば、自分の候補者たちが既存政党に対抗するだけの勢いになると判断するわけだ。これは第3章でも触れた、アメリカの20世紀初頭における進歩派運動の物語だ。そしてまた、２０１５年のニューデリーで、結党からわずか2年にもかかわらず市議会で70議席中67議席も獲得して支配権を得たアーム・アードミ党の物語でもある。アーム・アードミ党は「一般人党」という意味で、市の慢性的な汚職に嫌気がさした中産階級を後ろ盾に台頭した。また同党は、裕福なインド系アメリカ人からの寄付金も受けた。彼らは汚職や非効率のないインドに帰国したいと熱望していたからだ。権力を握ってから、同党は市の公共サービス提供における汚職撲滅に向けた政策を打ち出し、中産階級の地元政府に対する支援を取り戻そうとしている。

アーム・アードミ党の反汚職活動がどこまで続くかは、まだ見極めがつかない。でもその出だしは有望だ。ただしもっと大きな教訓としては、党派的な競争それ自体では、政府を清廉にするには不十分なことが多いという点がある。実は高汚職／低所得の環境だと、政治的な競争は汚職をかえって悪化させかねない。だれが最も効率的に統治できるかで競争するどころか、政党はどん底への競争に乗り出し、票の買収、贈賄、袖の下で相手を上回ろうとするかもしれない。ムワキ・キバキを権力の座につけた2002年のケニアの選挙では、ある調査によると有権者の3分の2は複数の政党の代理人から接触を受けて、票を買おうと持ちかけられたという。『ニューヨーク・タイムズ』は、ある農民の「NARC〔国民虹連合・ケニア〕の代理人がバス停で私を呼び止め、誰に投票するつもりかと尋ねました。KANU〔ケニア・アフリカ民族同盟〕だと答えたら、500シリングで票を買おうと持ちかけたんです」という言葉を引用している。男はこの賄賂（当時の価値で6ドルほど）を断り、もっとよい申し出を待ったという。(12)

これは悪い均衡だ――公職候補者たちですら、こんな均衡にははまりたがらない。高価だし、いったん選出されたら次の選挙資金を貯めるため、汚職をせざるを得なくなってしまう。だが一部の候補者が票の買収に現金を使うなら、みんながそうせざるを得ない――さもないと落選はほぼ確実だ。中流階級の台頭ですら、正しいことをしたい政治家が自分の信念を貫き、汚職均衡を逃れるのを確実にはできない。政党が反汚職を掲げて競争するようなシフトをもたらすには、何か引き金が――おそらく政治システムの外の何かが――必要なのだ。

7.5 一党統治は汚職を永続化させるだろうか？

民主的政治制度が汚職にほとんど影響しない第二の理由は、競争的な選挙と複数政党は必ずしも一党支配を終わらせるわけではないということだ。これは特に州や地方のレベルで言えることだ。市民たちが複数の政党から政治代表を選出する選択肢を与えられていても、有権者たちはたった一つの政党からの候補者に投票を続けるかもしれない。野党は統治の経験がないので、代替として信用できないのかもしれない。結局、一党支配の下では、それ以外の人々は統治を実地に習う機会が持てないのだから。あるいは、初期の民主主義が弱い時代に政権を握った政党は、そのリソースを使って権力掌握力を固め、初期の民主主義指導者たちのおかげで存在する善意の備蓄を活用する。そうすることで、その党の指導者たちはあっさり先代政府を真似るだけとなり、公職を濫用して真の民主主義が絶対に根付かないようにしてしまう[13]。

だから投票所で選択の余地があったとしても、有権者たちは同じ党からの個人を選出、再選するかもしれない。もしこれが行政の長——大統領や首相——について繰り返し起きると、政治学者はこれを「一党支配レジーム」と名付ける。ある国全体が一党支配の下に入ることもある。第二次世界大戦後のイタリアでは、キリスト教民主党（イタリア語の略称ＤＣ）は、50年にわたり政治的優位を享受した。タンザニアでも、チャマ・チャ・マピンドゥジが（執筆時点の２０１６年初頭では）１９６１年の独立以来、一貫して選出され続けている。ときには、一党支配は国のある特定地域だけで起こる。一例として、１９４０年代、１９５０年代、１９６０年代にアメリカ南部で、アフリカ系アメリカ人の権利剝奪に基づいて民主党が権力を握り続けた。こうした例のすべてで、支配政党は権力掌握をますます確実にするため、各種の手練手管を弄した。

一党支配は汚職を促進したり永続化させたりするだろうか？　本章で強調してきたように、政権喪失の脅威は政治家を正直にしておくのに役立つ。一党支配がこの恐怖を取りのぞくなら、汚職は花開くかもしれない。歴史的にそうした事例は多い。特に植民地後のアフリカ諸国ではこれが顕著だ。これらの国では一党支配は20世紀後半には通例だった。汚職が蔓延していたのも無理はない。

一党政権は、政府のリソースを動員して自分の支配力を拡大拡張しようとすることもある。反対派の政治家を買収して黙らせたり、政治的な反対者たちを買収して政治に手を出さないようにさせたり、国の選挙運営に対する力を使って、さりげなく（ときには公然と）反対派有権者が投票所にこないようにしたりする。こうした腐敗した違法戦術は、一党支配を永続化させる。

皮肉なことに、一党支配が汚職を促進する一方で、政治的な競争が登場したら汚職はますます魅力的な選択肢となる――資金を獲得し、潜在的に高価な選挙戦を戦うことで反対派を追い落とすのだ。政治家が選挙費用を獲得するために自分で資金調達しなければいけないなら、選挙競争は汚職のほうにインセンティブを傾ける。民主競争のゲームに参加したばかりの野心的な政治家は、すでに確立した民主主義で存在しているような、献金者への確立したコネを持たないことが多い。キックバックは、資金調達の便利な手法だ。政治家は公共事業を受注した企業から賄賂を受け取り、そのキックバックは支援を確保すべく有権者に贈り物としてばらまかれる。全体としての結果は、党そのものが汚職にはまりこむというわけだ。

こうした形で、明示的な政治的弾圧を（それほど）行わなくても、一つの党だけが政治風景を圧倒するようになる。これを「ライト版専制主義」と呼ぶ人もいる。もしその政党が適切な相手を買収できれば、街頭に戦車を送りこんだり、政府に批判的なジャーナリストを投獄したり、政治的な反対派が公職選挙で競争するのを禁止したりする必要はない。政治支配を強化するための政府リソースの系統的な濫用に、ちょっとばかり恐怖の雰囲気を組み合わせたりすれば、反対派は政府と対決するために、同じ土俵に上がることさえできない。これは悪循環を作り出す。支配的な政党は、汚職取引からの金銭報酬を使って票を買収し、それにより権力維持の能力を永続化させるわけだ。

7.6 汚職を減らすのに適した民主主義システムがあるだろうか？

選挙は、競争的なものですら、汚職阻止にとって不完全な道具でしかない。だが民主制度も様々だ。あちこちいじる余地はたくさんある。たとえば大統領制か、議会制か、選挙区ごとに複数が選出されるのか一人が選出されるのか、中央集権型か連邦型か。本節と次節では、民主主義政治制度の中で、汚職を減らすのに有効な変種があるのかどうかを検討する。

民主国は、様々なやりかたで最高行政官を選ぶ。使われる手法は主に二つある。最高行政官（大統領）を有権者が直接選ぶ方法、そして有権者が支配政党を立法府に選出し、その党首が首班となるという、間接的な最高行政官（首相）の選出だ。

この大きなちがいの下には、憲法起草者たちが考案した無数の細かいちがいがある。たとえば、各有権者が選ぶ議員の数がちがう。一部の選挙制度（一人区制、小選挙区制）では、自分の選挙区の代表または議会議員を一人だけ選ぶ。たとえばアメリカの議会選挙はこのモデルだ。他の国は複数人区に分割されている。これはまさに文字通りのものだ。この場合、候補者たちは複数の議席――少なくとも二つだがオランダの場合など150にもなる――をめぐって競争し、有権者は候補者一覧から、議席の数だけ人を選ぶ。

政治学者はこうした各種の方式と政治的アカウンタビリティを関連づける各種の理論を考案した。これはひいては汚職との関連を示す理論にもなる。たとえば、選挙区の規模を拡大すると汚職は減るかもしれない。公職を巡る競争が激化するからだ。だがもちろんその正反対も十分に主張できるだろう。選挙区が小さければ、政治家が個人的な説明責任を負わされるようになるのでその分汚職も減るというわけだ。

データもあまり役に立たない――証拠は政治学者ダニエル・トレイスマンの表現では、せいぜいが「脆弱」で、[14] しばしば矛盾している。ある国際研究は、汚職は議員内閣制のほうが少ないと論じる。別の研究群は――こちらも国際研究を使い――その正反対を論じる。つまり大統領制のほうが汚職が少ないというわけだ。選挙制度の他の側面に関する研究も、同じように役立たずで正反対の結果を出す。そしてこれに加えて、国際分析の持つ通常の問題すべてにつきまとう問題もある。たとえば中南米の政治システムは大統領制が多く、ヨーロッパ系だと首相が多い。そして中南米のほうが一般にヨーロッパより汚職が激しい。でもこれは、大統領制が中南米で見られる高い汚職水準の原因であるということなのか？　なんとも言えない。というのも両地域では他にもちがう部分が多すぎるからだ。たとえば経済発展の平均水準などだ（もちろんこれだけではない）。でも証拠に基づいて言えるのはそこまでだ。というのも国ごとの選挙制は、その国の中ではすべて同じだからで、選挙制度の変化が汚職を増やすか減らすかについて、民主制で実験するのは不可能だからだ。[15]

私たちの見方では、ろくでもない政治家はどんな政治システムにも登場するもので、汚職候補者が公職につかないようにするのが決定的に上手な正規の政治制度はない。これは、国際データではっきりした決定的なパターンがでない理由としては、確実ではないにせよ、もっともらしい理由ではある。どんな制度選択も汚職を阻止はできない。

7.7　政治が分権化すると汚職は減るだろうか？

政府リソースの決定権を、はるか遠くの首都にいる政治家の手から奪い、地元政府にその決定権を与えるほうがよいのでは、というのは直感的には魅力的に思える。基本的な根拠は――一時は世界銀行などの国際機関も支持していたもので――サービス提供の地元統制は、資金がまともに使われるように一般市民の参加を高める、というものだ。そうした資金の使途は、彼らの生活に直接的な影響を持つからだ。そしてこうした一般人――有権者も、彼らが選ぶ市井のアマチュア政治家も――は、国レベルの汚職政治家とされる人々よりもよい決断を下すはずだ、という。だから政治の分権化は、正直な有権者を地元の意思決定に関わらせることで、腐敗した全国的な均衡を破壊できるというわけだ。

残念ながら、地元政治は必ずしも国際機関の想像したような理想通りには動かない。地方分権の実験では、地元政治エリートはしばしば、横領や意図的に政治化した政治資金の誘導により、かなりのリソースを自分の懐に入れてしまう。地方レベルで政治的および経済的に強い集団は、全国版での強い集団と同じく、電力だろうと上水だろうと、道路、学校、保健クリニックだろうと、政府の提供するものを着服してしまう。リソースを自分の暮らす地域に向け、自分の親戚や自分の中核支持者たちの地域に振り向けて、本当に必要とされているところへは向けない[16]。こうした知見は、どうして地方分権と汚職との間に、増減どちらの方向にも決定的な関係が見られないのかを説明してくれる。

地方分権から汚職に到るつながりを検討する際に生じる、細かい話ややこしい部分を浮き彫りにするのは、プラナブ・バーダンとディリップ・ムーケルジーの研究だ。この2人は政府プログラムに関するデータを20年にわたり、インドの西ベンガル州の地方村落89ヵ所について入念に集めた[18]。これらの村落は、極度の広範な貧困と、すさまじい格差が特徴だった。著者たちは、各種の貧困削減プログラム、たとえば雇用促進、農業支援、銀行融資などでだれが得をしたか検討した。そして村落の中では、貧困者は自分が得られるはずの財やサービスを受け取っていることがわかった——たぶんこれが小コミュニティで、政府便益の分配がきわめて目に付くものだったからだろう。だから地元政治家たちが、貧困者の権利を奪うのはむずかしかっただろう。だが村落集団を比較すると、地元政治エリートは貧困世帯やその他不利な点のある世帯が少ない村落に便益を誘導した。バーダンとムーケルジーの解釈は、村落の間の分配は住民の目に付かないところで活動する地元政治家が実施したものであり、彼らはその地位を利用して、便益を貧困者の多い村落ではなく、自分のお気に入りの村落に振り向けたのだろうというものだ。学者2人はさらに、政府プログラムを単純な数式に基づいて配分したほうが――中央政府の官僚ならそうしただろう――地元政治家に決定権を渡すよりも公正な結果になっただろうと論じている。[19]

首都の政治家たちと同じく、地元選出の公職者たちも地元有権者にバレにくい手法を使い、汚職を永続化させるかもしれない。たとえば道路が適切な建材で作られているか、あるいは建設業者がピンハネしているかどうかを見極めるのはむずかしい。同様に、有権者は手抜きの学校建築と、高質な建設方法で建てられたものとを簡単には区別できない――わかるのは学校がボロボロになってからだ。目に付く配分は、予想にたがわず意図通りに分配される公算が高い。もし地元政府が現金の束を受け取り、それを社会の最貧層に配れと言われて、だれが最貧層世帯かみんな知っていれば、その現金が意図された受け手に届く可能性は高い。だが有権者としては、自分の村が政府便益を公平に受け取れているのか、それとも同じ選挙区の他の村落――ただし現職政治家を支持する有権者の多い村落――のほうが多くもらっているのかについて、なかなか判断しにくい。ときには、有権者に対して本来どれだけ受け取れるはずだったか情報提供するだけで問題は解消する。これは特に、有権者たちが自分のもらえるべきものについてそれまで知らない場合に有効だ。[20] だがそうでないことも多い。というのも政治家たちは公職を実にがっちり掌握しているので、選挙での報復など恐れるまでもないからだ。

地方部への権限移譲が悪いことだなどと言いたいのではない（ただしそうなる場合も多い）。でもかつて期待されたような、汚職に対する特効薬でないのもまちがいない。

7.8 任期制限があると汚職は制限されるのか——それとも悪化するのか?

政治家のふるまいや業績を改善させるための、慎ましい提案の一つが任期回数の制限だ。任期の制限は、新しい人々を公職にまねき入れる——影響力の買収や汚職に役立つような、コネやつながりをまだ発達させていない候補者が出てくるわけだ。任期制限を正当化する議論のほとんどは、経験豊かな政治家は、役職の濫用や誤用にも経験豊かだという議論からきている。

だが反対の議論もある。任期制限の問題は、政治家たちが再選を心配せずにすむようにしてしまうということだ。制限がなければ、再選を心配する政治家は、汚職などのご乱行を控えようとするかもしれない。現職を維持したいという願望は、政治家たちが私腹を肥やすよりも人々の利益を考慮するよう促進する可能性が高いのではないだろうか? どちらの効果のほうが強いか——新鮮な腐敗していない人々の定期的な流入か、長期にわたり務めてきた政治家たちが責任あるふるまいをするためのインセンティブか——は最終的には実証的な問題となる。

この問題に関する証拠はわずかだし、結論ははっきりしない。信頼できる研究は二つあるが、その結論はまったくちがう。どちらも市長の業績に注目する。一つはブラジル、もう一つはイタリアについての研究だ。片方は、経済学者クラウディオ・フェラーズとフレデリコ・フィナンによるもので、任期が2期しかないブラジルの市長のふるまいを検討した。[21] フェラーズとフィナンは自治体による連邦資金の使途を監査する反汚職プログラムの結果を活用している。それによると、第1期の市長たちは、再選が禁止されている第2期の市長に比べ、リソース誤用が27％少なかったという。研究者たちは、これは第1期に私腹の肥やし方について政治家たちが経験を積んだせいだとは考えにくいと述べる。もしそうなら、かなりの政治経験を積んで第1期にやってくる市長たちは、すでに着服が上手なはずだからだ。だがそういう様子は見えない――一期目の市長たちは、それ以前の政治経験とは関係なく、資金の誤用が少ないのだ。

イタリアの経済学者デチオ・コヴィエロとステファーノ・ガグリアルドゥッチはほぼ正反対の結論を出している――彼らによると、イタリアの市長の任期数が長ければ長いほど、調達で支払われる価格はますます高くなり、地元企業に受注させる率も高まるのだという。[22] 彼らはこの証拠を元に、「任期が長くなれば、それだけ政府高官と少数のお気に入りの地元業者との野合がますます増える」と結論している。ブラジルでの結果とはちがい、コヴィエロとガグリアルドゥッチはイタリア市長が入札で過大な支払いを行うかどうかは、任期制限にはまったく影響を受けないとしている。

この二つの研究は、政治改革についてきわめて一般的な論点を示している。制度変化に便益だけあってコストなしなどということは、めったにない。任期制限はまちがいなく便益を持つ。選出された公職者のローテーションを強制するからだ。だがコストもある。再選インセンティブがもたらす規律を減らすからだ。どうして「選出規律」の効果がブラジルでは強く、「新顔」効果がイタリアでは強いのか？　この問いに答えるには――そしてもっと広く、任期制限の是非を考えるには――政治制度の間の複雑な相互作用について、現状よりも深い理解が必要となる。

7.9 選挙資金規制は汚職を減らすか？——それとも増やすか？

公職者がキックバックを受け取ったり、政府資金を着服したりするのが、再選費用の捻出のためであるなら、選挙資金を制限したり規制したりすることで、こうした違法な手口を抑えられるかもしれない。これは選挙資金規制の理由としてよく挙げられるものだ。たとえば法学者ローレンス・レッシグなどは、選挙資金改革をテコ入れしないと政治におけるお金の腐敗的な影響は減らないと述べる。

選挙資金規制のややこしさは、しばしば議論の中で見失われてしまう。選挙資金といっても、様々な寄付者がいるし寄付水準も様々だ。外国の利益団体から政党への献金の禁止、労組からの献金禁止、企業からの献金禁止、政府との契約関係にある企業からの献金禁止、部分的に政府が所有する企業からの献金禁止、個人献金の上限、候補者や政党に対する公的資金、票買収の禁止、献金の制限、財務開示義務などがある。世界中のほぼあらゆる国は、票の買収や、国のリソースを特定政党や候補者のために使うのを禁止している。[23] きわめて腐敗した国では、こうした禁止はあっさり無視される。同様に、政党はきわめて腐敗したところも含め、ほとんどの場所で財務を開示しなくてはならないが、政党が公表する文書は不完全だったり、歪んでいたり、不正確だったりする。最後にほとんどの国では、少なくとも政党に対するある程度の公的資金の提供についての規定が存在し、メディアへの無料または補助金つきアクセスも得られる——だがこの資金は十分にはほど遠いのが通例だ。

他の点では比較的清廉な環境でも、選挙資金法を厳しくすると逆効果になることもある。第5章で述べた、ドイツキリスト教民主同盟の違法選挙資金調達関与を思い出そう。ドイツは一般に、世界で最も汚職の少ない国の一つとされる。ドイツ国民は医者にかかるのに賄賂は不要だし、警察は通行車両から賄賂を巻き上げようとはしない。そしてドイツで政治キャンペーンを行う費用は国際的に見れば低いながら、同国のきわめて厳しい選挙資金規制のおかげで、一部の政治家は合法的な政治資金を袖の下献金で補おうとする価値があると考えるようになった。同様に、イタリアで１９９０年代初頭に起きた大量の汚職が明るみに出たときも、違法な選挙献金が濫用されていた。こちらの場合、公的企業による政治献金を禁止した１９７４年の法律が、多くの議員にとってバランスを転覆させ、新法のもとでは違法献金となるものを喜んで受け取るように仕向けたのだった。１９７４年以前の法律では合法だった献金を行う企業は、１９７４年以後もそれを続けた。おそらくは、政治家への影響力とアクセスを維持したかったのだろう。それが新たに違法となったため、こうした献金はそれを受け取った政治家を犯罪者にしてしまった。

つまり選挙資金規制の弱さは、それを監視して施行しなければならないということだ。比較的遵法的な政治体制ですら、これは違法献金の容易さのため、なかなかむずかしい。腐敗した環境では、実質的にこれを施行するのは不可能だ。別に選挙資金改革がお門違いだとか、不要だとか言いたいのではない――単に選挙活動は高価だし、高くなる一方だということだ。どんなルールを設けても、お金はあの手この手で政治に染みこんでくる。制限を厳しくした結果が汚職については実際問題としてどんなものになるのか（そもそも影響があるのか）を考えるのが重要だ。

本章の議論を全体として考えると、私たちは民主的な政治制度を好むけれど、別にそれが必ずしも汚職を抑えるのにとても有効だからではない。適切な競争的政党と適切な政治家がいれば、民主主義は——特に富裕国では——汚職への対処もだんだん効果的に行えるようになるらしい。だがそこにある民主政体の細部がどうあれ、有権者はこうした改善を実現する中心的な役割を果たす。次章では、この役割をさらに詳しく検討しよう。

第7章で学んだこと

◎選挙の説明責任が政府汚職を抑えるはずだというもっともらしい議論にもかかわらず、全体として民主国のほうが非民主国より汚職が少ないという証拠はない。

◎専制国での汚職の度合いは大きく幅がある。専制者が享受する、統合された政治権限のため、気が向けば汚職取締も有効に行えるが、腐敗しようと思えば着服も簡単にできる。

◎公選職を巡る政治競争は、政府の質を改善するインセンティブをもたらす。だが逆に候補者たちが、票の買収で競争しようとしたり、腐敗した手段を通じて選挙に勝とうとするよう仕向ける可能性もある。

◎民主国の中でも制度的なちがい（たとえば大統領制か議会制か）と汚職との明確な関係は見られない。

◎政治・行政の地方分権化は、政府の決定と有権者との関係を密にするので汚職を減らすとされることが多い。実際には、これは成立しないようだ。地元指導者たちもまた、地位を利用して私腹を肥やしたり再選を確保したりするからだ。

◎任期制限や選挙資金改革は汚職の大幅な削減をもたらすとは期待できない。それどころか、どちらも逆噴射しかねない。任期は政治的アカウンタビリティを減らしかねず、選挙資金改革は候補者に違法な資金源を探すよう強いかねない。

第8章

国はどうやって高汚職から低汚職に移行するのだろうか？

世界の裕福な民主主義国はすべて、比較的正直な政府を持っている。だが百年、二百年前にはちがった。当時はいまの民主国も、今日の貧困国政府と似たり寄ったりだった。それがどうやって変わったのか？　国は高汚職均衡をどうやって逃れるのか？

本章では、こうしたシフトが起こる三つの方法を検討しよう。有権者が立ち上がって変化を要求するとき、外部のアクターが政治システムに介入して変化を強制するとき、政治指導者が自らやる気を出して変化を導入するとき。これから見るように、有権者は外部環境が変化して現状が揺らぐときに立ち上がることもある。だがそれぞれの変化についてちがう話ができる（次章ではこのプロセスを後押ししたり、もっと段階的な改善につながったりする具体策に目を向ける。本章では、国がどういうふうに変化するのかというもっと記述的な説明を行い、処方箋には触れない）。

主に有権者の役割に着目しよう。まずは人々がなぜ汚職政治家を何度も再選するのか、という各種の理由を検討する。それから、有権者が集まって新しい政治家に支持を結集させ、古い汚職政治家を公職から追い落とした珍しい事例の詳細を述べる。この事例研究は、１９９０年代初頭のイタリアの汚職政党崩壊という驚異的な出来事についてのもので、民主主義での汚職打倒に有権者が果たせる役割について、もっと一般的な教訓を与えてくれる。

8.1 どうして有権者は汚職政治家を再選するのだろうか？

汚職国の有権者たちは、その状況に満足しているのだという誤解がある。だって、不満があるなら別の政治家を選ぶんじゃないの？

この見方はほぼ確実にまちがっている。これは第5章で示した研究から読み取れる通りだ。世界中で、ほとんどの人は汚職が大問題だと思っている。

でも政治スキャンダルに名を連ねた政治家でも、当選するし再選される。[1] イタリアでは40年以上にわたる期間に、有権者たち（ちなみに2014年のユーロバロメーター調査で97％が、収賄贈賄は決して容認できないと述べている人々だ）は違法取引で捜査されている議員を何百人もずっと選出し続けた。これは1994年に政治汚職の重みで党システムが崩壊するまで続いた（これについては本章の後のほうでまた触れる）。インドでは、刑事犯罪で起訴されている候補者のほうが、州や連邦の立法府に選出される確率が、起訴されていない人よりも高いのだ。

汚職の少ない（トランスペアレンシー・インターナショナルの腐敗認識指数に基づく）国である日本でも、汚職で起訴された議員はかえって票を増やしている。1947年から1993年に汚職で起訴された議員の62％が再選されているのは、他に説明しようがない。田中角栄の例を考えよう。彼はキャリアの初期に、炭鉱利権絡みの収賄で監獄送りとなった。それでも日本で支配的な自由民主党の中で出世して、何度か閣僚になり、1972年には総理大臣になった。怪しげな土地取引の疑惑でその2年後に辞職を余儀なくされた。1976年に現職議員として、田中は首相時代に、日本の航空会社との契約を斡旋するかわりに180万ドルの賄賂を受け取ったとして糾弾された。刑事罰が確定すると田中は上告し、1983年には空前の得票で議会に再選された。そして、賄賂を明らかにした連中の鼻を明かすためだけに、議会の倫理審査会に自ら着任したのだった。

汚職候補者を支持したがるのは、イタリア、インド、日本の有権者に限ったことではない。アメリカのウィリアム・ジェファソン議員――FBIが冷凍庫から9万ドルの札束を押収したことで悪名高い――もまたわずか1年後に再選された。実はワシントンの議員は汚職捜査の最中でもしょっちゅう再選される。他にもいろいろある――悪行に関わった政治家は、データのある世界のあらゆる国で、再選される可能性のほうが高いのだ。

もし有権者が汚職嫌いなら、なぜそんな悪漢たちを追い出さないんだろうか?

明らかな説明の一つは、有権者には汚職よりも重視する政治的な課題があるというものだ。党派やカースト、民族に基づいて投票したり、汚職の度合いが少ない対立候補よりも、汚職候補のほうが賢かったり有能だったりすると考えて投票するかもしれない（日本の田中角栄が1972年に総理大臣になったときには、史上最高の人気で当選した。だからおそらく有権者は、汚職への関与以外の点で彼を高く評価したのだろう）。あるいは有権者は、現職者が在職中にどれだけよい仕事をしたか評価して、政策パフォーマンスが十分によかったから、汚職があったにしても目をつぶることにする場合もある。経済が好調なら、有権者は個別政治家の悪行やまちがいについて寛容になりがちだ。

有権者の観点からすると、汚職政治家がそこそこよい仕事をしているという感覚は、少額の賄賂（および巨額の政府支出）を支持者たちに振り向けてくれたという事実で強化される。利益誘導が蔓延すると、汚職も蔓延しやすい。そして違法な取引がどうあれ、こうした政治家たちは政治の仕組みについて経験豊かだ。

ではこれから、有権者が本当に不正直な候補者より正直な候補者がいいと思っていても、汚職政治家を再選させる理由として、広く2種類の追加説明――「情報」と「調整」――に注目しよう。これらは上で述べた「他に重視する点がある」という説明よりは自明ではないけれど、その重要度は同じくらいだし、ひょっとすると改革者にとってはずっと役に立つかもしれない。

8.2 有権者が汚職政治家を再選させるのは情報不足のせい？

有権者は、ある議員が悪行で起訴されたり有罪になったりしても、投票時にはその汚職を知らないかもしれない。他にやることがあるので、政治なんかに関心がないかもしれない（これは市民が汚職政治家に失望すればさらに悪化する）。たとえば平均的なアメリカ人は、上院や下院で多数派の政党がどちらかを知らない。政治的な問題についての無知は、これを見るとかなり広がっているようだ。汚職ニュースの多くは、新聞の奥のページに埋もれてしまうのかもしれない。そして世界の多くは、政治代表者が何をしているのか知りたくても、毎日ニュースが見られるわけではない。これは字が読めず、電力アクセスも限られている何億人もが置かれた状況だ――それがあっても、ニュースを見るためのテレビがない。ラジオや、今日であればケータイを通じてニュースを見ることはできるかもしれない。でも多くの貧困国では政府がメディアを支配しているので、政治的な不正は報道されない(4)。政府自体がメディアを所有しない場合でも、一握りの家族所有企業が支配している場合が多く、その家族は政権とぬくぬくした関係を築いている。

有権者の希望と汚職なしの政府の現実との間に立ちはだかるのが、よりよい情報というだけなら、彼らに議員たちの実績についての事実をしっかり教えてあげれば、問題解決にかなり役立つはずだ。でもこれについての証拠は驚くほどはっきりしないのだ。

ある研究は、経済学者クラウディオ・フェラーズとフレデリコ・フィナンによるもので、情報が投票行動を変えるにあたり果たすかもしれない潜在的な役割を明らかにする。[5] フェラーズとフィナンは、ブラジルで自治体の汚職を明らかにするためにルイズ・イナシオ・ルラ・ダ・シルバ（有権者にはルラと呼ばれる）が実施したプログラムに注目した。これはランダムに都市を、全国反汚職機関であるコントロラドーリア＝ヘネラル・ダ・ウニアオ（CGU）の監査対象として選ぶというものだ。CGUは、都市の選択そのものが腐敗していないようしっかり確認した。選定は、全国にテレビ放映された抽選で行われた。数字のついたピンポン球（それぞれの数字はブラジルの自治体5570ヵ所に対応）が透明なプラスチックの球の中ではねまわり、やがて一つが落ちてくるという光景を想像したら、だいたいそんなところだ。メディアも、一般市民もそこにいて、それぞれの自治体の数字がくじ引きに投入され、だれも玉を操作してどこかの自治体が監査逃れできないようにした。

いったん選ばれたら、その自治体は連邦が移転した資金が地元政府に適切に使われたかを検査する査察官12人をCGUから受け入れる。査察官は主に、不正や怪しい調達慣行を探す――病院や学校の備品の過剰発注、公開入札なしの契約、露骨な着服。フェラーズとフィナンは査察官が暴いた悪質な例をいくつか挙げる。ある会社は建設業務の実績がなかったのに、推定費用の5倍を支払われて9キロの道路建設を行った（この会社はその業務をあっさり土建会社に丸投げし、その契約金額の150％以上を利潤として懐に入れた）。一度も納品されない薬に対して10万ドルを超える支出が行われた例もあった。他にもいろいろある。

こうした報告はまとめられ、インターネットとメディアを通じて発表された。376ヵ所の自治体では、こうした監査の結果は2004年10月に全国で行われた地方選挙の1年前に発表された。査察官たちが特に不適切な部分を見つけなかった自治体だと、現職政治家たちが監査のなかった自治体よりも高い率で再選されたことをフェラーズとフィナンは示した。この監査により、有権者に対して指導者たちが正直だということが明らかになったわけだ。だが複数の汚職事例が見つかった地域では、現職者再選の確率は、監査なしの自治体より17%低かった。違反が三つ以上だと、再選確率は34%下がった。

他の証拠から見て、こうした結果は監査とそれに続く情報キャンペーンのおかげだ。まず、影響は監査結果を伝える地元ラジオ局のある町で強く出た。第二に、汚職そのものの役割と、汚職情報の配信の役割とを区別するための自然「対照」群が存在する。300件近い監査は、2004年選挙直後の半年間で行われた。この遅い監査から出てきた汚職曝露は、投票を終えるまでに有権者に明らかになっていない。こうした選挙後の監査報告の場合、査察官たちが明らかにした汚職は、現職市長の選挙戦績にはまったく影響しなかった。これは、もし監査報告が有権者にとって有益な情報を提示していたのなら、当然期待されることだ。

これは改革を志す人々にとっては魅惑的な結果だ。情報が人を自由にする！　だが投票選択に情報が与える影響についてのその後の研究は、結果が分かれている。一方では、インドで行われた5000人規模のアンケート調査で、仮想的な政治候補者たちが提示され、有権者たちは所属政党、民族、犯罪歴といった性質に基づいてそれを採点してくれと言われた。まあ意外というわけでもないが、有権者たちは前科のない候補者を好んだ。[6] こうした結果は、フェラーズとフィナンの結果と整合しているが、仮想的な選択に基づいたものだ――これを見ても、本当の選挙で有権者がどうふるまうかは必ずしもわからない。

メキシコのハリスコ州における実際の選挙を見ると、まったくちがう、かなりがっかりする結果が出た（この研究については第4章でも採りあげた）。[7] ここでは、現職者の汚職に関する情報キャンペーンは、投票率の激減をもたらしたが、現職の得票率は変わらなかった。つまり、選出した公職者が犯罪者だと告げるのは、どうやら政治家たちが不正直だという疑念を裏付けただけだったのだ。この結果は、身動き取れない状況を作り出す――有権者に、汚職政治家についてよく考えて投票しなさいと告げると、彼らは不信感が強まりやる気を失うだけで、そもそも投票しなくなってしまうこともあるのだ。後押しすべき明らかに正直な対立候補がいないと、有権者に政治家が腐敗していると告げるのは、がっかりさせて気力を失わせるだけだ。

こうした（そしてその他の）結果を見ても、有権者が情報にどう反応するかについて何らかの結論を出すにはほど遠い状況だ。さらに、相当部分はおそらくその情報源にもよるだろう。有権者にとって、信用できる情報源もあれば、そうでない情報源もあるのだ。ブラジルの情報キャンペーンの研究によれば、政治候補者を汚職で糾弾する報告が別の政党から来た場合には、中立的な連邦監査から出てきた場合に比べ、有権者たちは報告について懐疑的となる。[8] これは十分に根拠があることだ。現代政治キャンペーンの汚い手口から考えて、どれが対立候補による濡れ衣で、どれが不正に関する正直な報告なのか、誰にわかるだろうか。ひょっとすると、フェラーズとフィナンの研究したブラジルの監査がとても成功したのは、情報が尊重された政治的に中立の監査機関によるものだったからかもしれない。そして明らかとなった違反が、単一の怪しい地元政治家とはっきり結びついているからだったかもしれない。こうした懸念を見ると、有権者の無知を解消するというのが、情報ビューの支持者が期待するような万能薬ではないことがわかる。だれが情報を提供するのか、有権者が選挙での代替候補をどう評価するかもまた、細やかな形で効いてくるのだ。

8.3 どうして有権者は調整しないと汚職政治家を始末できないのだろうか？

民主主義では、どんな有権者もたった一人では、投票で汚職をどうにかできたりはしない。腐敗した現職者を追い落とすには、有権者たちは選挙行動を対立候補——腐敗していない候補者——へと調整させねばならない。

この場合、調整というのはどういう意味だろうか？　ここでは、この用語をある特定の意味で使っている。つまり、他人が選ぶ行動（自分の行動を補うものもある）に関する知識や信念に基づいてある個人が採用する特定の行動、という意味だ。本書の序章で、どういう行動をするかという決断が、他人がどうするか次第で決まるという状況について、条件つき行動（contingent behavior）という用語を導入した。ここではもう一歩進めて、他人が知っていることについて自分が何を知っているかを条件とした行動を考える。これがややこしい、わけのわからない概念に思えるなら、具体例を挙げると役に立つだろう。自分がエジプトの革命家予備軍だったとしよう。ムバラク政権に抗議するため、タハリール広場に行こうかどうか迷っている。プラカードを掲げて兵隊と対決するのが自分一人だったら、行かないほうがマシだ。また、他の抗議者がナハダ広場に向かっているなら、タハリール広場には行くべきではない。抗議すべきか、どこへ行くべきかは、他の人がどうすると思うかによって変わるし、それはさらに、他の人々が何を知っているかについて自分が何を知っているかに左右される（つまり、他のみんながタハリール広場に出かけることをみんな知っているだろうか、それにより、みんなもタハリール広場に来るだろうか）。アラブの春の間に、抗議者たちはもちろんそうした情報流を偶然に任せたりはしなかった――インターネットを使って、みんながいつどこに集まり、政府を打倒すべきかわかるようにした。抗議活動を調整するために共有知識を作り出すべく、特定の情報チャンネルを使ったのだ。

この問題を丸ごと分析した本[9]で、政治学者マイケル・チウェは共有知識という概念が、他の不思議に思える現象をいろいろ説明できると論じている。たとえば、なぜ広告業者はスーパーボウル（アメフトシーズンの優勝戦）のときに、視聴者1人当たりでかなり高い金額をCMに支払おうとするのだろうか？　スーパーボウルは、アメリカのテレビで最も視聴者の多い番組だ。だから他の多くの人々が使わない限り価値の出ない製品を売るなら、スーパーボウル――CMも含む――を見るという年次儀式は、自社の製品が次の大ヒット商品かもしれないという共有知識を生み出すための最高の方法となる。チウェはアップル社が1984年にマッキントッシュ・コンピュータを発表したときの例を挙げる。これは当時、市場の他のパソコンとは互換性がなかった。マックを買うというのは、市場に出ている他のパソコン向けに書かれたソフトすべての使用をあきらめる、ということだ。だから、マックを買おうと思うのは、ファイルを友人たちと交換できて、それが十分に売れてプログラマーたちがマック互換のゲームやユーティリティソフトを開発してくれると期待する場合だけだ。マックをスーパーボウルのCMで発表するのは、関心ある人々すべてが、他の関心ある人全員がマックについて確実に知っていると保証するということだ。もし映画にでかける理由の一部が、他の友人たちとその映画の話ができるから、ということなら、『スター・ウォーズ』次回作のCMをスーパーボウルで流せば、みんなが同じ映画を観るよう調整するのに役立つ。(10)

私たちの場合にもっと関係ある話として、チウェの議論はなぜ純粋情報介入が、有権者の行動を変えるのに失敗しかねないかを理解できるようにしてくれる。郵便でチラシがやってきて、ある政治家の汚職や無能を糾弾しても、それを見るのは有権者1人で、他の何人が同じ情報を受け取ったのか、それに対してどう反応したのかはわかりようがない。人気テレビ番組――たとえばスーパーボウル――でのキャンペーンメッセージは、共有知識を作り出す。スーパーボウルの最中に得た情報がきわめて大きな他人のコミュニティにも共有されているのは確実だ。

腐敗した現職政治家を追い出そうとする有権者なら、この種の共有知識がきわめて重要だ。というのも、党派的な忠誠を捨てて支持者を変えるには、有権者がおそらく諦めねばならないものがあるからだ。現職を続けるため、腐敗した政治家たちは受益者集団を造り上げる――贈り物やお金で支持を売り渡す有権者集団だ。その贈答品が大したものではなくても――靴、トースター、数ドル――確実性は高まる。

有権者が直面する調整問題は、その国の政治制度にもよる。政党の候補者一覧方式選挙で、それぞれの選挙区から複数の代議士が選ばれる場合には、悪漢一人を蹴り出したところで、彼の支持者が集中している地域の有権者を処罰するだけで終わってしまいかねない。有権者はある選挙区の汚職議員を一度にすべて失職させるようなんとかして調整する必要がある。同様に、一人選挙区では、腐敗しているが政治的に経験豊かな代表者を追い出して、経験の浅い新人と置きかえるのは、有権者全員にとって不利となる、通称「処罰ゲーム」を生み出すだけかもしれない[11]。これは、経験の浅い新代議士たちが、権力の場で何もできなかったり、あるいは意図的に政府からの便益をもらえなくしてしまうという危険性を指す。

有権者の行動を変えるには、実際にはどのくらい調整が効いてくるのだろうか？　最近、ケリー・ビドウェル、キャサリン・ケイシー、レイチェル・グレナースターがシエラレオネで行った研究は、明示的に共有知識の重要性を同定しようとするものだった。彼らの成果を見ると、共有知識は市民の投票行動を変えるうえでも、実際に選出された政治家に規律を与えるうえでも、とても重要らしいことがわかる。研究者チームは市民社会組織と提携し、14の選挙区の有権者たちに、２０１２年議会選挙候補者の討論会を見られるようにした[12]。この討論会は、2種類のやり方で上映された。一部の集落では、大きな集会で上映が行われた。他の集落では、個別有権者にタブレットが渡され、討論会は各人が自分だけで見ることになった。この2種類の配信形態のちがいは、細かいものだが有意義だった。公的な場で学習すると、メッセージの直接的な内容以上のものが伝わる――他のみんなも同じ情報を受け取ったという事実も伝えるのだ。さらに、みんなで見ることにより、各人は他のみんなが討論会での様子にどう反応したかもわかる。これは、この新しい情報に対して他の人々がどう反応するかという期待形成に貢献する。

討論会で活躍した候補者たちは、住民たちに討論会を見せる手だてを何も講じなかった対照群に比べ、どちらの集団でも得票を増やした。だから有権者たちは、自分が受け取った情報を適切に評価し、それをどう投票するかという意思決定に反映させた。もっと驚くのは、討論会の活躍と、得票シェアとのつながりは、討論会をみんなで見た村落のほうが、個別に見た村落よりもずっと強かったということだ。同じく重要なこととして、見る目が厳しくなったために、候補者自身の行動にも影響が出た。討論会をみんなで見た社会では、候補者は政治キャンペーンにもっと時間もお金もかけた。これは、有権者が共有知識を持っていることがわかっている村落でのほうが、候補者は有権者たちのことを考えるようになり、彼らの票を勝ち取ろうと努力するようになったということだ。さらにおもしろいのは、ビドウェル、ケイシー、グレナースターが選挙後に発見したことだった。ランダムに選ばれて討論会に参加した選出議員は、翌年の裁量開発資金を、討論会がみんなの前で上映された村落に2倍以上も回したのだった。（開発資金というのは議員たちが、公的インフラといった経済開発促進プロジェクトのために自分の裁量で使える政府の資金だ）。言い換えると、候補者の公約についての共有知識を作り出すと、どうやら当選後も有権者の厚生に対してもっと手を打つようになるらしい。

この研究は、共有知識の約束が有権者行動を変える――そして政治家のパフォーマンスを変える――にあたってどんな役割を果たすかを明らかにしている。候補者に関する有権者の知識は、どうやら共有知識に含まれた場合のほうが、ずっと効果があるらしい[13]。

この節を終えるにあたり、社会規範の大きな変化において、共有知識こそが決定的要因なのだと明らかに示す事例を挙げよう。汚職とは関係ない事例だが、社会均衡の激変を動かすにあたり共有知識が持つ決定的な役割を裏付けるものだ。それは、19世紀末に中国で纏足の習慣が突然終わった物語だ。苦痛と不具の源だったのに、纏足は何世紀にもわたってごく一般的で、若い女性が結婚市場で成功するには不可欠だった。あらゆる親は、自分の娘にこんなに苦しく危険な処置を行うのはいやだったかもしれないが、娘の結婚見通しを脅かさずに単独で行動するわけにはいかなかった（当時は、独身を貫くという選択肢はなかった）。中国社会は悪い社会均衡にはまっていて、調整によりそこから脱出しなければならなかった。纏足とその終焉に関するゲーム理論的な分析で、政治学者ゲリー・マッキーは19世紀末の改革者たちが急速な何かをもたらした、きわめて公的な手法を強調している。改革者たちは、中国以外にそんなことをしている社会はないという事実を広報し、別の規範集合へと調整することが可能だし、そのほうが普通だと示した。改革者たちは不纏足会を作り、両親たちが公然と娘の足を縛らずにいることを表明できるようにした（また情報の役割にあわせて、公共教育キャンペーンも実施した）。あらゆる均衡シフトの場合と同じく、特に全員がシフトすれば全員が得をするシフトの場合に顕著なことだが、変化がはじまるとそれは急速に広まった。千年にわたり続いた慣行が、一世代で終わった。(14)

まとめると、理論的にもこれまでの証拠から見ても、社会政治的変化をもたらすときに調整が重要な役割を果たすことがわかる。調整された社会変化は、段階的で徐々に起こるのではなく、急速で一気に起きる。均衡が「傾き」、結果を初期状態に押し戻す圧力から逃れられるどころか、そうした圧力がむしろ新しい規範のほうに押しやるように仕向ける。もし一般人が現状を大きく変えるのに成功したいなら、どうやら共有知識を使い、活動を調整するのが解決策の一部らしい。研究者たちが将来的には、改革者たちに有権者の期待や信念を変える最高の方法について、さらなる証拠や提言をもたらし、汚職について気にする人々が投票時に何か行動に出るよう仕向けられることを祈りたい。

事例研究：イタリアの有権者が腐敗した政治階級を蹴り出した手法

有権者が見事に、腐敗政治家の階級すべてに対して不服を申し立てた現代の例として最も劇的なものは、1994年イタリアで起きた。イタリア議会下院のほぼすべてが、同国の政治エリート層全員を巻き込む壮絶な汚職スキャンダルの中で更迭された。この騒動を生き延びた唯一の既存政党は、(改名した) イタリア共産党だった (イタリアではPCIとして知られる)。同党はイタリアの万年野党であり、汚職の影響をほとんど受けていなかった。この政治風景のシフトには、様々な要因が貢献した。私たちは、中でも共有知識が特に重要だったと考える。

この例では、マスコミ――当時は政府の圧力から比較的自由で独立していた――が、他の有権者も腐敗した現職議員たちに反対しようとしているという有権者の期待を調整するのに決定的な役割を果たした。

有権者の反乱が動き出したのは、1992年2月に起きた出来事からだった。検察官たちがイタリア社会党 (イタリアでの略称PSI) ミラノ地方党首マリオ・キエーザを逮捕したのだ。キエーザの罪状は、彼が理事を務めていた政府運営の老人ホームの契約清掃会社から、わずか700万リラ (およそ4000ドル) の賄賂を受け取ったというものだった。話はそこでおしまいになったかもしれなかった。ところがＰＳＩは、自分の評判を守ろうとして、キエーザを完全に見捨てた。彼はそれが不満だった。牢屋で7週間過ごしてから、キエーザは捜査官たちに、元同輩たちの間の汚職について話しはじめ、ものの数ヵ月で司法当局は、閣僚級までずっと続く、賄賂とキックバックの複雑なヒエラルキーを明らかにした。この捜査は、マーニ・プリテまたはきれいな手として知られ、１９９２―１９９４年の任期で議席を持っていた下院議員の3分の1以上に影響した。さらには元首相６人、地方政治家数千人にも累が及んだ。ものの2年で、それまで40年にわたりイタリアを統治してきた主要政党はほとんど消えうせた。悪行で起訴されていない経験豊かな政治家がいなくなり、だれも出馬できなくなったし、もはや同じ前科持ちの候補者を立てようとはみんな思わなくなっていたからだ。

これはイタリア政治における汚職事件として、初のものなどではない。社会主義党の党首ベッティーノ・クラクシは１９９３年にミラノ法廷で証言し、「半ズボン時代から」イタリア政党の賄賂やキックバックについては知っており、そのお金は選挙戦活動に不可欠なのだと述べた。また以前のこうした事件は、イタリアの司法機関に注目されなかったわけではない。これは図８・１を見ればわかる。このグラフは、第二次世界大戦以来、それぞれの議会会期で司法当局が犯罪捜査遂行のために議会訴追免除からの除外を要求した代議士の割合を示す（当時、議員は仲間の議員たちが訴追免除剝奪を投票で決めない限り、司法捜査からは保護されていた）。キエーザ事件に到る国会会期10回を見ると、深刻な刑事犯罪で捜査を受けた代議士の割合は10～20％だ――決してどうでもいい割合ではない。第11回議会では目に見えてそれが増大している――35％になった――が、それ以前でも、戦後のあらゆる議会会期で多くの捜査が起きている。

だから有権者たちの間で態度激変が生じたのは、捜査の数が増えた直接的な結果だとは考えにくい。それまでの数十年で何百もの汚職事件は見てきたわけだし、すでに政治エリートが違法活動をしているのは知っていた。むしろ１９９２年と１９９３年に起きた訴追免除除外要求の高さは、変化の必要性に関するコンセンサスの信念を突き動かすのに貢献したのかもしれない。するとこれは、なぜ政治家がもはや一斉に防御態勢を敷いてお互いを守り合ったりできなくなったかを説明できる。１９９２年以前には、訴追免除剝奪の要求は立法府に却下されるのが当然だった。１９９２年から１９９４年にかけて、司法当局に容疑者を捜査させるのを認めたがらない議会ですら、汚職に蓋をするには不十分だった。世論の糾弾が圧倒的になってきたからだ。

１９９２年までは、悪行容疑で捜査対象になった代議士であっても、自発的に公職から退くどころか再選に挑んだ。同様に、有権者のほうも彼らを当選させた。これは再選された代議士の比率を示した図８・２でもわかる。前会期で捜査対象となったかどうかで分類した。１９８７年まで（この年に選挙制度が変わった）、代議士は再選確率が五分五分以上で、それは汚職捜査を受けたかどうかにまったく影響されなかった。

このすべてが１９９４年に変わった。この年の選挙では、捜査を受ける議員が増えただけでなく、捜査を受けたら再選確率が激減した——起訴された代議士のうち、落選しなかったのはたった15％だ。司法捜査でミソのついていない代議士すら得票は減った。おそらく世間は、もし議会が早期選挙のために解散していなければ、他の議員についても訴追免除剝奪を求めるだけの証拠を集めたはずだとにらんだのだろう。(15)

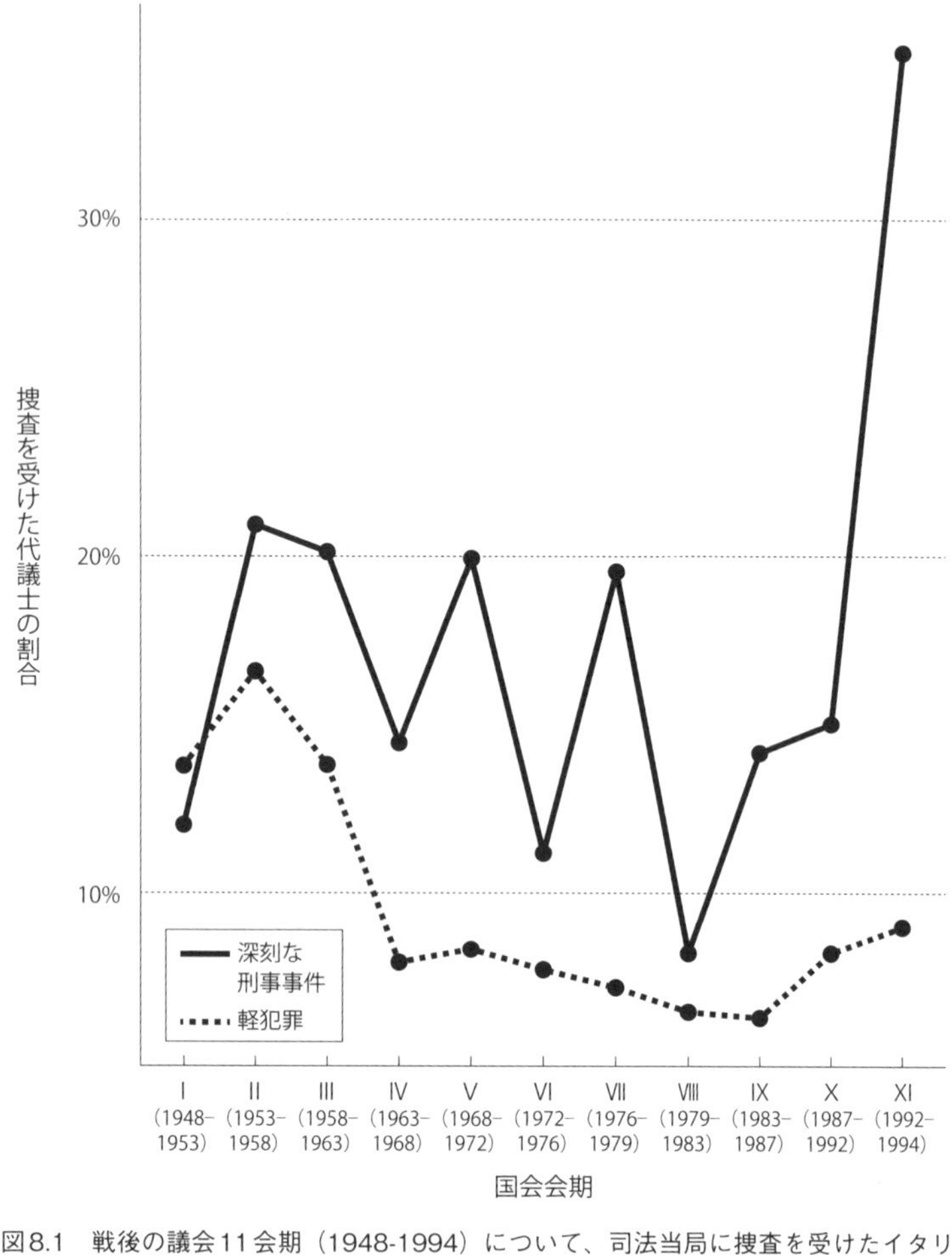

図8.1　戦後の議会11会期（1948-1994）について、司法当局に捜査を受けたイタリア代議士の比率を示す折れ線グラフ

注：軽犯罪は、名誉毀損、讒言といったもの。他のすべては刑事犯罪だ。データはM. A. Golden, Datasets on charges of malfeasance, preference votes, government portfolios, and characteristics of legislators, Chamber of Deputies, Republic of Italy, Legislatures I-XI（1948–92）. Dataverse で入手可能、http://dvn.iq.harvard.edu/dvn/dv/golden から入手。

それまでイタリアの有権者たちは、何十年も汚職政治家を容認してきた。なぜ有権者はいきなり立ち上がり、汚職政治家に対する不満を投票箱で表明するようになったのだろうか？

こうした変化を動かした要因の融合を理解するためには、１９９０年までのイタリア政治について、ある程度の背景知識が必要だ。当時のイタリア政治はおおむね、世界的な地政学により定義づけられていた。イタリア共産党がイタリア最大の野党だった。当時の冷戦状況からして、多くの有権者は野党を支持したがらず、これにより与党に投票するしかなくなっていた。多くの有権者にとってまともな政治的選択肢がないため、連合政府に完全なアカウンタビリティを求める能力も歪められてしまった。一般には政党に規律をもたらすのに役立つ落選の恐怖は、イタリアではほとんど存在しなかった。戦後の議会を支配していた二大政党、キリスト教民主党（ＤＣ）とイタリア社会党は、ますます公共事業契約における賄賂やキックバックの複雑な仕組みにはまりこんでいった。当初は、こうした違法活動の多くはイタリア南部で起きて、マフィアのような犯罪組織も積極的に関与していた。だが１９８０年代になると、公共建築におけるキックバックは北部へ広がり、そこで政府からの受注を狙う小規模建設会社も押されていった。

だからイタリアの有権者の間の調整に入る前に、イタリアのビジネスマンが直面する調整問題があった。そうしたビジネスマンによる政治家への贈賄自白が、選挙民に汚職を暴くにあたっては不可欠だった。

１９９２年に初めてイタリア司法当局に尋問されたビジネスマン——マリオ・キエーザを含む——は、政府当局を密告することで自分自身の犯罪を認めるのは嫌がった。一部は何ヵ月も牢屋で黙秘を

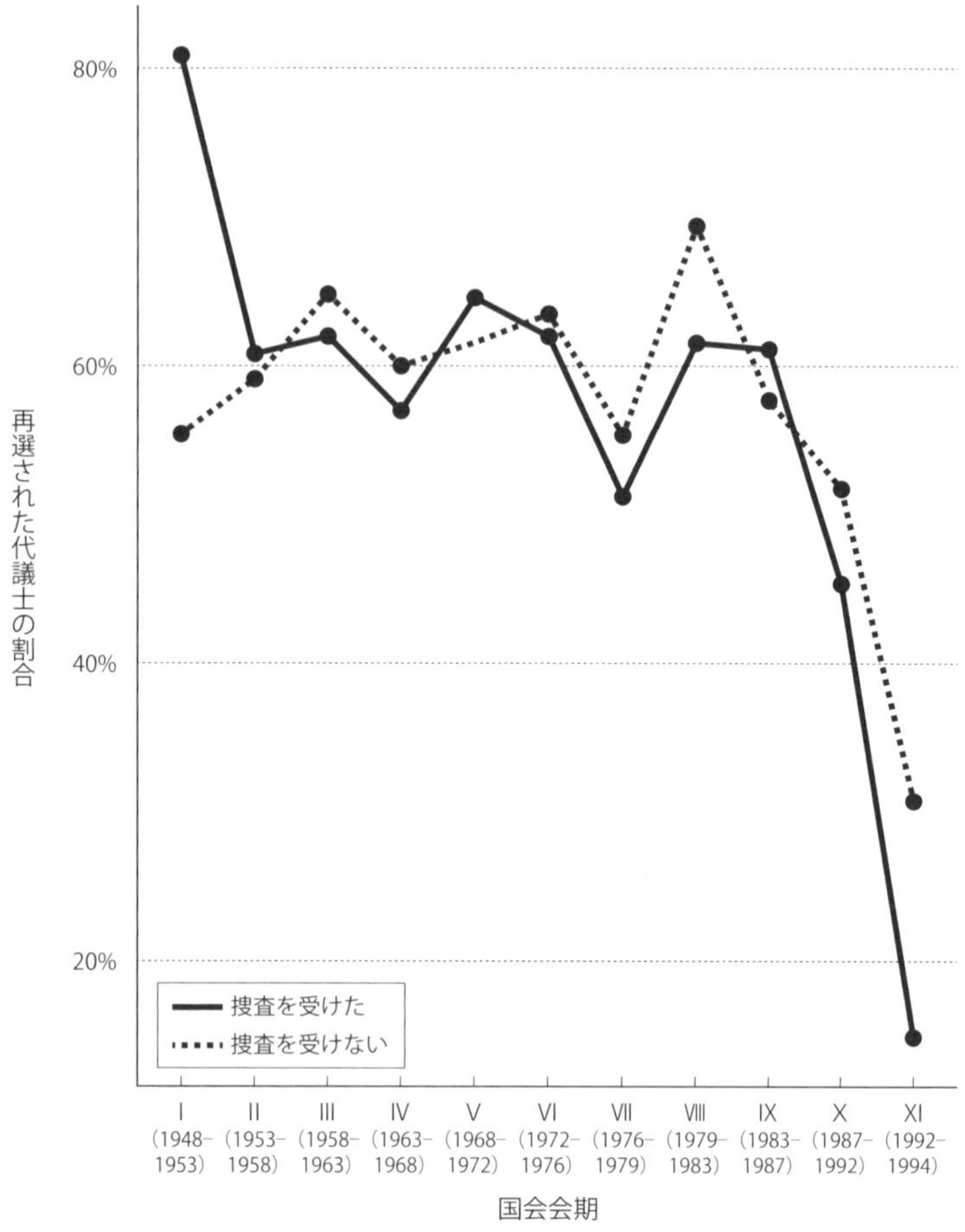

図8.2　戦後の議会11会期（1948–1994）について、司法当局に捜査を受けたイタリア代議士と受けていない代議士の再選確率の折れ線グラフ。

注：刑事犯罪のみ。データはM. A. Golden, Datasets on charges of malfeasance, preference votes, government portfolios, and characteristics of legislators, Chamber of Deputies, Republic of Italy, Legislatures I-XI（1948–92）. Dataverseで入手可能、http://dvn.iq.harvard.edu/dvn/dv/golden から入手。

続けたが、最終的には裁判官と取引をした（イタリアは人身保護法がないので、ビジネスマンは協力するまでいつまでも拘留できる）。こうした初期の取引は、政治家に賄賂を贈った（イタリア語ではコルッィオーネ）のではなく、政治家に恐喝された（イタリア語ではコンクッシオーネ）という、軽い罪状でビジネスマンを起訴するというものだった。

逮捕の最初の波でお縄をくらった人々が自白したがらなかった理由はよくわかる――その時点では、みんなまだ政治的な現状が維持されると思っており、賄賂をむしり取った連中の政党が自分たちを保護してくれると考えたのだ。この腐敗均衡をまとめあげる沈黙を破れば、自分が牢屋を出ても、会社はもう公共建築契約を受注できなくなる――そうなったら財務的に破綻だ。

だが何ヵ月か経つうちに、この汚職均衡の安定性に関する信念が揺らいだ。起訴が山積みになるにつれて、ビジネスマンたちはDCとPSIによる政権掌握力が、昔ほど強くはないのではと不安になってきた。1992年4月の選挙は、マーニ・プリート捜査の最初に起きて、北部同盟の台頭につながった。これは連邦主義的で反南部の政党であり、どこからともなく現れて、イタリア下院630議席のうち、いきなり55席を確保した――そしてキリスト教民主党と社会党支持は衰退した。この選挙結果は、贈賄企業を震え上がらせた。長年の政治的保護が終わりを迎えかねないと思ったのだ。1992年初頭に表面化した懸念は、1993年11月にキリスト教民主党が地方選挙で得票率を半減させたときの、贈賄企業のパニックに比べればモノの数ではなかった。それまでの1年半、社会党首ベッティーノ・クラクシも議会の訴追免除を剝奪され、検察官は彼に対して汚職嫌疑41件の捜査を進めた。どうやらだれも無事でいられそうにはなかった。

この一連の出来事で、ビジネスマンたちのインセンティブはひっくり返った。ますます多くが、捜査を進める裁判官に自白するようになった（そしてそれがさらなる捜査の証拠をもたらした）。すると均衡のシフトも可能性が高まった。ものの六ヵ月で、捜査の中心地だったミラノのビジネスマンは、古い商売のやり方が終わりだと確信しきって――そして確かに均衡のシフトが起こりつつあった――召喚状が届く前に自発的に法廷に出頭し、自分の支払った賄賂を自白するようになった。

この種の雪だるま式拡大は、変化をもたらすのに共有知識が必要な状況ではよく見られる。自白と黙秘との選択に直面するビジネスマンを考えよう。最初の自白者は、自分の行動が巨額のコストを伴うと予想するだろう。腐敗した現状が続く可能性のほうがその時点では高いからだ。次の自白者は、その均衡がシフトする可能性が少し高まるので、したがって自白インセンティブも少し高くなる。企業が自白調書に署名しようと行列を作るようになる頃には、すでに自白した人が十分にいるため、シフトはほぼ確実となる。ビジネスマンの費用便益トレードオフは、この時点では逆転する――黙秘するほうがいいのは、政府の中でコネのある相手が現職にとどまる場合だけだ。そして自白カスケードがなだれ込んでいる状況で（さらに与党DCの選挙での実績も変化しつつあって）、その可能性はますます低くなってくる。いまや自白しないほうが、そのビジネスマンの会社を潰しかねない。先に自白しないと、他の自白者が自分を密告するというシナリオがますます現実味を帯びてくるのだ[16]。

裁判官は、こうした初期の自白を確保するのがいかに重要かを理解していた――だから最初に自白したビジネスマンたちには、実に優しい取引を持ちかけたのだった。こうした自白は裁判官に、昔から求め続けてきた情報を与え、これが年季の入った政治家たちによる汚職疑惑に対する正式な捜査の舞台を確立した。するとそれがさらに、イタリアの政治的変転のさらなる一部を引き起こした。この空前の規模のため、マスコミは捜査に不釣り合いなほど大きく紙面を割いた。連日のように新しい自白と新しい疑惑が一面を飾った。徹底報道により、企業を文字通り何千人もの選出公職者と結びつける共謀ネットワークが詳述された。ソ連崩壊のおかげで、有権者たちは野党の共産党に鞍替えできるようになった（その頃には共産党は、左翼民主党と改名していた）。有権者たちはやっと、現職を葬り去る正当な機会を手に入れた。この機会を捉えて、新政党が乱立し、汚職やマフィア、組織犯罪、および既存政治秩序全般に対して強い態度を取るようになった。これがさらに、有権者に対していま起きているシフトや機会を明らかにするのに役立った。

この変化の物語には多くの要素がある。政治汚職の疑惑を自由に追及できた独立司法当局、結果を公表できる自由なマスコミ、野合継続のコストが高まるにつれて増えてきた、贈賄企業の自白、そして最後に、他の人もうんざりしているので、自分自身の党派的な忠誠を切り替えてもいいのだという共通の認識。イタリアの有権者たちは何十年も、政府のあらゆるレベルで汚職が蔓延しているのは知っていた。汚職の存在は別に目新しい話ではなかった。だが捜査は有権者たちの集結をうながす結節点となり、他の有権者も同じく政治の腐敗にはうんざりしているという認識が生じ、それに従って票を投じればついに変化が生じるという意識も生まれた。

マーニ・プリート捜査に続く１９９４年選挙では、選出された代議士の７割以上は初当選だった（これに対し、前会期の国会では、３分の１の代議士はすでに３期以上議員をやっていた）[17]。台頭した二大政党は新しく、ある推計によると、有権者の３分の１以上は党派的な忠誠を切り替えた[18]。最も汚職に深入りしていた政党――社会党とキリスト教民主党――は一掃された。変化はすばやく、古い政治秩序にとって破滅的なものだった。

マーニ・プリート捜査は均衡シフトをもたらしたか？

イタリアの政治での均衡シフトを解釈するために持ち出した理論は、有権者に大きく注目する。有権者は、汚職は嫌いだが何十年にもわたりそれを容認してきたのに、投票箱での新しい選択肢を提示され、他の有権者も新しい党に支持を鞍替えしそうだと認識した。マスコミは有権者が長期にわたる汚職の犯人とされる政党排除を調整できるよう支援した。さて騒動が終わってみると、イタリアの汚職は減っただろうか？

少なくとも多少は懐疑的になるべき理由はある。2014年にトランスペアレンシー・インターナショナル（TI）はイタリアを、セネガル、ブラジル、ルーマニアと同じくらい腐敗しているとした――ギリシャと同率で、他の西欧諸国のはるかに下だ。メディア王シルヴィオ・ベルルスコーニが1994年から4期にわたり首相を務めたという事実は、汚職がイタリアで蔓延したままだという疑惑をさらに深める。ベルルスコーニは、各種の違法活動で裁判にかけられ、やがて脱税で2013年に有罪となり、汚職が相変わらず蔓延していること、そして法的な訴追のむずかしさの両方を裏付けた。マーニ・プリート捜査で名前の挙がった何百人もの政治家たちは、大半が訴追を完全に逃れた。2004年にイタリア有権者に対する調査で、公共の汚職が1992年に比べて増えた、減った、変わらないのどれかというアンケートが行われた。46％の回答者は、変わらないと感じ、汚職が減ったと答えた人は4分の1しかいなかった[19]。ではマーニ・プリート捜査と有権者蜂起すべては無駄だったのか？

アンケートは汚職の度合いを過大に評価しがちだというのはお忘れなく（これは第3章で検討した）。そして似たような理由から、回答者たちは汚職の減少を過少に考えてしまいがちだ。さらにＴＩの腐敗認識指数は年ごとの汚職比較には使えない（そもそもマーニ・プリート捜査以前についてのランキングはない）。だからイタリアの汚職の度合いが大きく変わったかという計測には使えない。だからこのアンケートデータは、この問題を検討するにあたってはあまり役立たない。

他の証拠を見ると、マーニ・プリート捜査が解明した種類の汚職は明らかに減少した――もちろんなくなったわけではまったくないが。政治家、官僚、ビジネスマンを公共調達や公共事業におけるキックバックのネットワークで結びつけていたネットワークは減ったのだ。イタリアの政治学者ラファエレ・アスクエルの慎重な分析では、有権者はマスコミで汚職取引を暴かれた政治家は拒絶し続けている[20]。アスクエルの分析によると、有権者は２０１３年にも１９９４年と同じくらい、汚職候補者に対しては懐疑的だ。汚職に関与した疑惑のある政治家は、国会議員に当選する可能性がきわめて低い。これは期待の根本的な変化が生じたという見方を支持している。

別の有益な指標は、公僕による犯罪についての警察の報告だ。こうした犯罪は通常、公職を私腹を肥やすために使ったというものであり、したがって官僚腐敗の直接的な（不完全かもしれないが）指標となる。このデータを分析した研究では、１９９３年以降は激減しているのがわかる[21]。別の指標も似たようなトレンドを示す。司法当局の捜査を受けた汚職関連犯罪の数や、横領により起訴された公僕の数は1994年以後は大幅に減った[22]。

汚職がどれほど減ったかについての誤解が広まっているのは、イタリアのマスコミがいまやずっときちんと仕事をしているせいだ――汚職事件の頻度はずっと少ないのに、汚職で起訴された政治家については徹底報道が続く。結果として、イタリアの新聞を読んでいると、政治家は右も左も汚職まみれだというまちがった印象が生じる。実際には、その数はわずかだし、汚職を国の公職から締めだす有権者の能力も確立しているのだが。これはアスクエルの分析が示す通りだ。

ここから、イタリアの有権者は本当に、均衡と期待のシフトをうまく生み出したことが示唆される。シルビオ・ベルルスコーニを何度も首相に選んだとはいえ、有権者はもはや通常の汚職政治家を再選させない（ベルルスコーニが億万長者だという事実のため、公職を使い選挙費用を捻出したという疑惑からは守られた――選挙戦を戦うのに必要な資金はすでに十分に持っていた。ベルルスコーニに対する多くの違法活動の容疑は、彼の一般的な事業運営における利益背反に関するものだったが、これまでの政治エリートは賄賂やもっと直接的な職権濫用に深く関わっていた）。イタリアにはまだいろいろ問題がある――そこには、特に南部での組織犯罪の存在感も含まれる――でもだからといって、イタリアの有権者たちが汚職を抑える上で実現した本物の進歩から目をそらしてはいけない。

8.4 外的な力はどのように汚職との戦いを引き起こすのだろう？

有権者たちが汚職政治家に立ち向かうのはきわめて稀だ。有権者が個人的には変化を支持している場合ですら、反汚職活動調整に対する障壁のおかげで、正直な候補者が腐敗した現職者にとって変わるのは困難だ。

結果として、反汚職の変化は、有権者の抗議や選挙での報復よりは、外圧により引き起こされることが多い。しばしば、この外圧は国内政治システムのまったく外側からやってくる。

その見事な例がグアテマラだ。２０１５年にオットー・ペレズ・モリーナ大統領は、グアテマラの免責に対する国際委員会（ＣＩＣＩＧ）という国連が同国の法の支配強化のために作った機関による反汚職捜査の一環として有罪になり、辞職を余儀なくされた。ＣＩＣＩＧは、広範な政治的腐敗を暴けるのは外部の――したがって完全に独立した――捜査官たちだけだという観点から意図的に創られた。グアテマラの政治階級すべてが、同国の内戦において汚職と関連犯罪行為への関与を疑われている状況では、内部から政治の浄化を行うのは不可能だったろう。だから外部の捜査組織の設立がなければ、反汚職は進められなかった。国民は広範な汚職を知っていた――だがもちろん、一般市民は捜査の過程で明らかとなった詳細をすべて知っていたわけではない――が、ＣＩＣＩＧが活動を始めるまでは、何もできなかった。２００７年から２０１５年にかけて、ＣＩＣＩＧは２００件の事件を捜査し、２００人ほどの現職及び元政府高官を起訴した。そこには元首相２人、大臣たち一握り、警察長官、軍の将校、検察官、裁判官たちも含まれていた。税関詐欺、恐喝、賄賂についての起訴が、８万９０００件にわたる電話盗聴の結果として登場し、これで大統領が２０１４年５月から２０１５年４月だけでも38億ドルの賄賂を集めたことが明らかとなった。

グアテマラはまだ、根深い汚職を克服するための作業が大量に残ってはいる。ＴＩの腐敗認識指数でのランキングは、CICIGの創設から10年たってもほとんど改善しなかった（とはいえ、これまで説明したように反汚職取締に伴い腐敗認識は高まるので、これがマイナスに作用した可能性が高い）。

外部から引き起こされた取締で、もっとしっかりした結果につながったものを挙げるには、もう少し時代をさかのぼる必要がある。1970年代に香港の汚職を一掃しようとイギリスは決断した。当時、香港住民はあらゆる政府サービスに「お茶代」を支払わねばならなかった——病院に行く救急車にもお茶代、病院についてからも当直看護士から水をもらったり尿瓶をもらったりするのにお茶代だ。博打と売春が大盛況で、それが腐敗しきった警察により保護されていた。

イギリス政府は、高位の警察職員ピーター・ゴドバーが、何十万ドルも賄賂を受け取っておきながら捜査中に香港を脱出し、住民たちが激怒したことで、こうした問題に対応せざるを得なくなった。香港当局は、ゴドバー事件に対して香港独立対汚職委員会（ICAC）を1974年に創設した。ICACはきわめて大きな権限を与えられ、汚職や贈収賄疑惑の職員を令状なしで逮捕できた。こうした努力の結果、何百人もの警官が1974年から1977年にかけて汚職で訴追された（ICACはまた、社会的な認識や態度も変えようと活動し、学校で教育キャンペーンを行って、汚職活動参加者の道徳的負担を増やそうとした）。ICAC主導の取締は、汚職の急激で永続的な低下を見事にもたらした——香港はいまや、世界で最も汚職の少ない国と考えられている。[23]

イタリアのマーニ・プリート捜査ですら、重要な外圧があった。ソ連崩壊がもたらした影響というわかりやすいものに加え（イタリアの反共有権者でも支持をキリスト教民主党から切り替えられるようになった）、もっと目立たないが、同じくらい重要そうな外部要因は司法的なものだった。1990年にスイスの刑法改正でマネーロンダリングが阻止されるようになったため――これ自体が国際的な司法当局の圧力によるものだった――スイスの高官たちは汚職容疑の政治家たちの銀行記録を提供することでイタリアの司法システムに協力した。マーニ・プリート捜査の裁判官たちは、これにより捜査で使える決定的な証拠を、スイスの同僚たちから得られるようになったのだった。

均衡変化を引き起こすにあたって外部アクターが重要だというのは、均衡という概念そのものに内在する事実だ。均衡では、だれも現状のままなら自分の行動を変えたいとは思わない。だから変化をもたらすには外部から突き動かすのが必要なのだ。グアテマラでも香港でも、外部当局はすばやく介入するだけの独立性と信用を持っていた。それが腐敗ネットワークに取り組むと、国民は汚職を暴き処罰するのに喜んで協力するようになった。

8.5 政治リーダーシップが汚職を減らすには？

汚職との戦いを引き起こすのに、市民は必ずしも外圧を待つ必要はない。ときには政府があっさり、自分から動くこともある。これがジョージア国（グルジア）で起こったことだ。ジョージア国は認識調査によると、1991年のソ連崩壊以後、旧ソ連諸国の中で最も腐敗していた国だった。腐った政府だけでなく、ジョージア国は組織犯罪の温床でもあり、多くの人はそれが警察や公安部隊にも関わっていると信じていた。政権の高まる専制主義に対する人々の抗議が2003年薔薇革命を生み出し、旧司法大臣ミヘイル・サアカシュヴィリが大統領となった。一部は反汚職を掲げて当選したサアカシユヴィリは、即座に警察の大幅な組織改革に着手した。大統領就任から2年で、同国の警官2万5000人の6割以上がクビになった。ハイウェイ・パトロールなど一部の部署では、警官が一人残らずクビになり、それから一握りが慎重かつ選択的に再雇用されたのだった。政府は汚職との戦いの決意を、警官による慢性的な街場での不正に慣れっことなった国民に示そうとしていた。サアカシュヴィリは再編された警察の新職員たちの給与を大きく引き上げ、雇用、研修、業績評価手順を改善した。政府の他の部門でも、汚職の疑惑をかけられた職員は激しい訴追を受け、政府は再編され（これは相当部分が、公安部隊を抑えるのが狙いだった）、様々な政府の権限が仕切り直された。たとえば、デジタルＩＤを配布する新しい省庁が設立され、このＩＤが新しい統合政府で使えるようになった。結果として、これまでは複数の部局での手続きが必要で、そのたびに賄賂が要求されていた各種手順が、一つの省庁での手続きだけですむようになり、その部局だけが集中的に汚職について監視を受けるようになった。

この改革は驚くほど成功し、警察など下級公務員の汚職は激減した。２０００年には、同国首都トビリシの住民標本の17％が、公務員に袖の下を払ったと認めている。この数字は、丸5年たつと国全体で３・８％に下がった。ジョージア国民はいまや、警察を信頼・信用している。他の政府機関での改革——事業所の許可や規制など——は、警察ほど劇的ではないにしても、同国がポスト ソ連の反汚職活動のお手本になるほどの改善を見せた。ＴＩランキングで、ジョージア国は劇的な改善を見せ、２００３年には清廉度が１３３位だったのが２０１０年には68位に上昇し、２０１４年には50位になった。(24) ＴＩ調査データの経年比較がどこまで有効かについては疑問の余地もあるが、これほどの劇的な変化は明らかに何か本当の改善を反映したものだ。

でもこの新しい反汚職レジームは政治的に不安定なものとなった。人権侵害や専制主義のじわじわとした拡大が、政府に対する有権者の支持を減らし、サアカシュヴィリは2012年に再選を果たせなかった。その後彼は国を離れた。政治的な動機で行われたという、人権侵害と着服の糾弾を逃れるためだった。この物語をどう解釈するにしても、一つの教訓は、民主政権がうまく汚職を取り締まるのは、いかに決意が固くてもむずかしいということだ。既存利権は強力だし、それを潰そうとする活動は歪められる――それを防ぐには、政権は市民権や法の支配を犠牲にするしかないのかもしれない。

国民が、やりたくても高官を公職から排除できないような専制主義政権であっても、指導者が自ら立ち上がって政府をきれいにした例はある。シンガポールはまさにその例のようで、リー・クァンユーが汚職全面排除政策を自ら――そして国全体として――採用した。リーは人民行動党（PAP）創設者の1人で、1957年に汚職取締を掲げて選挙に臨んだ。このイギリス植民地が1959年に自治権を与えられたとき、彼はシンガポール初代首相となった。権力を握ったPAPは包括的な反汚職政策を導入し、反汚職の執行を改善し、罰則を強化し、反汚職捜査官が持つ捜査権限を強めた。1980年代に経済が改善すると、シンガポールは公務員の給料と勤務条件を改善した。後者は汚職のインセンティブを減らすためのもので、前者の戦術――厳罰化と監視執行の強化――は汚職の機会を減らすためのものだった。(25)

シンガポールは世界で最も汚職の少ない国として台頭した。イギリス支配の下では、広範な汚職の長い歴史を持っていたのだ。一般に、専制政権が本気で汚職を減らすつもりなら、民主主義よりは成功につながる手段を持っている場合が多い。だがこの議論が示唆するように、専制支配者による大きな政策変化は、その定義からきわめて恣意的なものであり、選挙によらない指導者が自分の国でまともな反汚職キャンペーンに乗り出すのがいつなのかは、わかるはずもない。自国を強い経済成長と低汚職に向かわせようとする、比較的啓蒙的な指導者は珍しい。ずっと多いのが、公的資金をしょっちゅう懐に入れて、それを国外に持ち出す専制支配者だ。つまり全体として、専制主義国は反汚職改革者にとって、あまり教訓をもたらしてくれない。専制支配者は、その専制権力を使って国から盗むか、あるいは予想外の形で汚職を浄化しようとするので、そのやり方はもっと自由な民主社会で再現しづらいのだ。

第8章で学んだこと

◎有権者が汚職政治家を再選する理由は大きく二つある：
・政治家の違法活動に関する情報がないから。
・個人として買収や利益誘導の便益拒絶の活動を調整し、もっと清廉な政府という集合的な便益につなげることができないから。
◎調整の必要性のため、候補者についての共有知識（およびその結果として他の人々がどう投票するかという期待）が有権者に汚職政治家を排除させるにあたって重要らしい。

◎まさに汚職は安定した均衡だからこそ、反汚職改革を一気に始動させるには外部の力が必要かもしれない。
◎反汚職改革派、政府指導部そのものからくることもあるが、トップダウンの反汚職政権はきわめて珍しく、その行動の実施も恣意的だ。

第9章

汚職を減らすには何ができるだろうか？

残念なことではあるけれど、人間が天使にでもならない限り、汚職が根絶されることは当分ないし、部分的な改善すらなかなか起きそうにない。だからといって、この問題に取り組むのをあきらめる必要もない――汚職を減らせば、高汚職国の何十億人もの市民にとって生活が改善されるのだから。

この章では、汚職と戦うためによく挙げられる戦略をいろいろ検討する。まず汚職対策として様々な政府が実施する政策手段をいくつか評価してみよう――官僚の給料を引き上げる、専門反汚職機関を設立するといったことだ。目標は、それぞれがどこまで汚職対策として使い物になるか（そしてそのための条件）を評価することだ。政府がこうした政策を段階的に導入すべきか（つまり一つずつとか、特定の市や州から始めてだんだん広げるとか）、それとも政府として大規模で多面的な「ビッグバン」式の集中的なやりかたをしたほうがいいのか検討しよう。

本章のこの時点まで、私たちは政府機関に注目してきた。でも本書でずっと何度も論じてきた通り、改革を動かすにあたっては市民が重要な役割を果たす。だから個人としての反汚職改革者――政府内部にいる人や一般市民――が使えそうなツールを検討しよう。たとえばソーシャルメディア、技術的な対応などだ。結論として、本書全体の基盤となる質問に戻ってこよう。高汚職均衡をどう変えればいいのか、ということだ――それが政治指導者によるものであれ、反汚職活動家によるものであれ。

何千年も続いてきた問題に、お手軽な解決策なんかあるはずもない。私たちの小さな貢献が、反汚職勢力に多少の洞察やアイデアをもたらし、そのつらい仕事が多少なりとも成果をあげやすくなってくれることを願いたい。

9.1 汚職を減らす政策はどんなものだろうか?

反汚職活動において、政府職員がしばしば検討する標準的な政策ツール群がある。次のいくつかの節では、中でも最も重要なものを検討しよう。公務員の給料を上げる、専門反汚職機関の設置、透明性改善、監視と執行能力の強化だ。こうした活動が成功するのか、その理由は何か、さらにこうした政策が過去に生み出した予想外の副作用についても論じる。

公務員の給与を上げると汚職は減るか?

公務員の給料を上げるというのは、反汚職戦略のどんな一覧表にも載っている。この処方箋がいちばんよく連想させるのは、善意の公務員が、その乏しい給料(たとえば月給100ドルとか)では子供にご飯をあげられないとか、授業料を払えないとかいうものだ。やりくりするために、その公務員は仕方なく賄賂で給料を補う、というわけだ。

この見方は確かにある程度は正しい。世界の相当部分では、収賄はあまりにも確立しているため、公務員も市民も、袖の下収入は正規給与の不可欠な補塡なのだという話を受け入れている(アメリカのレストラン客が、給仕がまともに暮らすためにはチップをあげねばならないのだということを受け入れているのと同じだ)。だから、役人は賄賂を受け取るとみんなが思っているせいで公務員給与は低いままで、給与が低いために公務員は賄賂に頼らざるを得ない。そういう行動を容認はしなくても、国民としてはそれを理解するくらいはできる。たとえば、シエラレオネの警官は月100ドルに満たない給料（2014年まではこれが彼らの給料だった）でどうやって暮らせというのか？　この賃金は2014年に、他の一部公務員たちの給料といっしょに引き上げられた。これは援助機関が資金を出した――はいご名答――汚職対策プロジェクトの一環だった。

公務員給与と汚職との直接の相関はマイナスだ。[1] 言い換えると、データのある世界の多くの国では、公務員給与が高ければ汚職水準も低い。さらに多くの汚職の多い国の公僕たちは、生活できないほど低い給料しかもらっていないという事実もある（だから収賄するのはほぼ確実となってしまう）。極端な事例はさらにこの関係を裏付けるようだ――「汚職対策に高賃金を」の支持者たちは、しばしばシンガポールの例を挙げる。ここでは、政府高官たちは年額100万ドルの給料を受け取っている――そしてピカピカの政府を運営するのだ。

こうしたお手軽な実証的検討だけでは、給料を上げるだけで汚職が減ると自信をもって主張するにはほど遠い。さらに公務員給与引き上げの個別事例の詳細を見ると、その成果は必ずしもはっきりしないことがわかる。たとえば経済学者プラチ・ミシュラ、アルヴィンド・スブラマニアン、ペーチャ・トパロヴァによる2008年の研究は、インドの公務員給与改革の影響を検討した。この改革では税関職員の給与が1997年に最大100％引き上げられた。ミシュラらは、この改革が関税逃れにまるで影響がなかったことを発見し、職員が給与引き上げ後も、同じ割合で賄賂をもらい続けたという結論に達した。

この研究は、いまや脱税を計測するのに確立した手法を使っている。報告輸出量と輸入量のギャップに基づくのだ。基本的な考え方を説明しよう。輸出国側ではほとんど関税はない。だが同じ積み荷がインドに着いたら、申告した貨物について関税を支払う必要がある。ソーダのボトルの輸入業者は、1997年に100％を優に上回る関税を払わせられたので、税関職員に賄賂を払ってソーダ出荷の価値を過少申告できたら、利潤はすさまじく増える状況となる[2]。

インドの場合、証拠を見ると、それまで高関税貨物が入ってきたときに税関職員に賄賂を払って見て見ぬ振りをしてもらっていたとすれば、給料が倍増したあともその手口は同じくらい続いていた。ミシュラらの論文の示唆では、当時のきわめて高い輸入関税を考えれば、汚職を通じて得られる儲けは実に大きかったので、給料を上げてもほとんど影響はなかったらしい。ある引退したインド人職員はもっと突っ込んだ話をしてくれて、税関職員の給料が上ったことで外向きにもっと派手な暮らしができるようになり、このためもっと汚職をやりたくなってしまったと言う。給料が上がる前は、自宅の増改築や自動車、宝石など、目に見える消費形態にお金をかけすぎると怪しまれると思ったけれど、給料があがったので、ご近所や政府監査に目をつけられることなく、公然とそれができるようになった、というわけだ。

この失敗は、給料引き上げが汚職対策として無意味だという結論につながるべきではない。でもこうした証拠は確かに、一歩下がって給料引き上げが汚職低減になぜつながるのかという理論をもっと慎重に検討するよう強いる。最初に述べたモデル——そして高給が低汚職につながると想定するとき、ほとんどの人の念頭にあるモデル——は、正直こそが経済学者の「通常財」と呼ぶものだ、ということだ。つまり個人は所得が増えるにつれて、「正直さ」の消費も増えるということだ。これを汚職に適用すると、これは問題になっている人物は賄賂をもらわねばならないことで感情的に苦しむと想定するものであり、それだけの余裕がある場合には正直な公僕となるようその人物の良心が仕向けるのだ、と考える。でもこのモデルが、贈収賄が実に長期にわたり普通だった社会を正確に記述しているかどうかははっきりしない。公僕は収賄になれすぎて、結果として罪悪感などまったくなくなり、むしろ自分の行動をこの状況で適切なものとして合理化しているかもしれない。もしそうなら、賄賂があたりまえの場所で公務員給与を上げても、生まれるのはもっと豊かだが、同じくらい腐敗した公僕だ。

だから、給料引き上げを有効な反汚職ツールにするためには、何か別のものも必要かもしれない。最低でも、昇給は汚職に甘い態度を変えようという本気の取り組みと組み合わせるべきなのかもしれない。言い換えると、昇給が意図したとおりの効果を挙げるためには、規範変化を合わせて行わねばならない。これをどう実現するかについては本章の後のほうで述べる——でも収賄職員は、もはや賄賂をもらわなくてもやっていけるのに、その腐敗した手口を続けるのであれば、後ろめたく感じたり、社会的に制裁を受けたりする必要があるのだ。

似たような理由で、執行もまた給与‐汚職のつながりを考えるにあたり、重要な追加事項となる。月に100ドルほど稼ぐシエラレオネの警官に話を戻そう。袖の下を要求したことで、ドライバーがその警官を通報して失職しても、この給料ではどうでもいい——公務員給与だけで暮らすのであれば、似たような稼ぎの仕事はいくらでもある。でもそれを月給200ドルにしたら、クビになったときにこれだけの稼ぎがある仕事はなかなか見つからない。だったら高給でこの警官は正直になるか？　それは収賄でクビになる可能性が高まると思うかどうかでちがってくる。可能性が増えないなら、行動が変わると期待すべき理由もない。この世界観だと、高給と反汚職活動の執行改善は、汚職対策として相補的なものとなる。どちらも相手があるほうがうまく機能するわけだ。[3] これはまさに、ブエノスアイレスでの公立病院調達における汚職取締についてアルゼンチンの経済学者ラファエル・ディテラとエルネスト・シャルグロツキーが行った研究の結論だ。[4] ２人は、高賃金は、病院が過酸化水素水やエタノールなどの基本物資に支払う価格が下がる結果をもたらしたことを発見している。これは、高賃金のおかげで調達担当者が業者に要求していたキックバックが減った証拠だと彼らは見なしている。でもこのパターンが登場したのは、反汚職の取締の後になってからだった。[5] この研究はつまり、高賃金が汚職低下に役立つ見込みが高いのは、もっと監視と執行を強化した場合だという見方を支持している。

低賃金が職員の収賄をうながす一方で、公務員の給料を高くしすぎても汚職が増えるという説得力ある議論も存在する。実は真面目な学者――さらにはアメリカ建国の祖――は、政府のサラリーはまさに汚職を減らすために、低く抑えるかそもそも支払うべきでないと論じた。彼らの議論は、公的サービスに就く市民の自己選別だ。無私の働きをして、公共の利益を重視する可能性が最も高いのは誰だろうか？　お金以外の動機を持つ人々だ。金銭的な動機を持つ人々は、他の類似職業に比べて給料がよければ公職に就きたがる。そして金銭的な動機を持つ個人はまた、いったん選出・任命されたときにも、手持ちのあらゆる手段を使って利潤を得ようとする人物でもある。この懸念のため、ベンジャミン・フランクリンは公職者は無給とすべきで、さもないと政府が「利己的な追求についての強い情熱と疲れを知らぬ活力を持つ人物」に乗っ取られてしまうと主張している。[6] 今日に到るまで、ニューハンプシャー州は州議会の議員には給料を出さない。そうでないと、名目だけの支払いですら彼らを腐敗させるから、というわけだ。

第6章で私たちが触れた研究では、デンマークの大学生で公務員になりたいと言った人々は、民間に勤めたいと言った学生より正直だったということが示されたが、これまた給料を高くしすぎると逆効果だという見方を支持している。民間雇用を求める、あまり正直でない学生たちは、もし給料さえよければ公務員も検討するようになると述べているのだ。[7]

まとめると、改革者たちは給与引き上げは複数の、ヘタをすると相反する影響を汚職に対して持つという点を認識すべきだ——その影響は相補的な改革を行うかどうか、規範変化や法的執行の改善などが行われるかどうかに依存する。

これまでの議論には、さらに大きな教訓がある。汚職をなくす万能薬があるとか、昇給などの介入があらゆる状況で同じ効果をもたらすとかいう思いこみは控えるべきだ、というものだ。透明性、執行、文化変化、高賃金——すべて汚職と戦うには重要なツールとなり得るが、相互に複雑なやり方でからみあうし、その影響は既存の状況にもよる。警官の給料を倍にしても、規範が変わらなければ、安心して着服にさらに精を出すだけかもしれない。市民が警官に対して抱く期待を変えれば、やっとその警官も重い腰を上げて正直になるかもしれない。

監視と取締を改善すると汚職は根絶できるか？

個人の贈収賄の決断を変える最も明らかな方法は、監視や取締を改善して、そうした振る舞いがもっと高くつくようにすることだろう。前節では、これが昇給と相補関係にあることを見た。でも汚職対策として、もっと定期的な取締と厳罰化だけを主に使ってみてはどうだろうか？

この問題は、汚職が蔓延している国では、官僚を監視して取締を行うはずの職員自体が目をつぶるために賄賂を受け取って平気だったりするということだ。古代ローマの詩人ユウェナリスに言わせると「誰が守護者自身を守護するのか？」。[8] その500年前にプラトンは『国家』で同じ懸念を表明しているが、楽観的な結論に達している。指導者たちは公共の信頼に応えるだけの十分な訓練を受けるから、というのだ。古代世界における汚職のとんでもない規模を考えると、プラトンが支配階級に抱いた信頼はどうも見当違いだったようだ。[9] そして現代の文脈で言えば、どうして汚職文化に漬かった社会から選ばれた法執行者たちが、清廉潔白だなどと期待できるはずがあろうか？

よく出てくる解決策の一つが、エリート級の法執行官を選抜し、彼らを改革すべき政府を支配する文化や規範から切り離せ、というものだ。こうした独立汚職取締機関（ACA）は、報復からは保護され、違反者を捜査し処罰する大きな自由度を与えられている。慎重な選抜と、独立正義の文化涵養を通じて正直さを維持する。高給を払うことで、応募者が優れた人々となるようにできるし、高給職を維持するために清廉潔白を続けることになるというわけだ。[10]

政治トップから支持を受けていると、こうした取締機関は大成功を収めている。習近平が2012

年12月に主席に就任して開始した汚職取締は、政府のほぼあらゆる部門で高官を摘発してきた[11]。

1997年にイギリスから中国に返還された香港も、反汚職機関が持つ潜在的に革新的な役割の例としてよく挙げられる。香港独立対汚職委員会（ICAC）は、第8章終わり近くでも触れた通り、根深い汚職政府をトランスペアレンシー・インターナショナルのランキングで、世界で最も汚職の少ない国の一つにした業績で有名だ。

なぜ他のACAが同じ成果をなかなか挙げられないのか理解するには、ケニアでのICACにあたる、倫理反汚職委員会（EACC）の近年の経験を見ると示唆的だ。EACCの前身、ケニア反汚職委員会（KACC）は汚職との戦いを旗印に2003年に政権を握ったムワキ・キバキ大統領が創設した機関だ。KACCは、香港のICACとほぼ同じ精神で設立された——独立した自律機関だ。その長に就くのは、正直さで有名なゴシップ漁りジャーナリストのジョン・ギトンゴだ[12]。

でも実は、キバキ大統領が正直な政府を掲げたのは、選挙の人気取りでしかなかった。反汚職ツァーとして1年ほど務めたギトンゴは、記者時代に暴いたいかがわしい取引に気がつきはじめた。たとえばペーパー企業に公的資金が移転されたり、契約金額が水増しされたりといった取引だ[13]。この問題を政府高官に提起したところ、彼は口だしするなと言われた。そして彼が捜査を続けることにしたら、彼は就任後2年もたたずに国外逃亡を余儀なくされた[14]。

香港のICACは、植民地の総督の直轄で、総督はイギリス議会と、最終的にはイギリス女王の下にいたことを思い出そう。言い換えると、ICACは国内政治の外部にある組織に後押しされており、その組織は歴史的によい統治へのコミットメントを行っており、地元官僚や地元植民地職員からの影響力や規範からさえずっと離れたところにいた（こうした外圧の重要性については第8章での議論で強調した）。これに対してKACCは、自分も根っから腐敗しきった国内政治指導者たちの下で働いていた。まともに機能する独立反汚職機関の設置は、政治トップの権威が本気でその成功を求めている必要があるのかもしれない。ユウェナリスはどうやら、反汚職改革者にとっての重要な懸念を提起していたらしい――改革者自身が信用できないのに、どうやって改革を執行すればいいのか？

一握りのACAの頑張りや成功を、KACCといっしょくたにしてしまうのは可哀想だ。8件の事例調査を通じ、弁護士ガブリエル・クリスは似たような文化的挑戦や高位政治家からの反発に直面しつつも、汚職への対処を進めたACAの活動を示している。[15] 彼が検討したACAはすべて、最終的には強力な内部統制を発達させ、少なくとも反汚職機関自体の内部では、執行者たちが正直でいられるようにした。もっとおもしろい点として、ギトンゴの場合のようにほとんどすべてが「国内汚職ネットワークの強力な受益者たちからの抵抗に直面した。受益者たちは、反汚職組織が自分の利益に反する存在だと考えたからだ」という。でもこうしたACAが成功できたのは、「市民、国家機関、メディア、市民社会、国際アクターとの連携を構築することで、敵対者たちを出し抜けたからだ」という。[16] つまりACAの場合ですら、汚職改革は一般市民の活発な支持に最終的には依存する――そして国の政治トップ層がこの取り組みに本気でないなら、まちがいなくボトムアップの支持に頼らざるを得ない。

政府の透明性が高まると汚職は減るか?

ルイス・ブランダイス判事がかつて主張したように、最高の殺菌方法は日光なのだろうか?「公開制は、社会および産業の病に対する治療法として正しく推奨されるものである」という彼の見方からして、ブランダイス判事はまちがいなく、世界銀行が1990年代にウガンダ政府と協力して実施した実験の結果には喜んだだろう。世界銀行の研究者二人、リトヴァ・レイニッカとヤコブ・スヴェンソンは、1990年代初頭に学校への資金提供の調査を行い、8割というとんでもない「漏洩」率を見つけた——中央政府が学区に送った資金のうち、実際に到着したのは2割なのだ。[17] 5割以上の学校は、まったく資金を受け取っていなかった——資金分配を担当した地元官僚がすべて着服してしまったのだ。そしてこの問題は、低所得の学区ほどひどかった——地元所得が倍になると、現地に届く資金の割合は30ポイント増える。

この悲劇的なリソースの誤配分——基本的には最も弱い人々からの窃盗だ——を記録してから、ウガンダ政府はこの結果を公表した。この公表キャンペーンの影響は劇的だった。1996年から2001年にかけて、漏洩は8割から2割に下がった。学校によって恩恵の規模には差があった。「日光で殺菌」仮説の通り、漏洩が最も大きく減った地域は、新聞流通業者の近くにある地域だった。新聞は、漏洩の結果が公表された最大のチャネルだったのだ。そしてこれは、学校がどれだけきちんと生徒に奉仕できたかにも影響した——漏洩情報が明らかになった地域の学校は、1996年から2001年にかけての登校率の伸びも著しく、生徒の試験成績まで向上したのだった。

ウガンダの学校資金の成功物語がどこまで再現できるかについて考えるときには、ある程度の慎重さは必要だ。学校資金に注目することで、ウガンダ政府は親たちに感情的な反応を最も引き起こしそうな政府サービスでの汚職に注目した。親はだれしも、子供に成功してほしいという強い関心を持っているからだ。世間の注目は、汚職官僚が国の次世代を犠牲にして私腹を肥やしているという見出しに引きつけられた。そして公表キャンペーンを実施する中で、中央政府は改革活動を自分たちが支持しているのだとはっきり示した。さらに、世間は学校資金の横領について、第8章で述べた成功する文化変化の理論と整合する形で知らされた。みんな新しい情報を得ただけでなく、他のみんなもその情報を知っていることがわかったのだ。やっと国民は反応するだけの力を与えられた。これは、スハルト支配下のインドネシアやプーチン支配下のロシアで汚職を止めようとしている市民には当てはまらない。

これは別に、学校資金横領に対するウガンダの公表キャンペーンがもたらしたすさまじい効果を貶めるものではない。でも日光は汚職を明らかにするのにしか役立たないことはお忘れなく。市民はまた、暴かれたものに対して行動を起こすだけの意思と能力が必要なのだ。

9.2 段階的な改革は「ビッグバン」改革と同じくらい効果的だろうか？

政府は汚職と戦うために多くの政策ツールを持っている。それを一度に出してもいいし、ごく部分的な改革を小出しにすることもできる。変化を全国に展開することもできるし、ごく少数の都市や地域だけに活動を絞ることもできる。変化は一つの政府機関で起こってもいい――警察や教育分野などだ――あるいは政府のあらゆる部門で起こってもいい。ゆっくり動くほうがいいのか、一気に「ビッグバン」アプローチを採るほうがいいのか？

「ビッグバン」のほうがいいと論じるのは、私たちが初めてではない[18]。できるなら、複数の戦線で同時にうごいたほうが、段階的な改革よりも有効だと考えるべき理由はいろいろある。段階的な改革は、既存利権者が戦略を練って、政府から横領したり契約に仕込みをしたりするやり方を変えて対応するだけの時間を与えてしまう。同様に、ビッグバン的なあり方は期待をもっと大きく変える。第8章で論じた、ジョージア国での警察改革の例に戻ろう。ハイウェイ・パトロール全員や、その他警察部隊の大半をクビにするというのは、まちがいなく期待を劇的な形でひっくり返した。それまでは、だれしも交通違反切符を逃れるには賄賂を払うしかないと知っていた。でもまったく新しい警察が相手だと、スピード違反で止められたときにどうすべきか、誰にもわからない。また新規採用の警官たちに、正直さと誠実さの規範が生まれる機会を与えた。彼らは前任者たちの腐敗した文化を背負わずにすんだからだ。警察を丸ごと捨て去るというのは、均衡を変えるには有効だった。ジョージア国民は警察をまるで信用していなかったけれど、いまや警察が正直で誇りある形の行動をすると信じている。警察のほうは、その新しい期待に従う。

ジョージア国の警察の事例は、突然の劇的で徹底した変化の便益を示している。それは期待を揺るがし、新しい規範の登場を可能にする。でもビッグバンは高価だし、うまく仕切るのはむずかしい――変化する部分はいろいろあるし、ある面で成果がないだけで活動全体がダメになりかねない（たとえば、取締を改善せずに昇給だけした場合の限られた影響を思い出そう）。突然の資金注入だけでなく、政策を劇的に変え、そうした変化をうまく実施するという政府の権威も必要だ。同時に、突然の変化はあまりに大きな社会・政治的逆噴射や蜂起を引き起こして、事態がかえって悪化することさえある。もしクビになったジョージア国の警察が、支給された拳銃を隠し持って、民主的に選ばれた政府を打倒しようと共謀したらどうなっただろう？　それが成功しなかったとしても、内戦から回復途上の国での警察蜂起は、まちがいなくよくない政治・経済的な影響をもたらしたことだろう。

これでビッグバンは、改革を志す政府にとってはなかなか冒険的なやり口となってしまう。でも私たちとしては、汚職に対して多少なりとも効果のある形で規範を変える必要がある以上、選択肢は急激な変化か、あるいは何も変わらないかのどちらかしかあり得ないと考える。

9.3 汚職対策に最も効果的なツールは何だろうか？ 汚職問題をハイテクで解決できるだろうか？

『すべてを救うにはここをクリック：技術的な万能解決策の愚』で、イフゲニー・モロゾフはシリコンバレー（そしてある程度はその他私たちみんな）のテクノユートピア主義は、技術――「ビッグデータ」「スマートデバイス」「インターネット」――が以下の成果を挙げるという自己欺瞞に陥っているのだ、と述べる。

肥満、不眠、地球温暖化を解決する。（中略）政治は、やっと有権者たちの絶え間ない広範な視線に曝されて、あらゆるいかがわしい汚職、裏取引、非効率な腹の探り合いから解放される。（中略）政治家に関する大量のデータ――スケジュール、昼飯のメニュー、旅費――がオンラインで公開されみんなに精査されると、各種のロビイストどもは絶滅する。（中略）これまで投票などしたことのない人々ですら（中略）スマホに飛びついて、投票箱に「チェックイン」しようとする。(19)

モロゾフは、ハイテク起業家たちが人々の暮らしや相互作用を変えるアプリやデバイスを作ると信じてはいる――睡眠パターンを分析したり、政治プロセスを監視したりするわけだ――でもそれが根底にある社会的な疾病を解決できるかどうかは、怪しいと考える。投票を実に簡単で苦労なしにしてしまうことで、生まれる選挙民はもっと活発になるのか、それともどうでもいいと思ってしまうのか？　そして汚職となると、技術的な解決策は単に問題を他にシフトさせるだけではないのか？　もしあらゆるスマホ市民の監視により政治家が豪華な食事やすごい腕時計といった賄賂をもらわないようになっても、もっと見えにくく捉えどころのない形で買収されるだけでは？

真実は、いつもながら、おそらくどこか両極端の間にあるのだろう。これはインドのバイオメトリックIDプログラムが雄弁に物語るものだ。このプログラムが苦労して勝ち取った成功は、技術が汚職を減らす可能性を明らかにしているが、その課題の一部は技術だけで何でも解決できるわけではないという事実を露わにする。

インドは長期にわたる安定した民主国だが、その腐敗ぶりも悪名高い。きわめて貧しい住民への民主的約束の結果、同国は多くの野心的な福祉や公的支援方式を実施してきた。あまりにしばしば、こうした活動は、資金の誤用や露骨な横領でダメになってしまう。たとえばマハトマ・ガンディー全国地方部雇用保障法（NREGA）を見てみよう。インド政府はこれを2005年に採択し、あらゆる地方部の成人に対し、最低賃金194―240ルピー（およそ2―3ドル）で最低100日の雇用を保障した。[20]その歴史を見ると、インドの社会支援プログラムにつきまとう問題の典型となっている。2012年世界銀行調査によると、NREGA雇用申請は、資格のない人だらけだった――医師や教師に加え、そもそも存在しない「幽霊」労働者もいた。『インディアン・エクスプレス』紙によると、グジャラート州のある村には登録有権者が338人しかいないのに、NREGA受給者は1145人もおり、そこには「とっくに死んだ人物、自分の名前でちがう雇用カードを2枚作った家族、政府職員、そもそもこの村にいたこともない人物」も含まれていた。[22]2013年の調査によれば、NREGAが日給を引き上げても、労働者たちは受け取った金額がまったく増えていないと述べたので、このプログラムを運営している高官たちが増分すべてを懐に入れていると思われる。[23]

NREGAは、地元当局にプログラムをうまく実施するだけの自由度を与えることと、彼らがそれを濫用しないよう十分なアカウンタビリティを維持することとの標準的なトレードオフに直面している。証拠を見ると、NREGAが生まれて6年の間に、職員たちは裁量を使って本当に必要としている人々に恩恵を与えるより、私腹を肥やし友人たちに便宜を図ってきたことがわかる。そこに入ってきたのがスマートカードだ。これはインドの野心的なバイオメトリックIDシステムとなる。スマートカード計画の下で、インド人はすべてバイオメトリックデータ（通常は指十本の指紋）とデジタル写真で登録される。登録市民は全員、物理的なスマートカードを受け取り、そこに埋め込まれた電子チップに身元、バイオメトリック、銀行預金に関するデータが書き込まれる。ＮＲＥＧＡのようなプログラム向けに支払いをスマートカード経由で受け取るには、資格を持つ個人はサービス店舗に出向き、指紋の確認を受けて、適切ならば領収書と共に支払いを受け取ることになる。

インド人全員をスマートカード登録させるというのはすさまじい事業で、プログラムが軌道に乗るまで無数の実装上のつまずきがあった。最初のスマートカードは２００６年に発行されたが、２０１０年になっても発行数はあまり増えず、その時点で経済学者チームがアンドラプラデシュ州政府と取り決めをして、スマートカードがＮＲＥＧＡや年金支給の分配に与える影響を調査することになった。アンドラプラデシュ州の全住民はいずれスマートカードを得るはずだったが、政府は登録キャンペーンの段階的実施を無作為化するのに同意した。これにより研究者たちは、スマートカードがプログラムの効果に与える影響をはっきり見極められるようになった。８地区（総人口１９００万人）が研究に選ばれ、それぞれの地区の中で、数百のサブ地域（「マンダル」と呼ばれる）のサブセットが、２０１０年か２０１１年にスマートカードで「処置」されるか、後の実施のために残された「対照群」となった。

これでなぜスマートカードの影響がわかるのか？　州の南西端にあるアナントプール地区の、クンドルピとカンバドールという二つのマンダルを考えよう。この地方マンダル二つは、州の西端で隣接していて、住民数も、識字率も同じくらいだ。クンドルピは無作為に選ばれて２０１０年にスマートカードを受け取ることとなり、カンバドールはもっとずっと後に受け取ることとなった。カンバドールとクンドルピでNREGAプログラムの成果が2011年と2012年にちがってくるなら、地元政治や教育といった他の要因や、たまたまスマートカード発行と同時期に行われた州全体の反汚職キャンペーンのせいではなく、スマートカードによるものだという可能性が高い。

この事例では、技術が勝利をおさめた。対照マンダルに比べ、スマートカード処置を受けたマンダルは、手取り賃金が25％高く、1日働いた給料の受け取りも30％早くなり、支払い手続き時間も20％減った。研究者たちの推計では、幽霊労働者などの手口でNREGAから違法に利益を得ようとする手口は40％以上減った。社会保障年金の配布でも、「処置」マンダルは対照群に比べて類似の改善が見られた。(24)

このようにスマートカードという形の技術は、インドの福祉プログラムの効率を上げて汚職を減らすのに役立ち、官僚エリートではなく貧困者の役に立つようにした。でもだからといってインド人は慢心してはいけないし、技術で汚職問題が消えるなどと期待してもいけない。スマートカードは勝者――NREGAなどの正規受給者――を作り出すが、敗者も作り出す。それまでNREGA受給者に何人もいとこを登録させていた詐欺師たちは、あの手この手でスマートカードのプログラムもごまかそうとする。こうした集団は、自分の違法収入が消え去るのを手をこまねいて見ていたりはしない。実はNREGA研究の著者の1人によると、スマートカードを使うのは無用にややこしいという口実で、政府職員はスマートカードによるNREGA支給を廃止させようとしていたとか。研究の強力な結果――それに賃金が増えたNREGA参加者からの草の根支援――のおかげで、そんなことにはならずにすんだ。(25)

改革を志す人々は、インドのスマートカードをＬＰＧ補助金と結びつけたプログラムの教訓を学ぼう。この物語はハッピーエンドではなかった。ＮＲＥＧＡ同様、ＬＰＧ補助金は調理燃料にＬＰＧを使うインド最貧層を対象としたものだ。これは巨大なプログラムで、会計年度２０１３―２０１４年で80億ドル以上の補助金を出し、国家予算の11・５％を占める（これに対してＮＲＥＧＡは同じ年度で55億ドルだ）。そしてＮＲＥＧＡ同様、ＬＰＧ補助金は職員の横領や、無資格世帯の利用、架空の「幽霊」受給者などによる不正で悪名高かった。また不正入手の補助付きプロパン取引による闇市場も大繁盛となった。

コロンビア大学の博士課程学生プラバト・バルンワルがスマートカードによる燃料補助支給を研究すると、ＮＲＥＧＡプログラムで見られたのと同じ便益がたくさん見られた。資金が消えるのが減り、政府による無駄もなくなった――補助金プログラムの費用は11％、つまり10億ドルも減った[26]。この驚異的な節約にもかかわらず、燃料配布でのスマートカード利用は、２０１４年全国選挙に先立って意外にも廃止されてしまった。漏洩や費用は即座にスマートカード以前の水準に戻ってしまった。

なぜ政府が市民へのサービスを向上させ、しかもお金も節約できるプログラムをキャンセルするのか？　強力な利権保有者は、ＬＰＧ補助プログラムの汚職が減るとかなり損をすることになり、おかげでそれを廃止させようという動機が十分にあったわけだ。闇市場の商人たちは、補助金つき燃料へのアクセスがなくなって不満だったし、安いガスが不足したおかげで闇市場での価格が高騰し、顧客たちも文句を言った。プログラムが予想外に廃止されると、闇市場価格は15％ほど下がり、こうした特殊な利権保有者は大喜びだった。おそらくはこの人々が、燃料補助の汚職復活に向けてロビイングしたのだろう。インドのエンジニアたちが提供できる最高の技術も、政府がそれを使わなければ宝の持ち腐れだ[27]。

ハイテクによる汚職解決が、その導入で損をする人々に妨害されるという最後の例を挙げよう。私たちの1人は、政治学博士課程の学生ジョセフ・アスンカ、サラ・ブリエリー、エリック・クラモン、ジョージ・オフォスとの共同研究で、ガーナの2012年大統領選における不正選挙を研究した。この選挙は有権者の身元確認でバイオメトリック式ＩＤ装置を使った初の選挙だった。この技術は新しいもので実績がなく、選挙日中に17％が壊れた。おかげで投票が遅れ、一部の有権者は——選挙管理委員会の要件にもかかわらず——バイオメトリックで身元確認をせず、有権者一覧に基づいて投票できた。でも中立で訓練を受けた国内選挙監視員がおらず、選挙不正を防ぐべく立ち会っていない投票所では、機械が壊れた割合は立ち会い人のいた場所の2倍だった。さらにこうした投票所では、選挙不正の率も高かった[28]。

つまりハイテクは、汚職対策やアカウンタビリティ改善に大きな可能性を持つ。でもハイテクによる対策は、継続的な人間の監督と取り組みにより、その働きを誰かが邪魔したり、スイッチを切ってしまったりしないように注意しなければならない。まさに汚職低減に有望だからこそ、新技術は抵抗にあいやすいし、廃止させようという政治的な脅しも生まれる。そして実施が認められても、腐敗した人々は検出逃れの新しい迂回方法を考案するだろう。こうなるとそれまでの手法よりもさらに検出がむずかしくなるかもしれないのだ。

汚職との戦いで、マスコミや従来のメディアは役に立つの？

本章でさっき触れた、ウガンダの学校資金実験が示すように、メディアは政府の横領に関する情報を広めるのに重要な役割を果たせる。賢い横領役人はこの可能性を認識して、メディアが絶対に汚職暴露に動かないよう手を打つ。この役人からすれば、ジャーナリストの報道内容は政府がきちんと管理したほうがよいのだ、ということになる。だからこそ実に多くの国で、メディアは国の直轄だったり、政権与党とつながりのある一族が仕切っていたり、政党自身が運営していたりする。

２００３年のメディア所有に関する研究は、示唆的な例をいろいろ提供してくれる。(29) ケニアで４番目に大きな日刊紙『ケニア・タイムズ』は、ケニアアフリカ民族同盟に所有されている。カザフスタンでは、大統領の娘と義理の息子が同国のメディア12社のうち７社を所有し、サウジアラビアでは王家が最大の日刊紙五つのうち二つを所有している。さらに多くの国は、中間段階をすっとばしてあっさりメディアを直接所有する。ミャンマーでは最大のテレビ局は情報文化省が所有している。２番目に大きなテレビは軍のものだ（多くの場合、政府所有でも特に影響はないようだ。イギリス放送協会（ＢＢＣ）は政府所有だが、ＢＢＣが政府の提灯持ちだという糾弾は私たちの知る限りない――少なくともニュース報道に関しては。むしろそれは自前ではやっていけない文化機関を支えるための政府補助だ。ミャンマーや、象牙海岸、マレーシアなどの国家保有メディアに対して、ＢＢＣ、カナダ放送、アメリカ公共放送サービス（ＰＢＳ）などの低汚職環境における政府出資メディア組織は、運営の自律性も高い傾向が強い）。

全体としてこの研究は、国家のメディア所有や影響力は専制政府の下のほうが圧倒的に強いと結論している——こうしたレジームではマスコミはプロパガンダを広め、国民をコントロールする手段として使われる。もし専制政権が汚職撲滅を優先事項にしたら（現在の中国がそうしている）、メディアの国家所有は汚職官僚を曝露するツールの一つとなれるかもしれない。だがずっと多いのは、研究者たちが書くように、メディアの国家所有は「政府に対する世間の監視を押さえつけ、汚職を後押しする」[30]。実際、彼らは国のメディア所有と高い汚職とが相関していることを発見している。

政府保護の安全な傘の外側で活動する独立メディアは、潜在的には命がけのリスクに直面しかねない。ロシアのジャーナリストは特に、政府の後ろ暗い部分を暴くのがいかに危険か知っている。最近の死亡例として、故ボリス・ネムツォフは、ロシア大統領ウラジーミル・プーチンの声高な批判者だった。2013年の報道で、ネムツォフは2014年ソチオリンピックのための資金から、300億ドルが盗まれたと主張した。ネムツォフは2015年2月、クレムリン近くの橋で、背中を4発撃たれた。殺されたロシア人ジャーナリストを扱ったウィキペディアのページもあり、挙がった名前の一覧はきわめて長い。ジャーナリスト保護委員会によると、被害者の3分の1は汚職を報道していたという。

もっと穏やかな攻撃を行ったとされるのがインド政府で、ジャーナリストが囮捜査で国防省職員の収賄現場を撮影したことで（囮捜査については2第章で扱った）、ニュース誌『テヘルカ』が狙われた。同社は2003年に政府の捜査と逮捕に曝された。これはその創業者の1人タルン・テジパルによると「法的なナンセンスの山でわれわれに大いに負担をかけた」[31]。でも第3章で学んだ通り、勇敢なスキャンダル暴露ジャーナリストたちの活動が実を結ぶこともある。ペルーの諜報長官ブラディミーロ・モンテシーノスの事例を思い出そう。彼はペルーの政治家、裁判官、メディア所有者を子飼いにしていた。でも買収を拒んだテレビ局が一つだけあって、それがカナルNだった。そしてモンテシーノスによる敵対政治家と裁判官の買収現場のテープをカナルNが手に入れると、それだけでアルベルト・フジモリ政権は打倒された。

メディアは実に強力になれるので、横領専制支配者もメディアに手を出さずにはいられない。カナルN、『テヘルカ』などの暴露は、独立メディアが改革をもたらすにあたって果たせるすさまじい影響をかいま見させてくれる。独立メディアの重要性は二つある。市民が他では手に入れられない正確な情報を伝えること、そして全国の他のみんなも同じ情報を知っているのだと誰もが知っているという、知識のコミュニティを作り出すことだ[32]。人々がその情報に基づいて行動を起こしたがるか、起こす気があるかというのは別の問題だが、それなしには、社会は汚職に対応できない。

汚職を減らすのにソーシャルメディアが果たす役割は？

警官による暴力行為に対する市民の監視という点で、1991年3月3日はターニングポイントとなった。この晩、高速度のカーチェイスの後で、ロサンゼルスの警官たちはタクシー運転手ロドニー・キングを補捉し、地面に横たわるように命じて、気を失うまでぶちのめした。警官たちはあずかり知らぬことだが、この一件のほとんどは近くのバルコニーから殴打を目撃したジョージ・ホリデーによってテープ撮影されていた。手持ちビデオカメラが広く普及したのはほんの数年ほど前のことだったが、それが警察の行動を世間に広め、それまでは警官の証言と捕まった刑事犯との言い合いだったものについて、証拠が提示された。

ロドニー・キングのひどい処遇は、ホリデーの映像が世界中に放送されたことで、法廷以外でも広く視聴された。今日では、１０００ドル近くもする巨大なカムコーダーを抱えて回る必要もない――スマホさえあればだれでも警官や、もっと一般に公務員たちの蛮行を記録できる。また放送ニュースに頼る必要もない。ＹｏｕＴｕｂｅ、フェイスブックなどのウェブサイトにあげれば、ビデオや写真がヴァイラルに広がる。

これが一部の国における公職者の怪しい大盤振る舞いに影響したのはまちがいない。ロレックスをした中国の役人は、最近ではほとんど見かけない。公職者の車や宝石についての市民による記録のせいで、本章でこれまで述べたような反汚職取締に政府が乗り出したことも十分考えられる。政府が市民の圧力など意に介さない国では、これはあまり役に立たない。ウラジーミル・プーチンの報道官ドミトリー・ペスコフは、２０１５年の結婚式に67万ドルの１８Ｋ黄金の腕時計で登場したために、ソーシャルメディアで騒動を引き起こした。１年後の本書執筆時点で、彼は相変わらず在職中で、いまだに同じ時計をしている。[33] さらに、そんな「決定的瞬間！」映像で公務員は単に賄賂をもっとこっそり受け取るようになるだけかもしれない。たとえば黄金の腕時計ではなく、数字つきのスイス銀行口座などだ。

ソーシャルメディアはまた、公務員による賄賂要求についての情報をクラウドソーシングする手段としてももてはやされた。そうなれば当局は反応を余儀なくされる、と当時は思われた。これは２０１０年８月に非営利団体ジャナーグラハが立ち上げたインドのウェブサイトipaidabribe.comの想定だった。このウェブサイトは、インド第三の都市バンガロールの市民に対し、オンラインで贈賄要求の詳細を報告できる機会を与えた。要求金額や公務員の名前などを記入するのだ。当初の反応はすさまじく、最初の6ヵ月でこのサイトには5000件以上の賄賂報告が集まった。ipaidabribe.comは、全世界メディアから注目を集めるという栄光に浴し、そのプロフィールは『ニューヨーク・タイムズ』『エコノミスト』や無数のインド紙に登場した。サイトは、政府の反応をすばやく引き出した成功例を2つも挙げた。不動産登記と運転免許発行プロセスに改革をもたらしたというのだ。似たようなウェブサイトが世界中に登場した。目につくところだけでも、コロンビア、スリランカ、ガーナもいまや賄賂を報告するプラットフォームを持つ。

でも2010年にはサイトへの関心は尻すぼみとなった。サイトへのトラフィックも減り、もっと重要な点として、政策に影響を与える成功例はそれ以上出なかった。おかげで潜在的なホイッスル・ブロワーたちは、なおさらがっかりした——何も成果がないなら、手間暇かけ、リスクを冒してまで報告することもない。さらに、クラウドソースされた情報はすべて、信頼性という共通の課題に直面する。もし自由かつ匿名で通報できるなら、正直に交通違反切符を切った警官を運転手が逆恨みして、賄賂を要求されたと報告できない理由もない(34)。ソーシャルメディアは誤情報を広めたり、きちんと情報を集約できなかったり、私的な意趣返しに利用されたりする。不正確な報告は人のキャリアや人生をめちゃめちゃにしかねない。

ソーシャルメディアは、一般人がお互いにやりとりをして、汚職と戦うにあたって活動を調整するための潜在力は高い。エジプト、チュニジア、モロッコ、ヨルダンなどを襲った2011年アラブの春では、ソーシャルメディア——特にツイッターとフェイスブック——が抗議デモのカスケードを作り出すのに重要な役割を果たした。つまりデジタルソーシャル技術は、抗議活動の調整に不可欠だった。

本書を通じてずっと、情報の価値を私たちは強調してきた。特に共有知識の重要性が鍵だ。人が何を知っているかというわけでなく、他の人が何を知っているかについてどんなことを知っているのか、自分が何を知っているかについて、他の人が何を知っているかという話だ。ソーシャルメディアは、共有知識を作り出して、人々に期待が変わっていることを知らせるにあたってきわめて有益かもしれない。ソーシャルメディアの重要性をあまり誇張したくはない——なんといっても、抗議運動や革命は、そんなものがなくても何世紀も前から起こっているのだから。でも以前可能だったよりは、共有知識のネットワーク作りを、もっと広くすばやく実現する可能性は十分にある。

9.4　規範の変化はどのように起こるのだろうか？

本書を通じてずっと、汚職は均衡だと述べてきた。そして均衡を変えるには期待を変えねばならない。この最後の節では、規範変化が生じる二つの方法を検討する。啓発的な政治リーダーシップを通じてのもの、そしてボトムアップからのものだ。

第6章の文化の議論でも見た通り、他の点ではまったく同じ集団や社会が、まったくちがう汚職水準になってしまうことがある。[35] これは、ある人口群が贈収賄の文化を持ち、他の人口群は法を遵守する規範を持つようになるという歴史の偶然から起こることもある。当初は同じだったのが、それぞれが別個の均衡に落ち着き、たとえば交通警官にスピード違反で捕まると何が起きるかについて、ちがった信念を持つようになるわけだ。片方の社会では賄賂の要求と支払い、片方では罰金の収受。期待の不一致は、関係する片方または両者にとって困ったことになる。

汚職集団の法を、ナッジにより遵法集団にするのは簡単なはずだと思ってしまいそうになる。結局のところ、両者のちがいは習慣や因習しかないようだからだ。でもこれまた強調したように、それはまちがっている。いったん根付いたら、規範はなかなか変わらない。それはだれもが規範変化がよいことだと思っている場合ですらそうだ。もし汚職文化を社会的均衡と考え、他人がどうふるまうかについての相互に一貫した信念だとするなら、自分が汚職に賛成か反対かはどうでもいい。自分の行動は、他のみんながどうふるまうかに依存する——他のみんなが賄賂で行列の先頭に行くとき、一人だけ正直でいるのはなかなかつらい。

つまり汚職の文化を改革するには、どのように行動すべきかというみんなの信念を、どうにかして一気に変えなくてはならない。

政治的リーダーシップはどうやって汚職の文化を変えられる?

見方にもよるが、規範変化こそが偉大な指導者の役割なのだとさえ言える（そうでなければ、本書にはもっとたくさん成功例が出てきただろう）。現代史における偉大な反汚職改革の風変わりな考案者は、それをどう実現すべきかについていささかの洞察を与えてくれる。

1994年、アンタナス・モックスはボゴタのコロンビア国立大学で、数学と哲学の教授をしていた。その前年には同校の学長を辞任していた。態度の悪い学生たちを体育館に一杯集めて、全員に向けて尻をむきだしにしたからだ。マスコミに対して彼は、自分の行動をこのように弁護してみせた。「言葉が尽きたら、革新的な行動が役にたつのです」[36]。2年後、彼は地滑り的な勝利を収めてボゴタ市長となった。

当時のボゴタはパブロ・エスコバルと市街地を大混乱に陥れたドラッグ戦争の遺産から立ち直りつつあるところで、殺人率は戦争地帯以外の都市部としては世界最高だった。モックス教授——当人によれば「反政治家」——の選出はボゴタ市民が政治エスタブリッシュメントに幻滅した結果だった。いまや混沌に秩序をもたらすのがモックスの仕事となった。

モックスが市の疾病に対して独自の独創的な行動を持ち込んだと言うだけでは、とても彼のやり方を言い表せないだろう。初期の（そしていまや大いに喧伝された）市長としての行動で、モックスは演劇学生を雇い、パントマイムの格好をさせて、信号無視の歩行者をからかわせた。このパントマイマーたちはまた、親指を下に向けた「ダメね」カードを持っていて、それを信号無視の歩行者や運転手に対してサッカーのレフリーまがいに掲げてみせる（これは多目的カードで、よい市民向けにはひっくり返して「いいね！」になる）。

無言で白塗りの演劇学生たちがボゴタの無法な街路を改革できるなんてバカげていると思うかもしれない。でもこのアプローチがうまくいくかもしれない理由をよく考えて見よう。確かにおちゃらけてはいる。でもそのおかげで、もっと伝統的な介入では決して実現できないショックと注目が生まれた（学長時代に1000人のコロンビア大学生に向かってモックスがズボンを下ろして見せると、確かにみんな黙り込んだ——このおちゃらけも成功したのだ）。当のモックスは、体面を気にするボゴタ市民たちは警察の違反切符や罰金より、恥をかかせるほうに強く反応すると確信していたのだった——そして変わり者とはいえ、彼は同国民たちが何に反応するかについて、天才的な理解力を持っていた。

嘲笑による処罰は、信号無視の切符を増やすために警官を増やすといった手法に比べ、他にもいくつか利点があった。モックスは圧倒的多数で着任したことを思い出そう。得票率は70％だった。だからモックス——明らかにいつもの政治とはちがうものを示す候補者——が就任したということで、他のみんなも（少なくとも他のみんなの70％は）既存の仕組みをひっくり返したいと思っていることが誰にも明らかだった。交通違反は、その性質上個人的な活動だ。違反者をパントマイムで嘲笑するというのは、慌ただしい都心の交差点に、ポストモダン的な街頭劇場をもたらし、これが何千人もの注目を集めた。モックスは巧妙にも、パントマイムがこのスペクタクルに「視聴者参加」を可能にするような仕組みを取り入れた。通行人に「ダメね」カードを配ったのだ。こうすれば、一般市民も自ら違反者に恥をかかせることで、目に見える形で変化の支持をシグナリングできる。

また伝統的な取締強化とはちがい、パントマイムに賄賂は効かない。信号無視をしたら、背後に道化師がやってきて、でっかい赤字で「いけませんよ〜」と書かれた看板を掲げていたらどうだろうか？　財布を取り出して、何ペソか渡してやめさせるというのは、どうもしっくりこない。ある意味で、取締強化は逆効果になった可能性さえある——汚職に染まった警察は、この取締を口実に、一般市民から巻き上げる賄賂を吊り上げたかもしれないのだ（そして上司には、いままで通りの手数料を渡すというわけだ）。

そして、なぜ信号無視なのか？　これはとても目に付きやすい違反行為なので、変化が起きていることを伝えるには完璧だ。社会的影響もきわめて限られているので、遵法性規範のシフトに関する認識を高める出発点として優れている。ボゴタのすさまじい強盗や殺人は、嘲笑で解決できるものではない——ボゴタ市の住民は、これほど深刻な問題に対してこんなおちゃらけた対応は容認しなかっただろうし、さらにボゴタの殺人的な暴漢たちは、パントマイマーたちをボコボコにするか、殺しさえしただろう[37]。

パントマイムは、モックス政府に即座の勝利をもたらした。歩行者の信号遵守はものの数週間で3倍になった。他の犯罪が減るにはもっと時間がかかった。でも数年で、殺人は70％減り、ボゴタ市はそれを大いに自慢した。

モックスの成功物語はパントマイムだけで実現したわけではない。任期の早い時期に、警察に蔓延する汚職文化を一掃すべく、交通警官2000人がクビになった。街路から銃火器をなくす、銃の買い戻しプログラムもまちがいなく、暴力犯罪低減に貢献した。

モックスに言わせると、ルールと文化の改革をあわせることで市は一変したのだ。汚職とルール遵守が調整問題だという彼の理解——つまり自分がどうふるまうかは他の人がどうふるまうと思うかによる、ということ——は、その成功における決定的な要因だったかもしれない。

ボゴタの反汚職成功物語の教訓は何だろうか？　それがパントマイムや嘲笑の持つ変化推進力でないことは確実だ（ボゴタでの成功を見て、多くのまねっこ都市がパントマイムによる取締を試したのは何とも残念だ）。むしろ正しいふるまいについての社会的信念をシフトさせるのが重要だということなのだ。そしてそのプロセスにおいて、パントマイムが大きな役割を果たしたというわけだ。[38]

汚職の多い国に住んでいる人には何ができるだろう？

トップダウンで期待を変えるような、モックスに相当する人物がいない高汚職国の住民はどうだろう？　この最後の節では、直接汚職に対処しなければならない人々に向けて、個人として何ができるかを述べよう。ひょっとして、先週も車での通勤・通学で賄賂を要求されたかもしれない。家族が、叔父さんを治療している医師から現金補塡を要求されたかもしれない。起業を考えたけれど、書類作業や訪れるべきいろいろな政府機関の多さにうんざりし、そのそれぞれが——違法に——書類受け付けには賄賂をよこせと要求しそうなので諦めたかもしれない。

汚職がいけないことはわかっているし、賄賂は払いたくないという人もいる。でもそれが世の中の仕組みであるなら、どうしたらいいだろう。つまり、自分には何ができるだろうか？

できれば本書で学んだことを活用し、それが自分自身の状況にはどう適用できるかを考えてみてほしい。汚職が均衡なのだということを私たちは強調した。つまりどう行動すべきかという共有された期待の集まりなのだ。汚職を減らすには、そうした期待を変えねばならない。そしてこれをやるには、新しい信念を作り出し、どう行動すべきかについての共通理解を変える必要がある。これはつまり、有効な反汚職活動には、個人の道徳よりは公の場で活動する人々の集団が必要だということだ。

トランスペアレンシー・インターナショナルは、「反汚職キット：若き活動家のための15のアイデア」を頒布している（https://www.transparency.org/whatwedo/tools/anti_corruption_kit_15_ideas_for_young_activists/3/）。これは一般人にもできる反汚職活動を具体的に挙げている。[39] その一覧には以下が含まれる。

・政府支出の監視
・政府の便益やサービスの監査
・市民通信簿を書く
・情報のクラウドソース
・デモ
・署名活動
・有権者や投票者に選挙公約を守るよう頼む

こうしたアイデアはすべて魅力的だし、環境次第では実現性もある。ほんの小さな個人の集まりでも独自に開始できる活動もある。このトランスペアレンシー・インターナショナルなどの示唆を、本書で述べた考え方と結びつけて、それを自分たちの独自の環境にどう適用するのがいいか（そしてどれを適用するのがいいか）をもっとよく理解して欲しい。

その中で、すべてを貫く目標から目を離さないようお奨めしたい。それは、社会の期待を変えることだ。言い換えると、汚職に関する共通理解を作り出すのに貢献するべきだ――賄賂を払ったり票を売ったりするのが正しいやり方ではなく、それがもはやこの国のやり方ではなくなるのだ、ということを、他のみんなが知っているということをあらゆる人に知らせるということだ。これは自分の活動にみんなの注目を集めねばならない――コミュニティの他の人々に、自分のやっていることを知らせなくてはならないのだから。集団として声をあげねばならない。これには勇気が必要だ――汚職が対処すべき問題だということが広く受け入れられたら、数を頼みにできる――でも主流の社会規範に逆らうのは、いつだって高くつくし、危険が及ぶことだってあるのだ。

村や緊密なコミュニティでは、注目を集めるには気のあう仲間を集めて集会を開き、一部の政府サービスに賄賂を支払うのはやめようと合意するだけですむかもしれない。噂はすぐ広まる。でももっと大きな都市や町だと、変化を後押しするには、コミュニケーション戦略がまちがいなく重要な要素になるはずだ。

本書の著者は2人とも、ソーシャルメディア・プラットフォームが台頭するはるか以前に思春期を迎えたが、こうしたプラットフォームは次世代の反汚職救世軍たちがもっと効果的なツールを使えるという、わくわくする可能性を提示してくれる。これまでの節で、ソーシャルメディアの初期の成功と、その限界については議論した。でもこの技術は、社会行動や信念を調整する手段としてすさまじい可能性は持っているが、まだ初期の時代でしかない。この約束は、ツイッターとフェイスブックが改革者によるアラブの春デモの組織に役立った方法からも明らかだ。アラブの春のデモは、政府の鎮圧軍と対決するのが自分一人ではないとわかっている場合にだけデモに行きたいという、やはり複数均衡の状況だったのだ。ソーシャルメディアは、今後も公職者に何が期待されるかという信念（そして重要な点として、他の何人くらいが同じ信念を持っているか）をシフトさせることで、反汚職活動を調整するにあたり、同じように役立つかもしれない。

ソーシャルメディアと改善した情報フローには、さらに別の効果もある。世界の最も僻地にいる村人ですら、いまや遵法的な発展した民主主義において、人々がどう行動するか、どう行動すべきかについてずっと多くの情報にアクセスできる。伝統的な指導者に、お宝のバスケットを捧げたり、彼の指示通りに投票したりするのがそれまでの規範だったかもしれない。でもそうした地元の慣習は、村人がテレビで見たり、ラジオで聞いたり、新聞で読んだり、ケータイで閲覧したりするものとは完全に対立している。新しい情報だけでは、村の政治の仕組みについて信念を変えるのに不十分ではあるが、必要条件ではある。公職者は公共の利益になるように行動すべきだというメッセージを市民に見せずにすませられる政権は、世界にもはやほとんど残っていない。おかげで、汚職役人の欠点はむき出しにされてしまうのだ。

9.5　いつの日か政治汚職が根絶されることはあるだろうか？

本章ではこれまで、汚職をなくすためにこれまで実施されてきた有力なアイデアの、ほんのさわりを述べてきた。理想家や改革者たちはずっと長い一覧表を持っていて、有効性の高いものから、かなり怪しげなものまで効き目も様々だ。『アメリカの汚職』で法学者ゼファー・ティーチアウトは、アメリカの汚職がワシントンＤＣ固有の問題だと考えた19世紀シカゴのジャーナリストを例に挙げている。このジャーナリストによれば、ワシントンという都市は「住民たちの至上の圧倒的職業は、公職維持とロビイングであり、人生の報酬は親方アンクルサムの公庫の中身を自分の懐に入れることなのだ。（中略）このためワシントンは政治という身体の大いなる膿であり、耐えがたい傷だ。ワシントンの道徳的環境を純化できるような、健全な世論がこの深みに届くことは決してない[40]」。

この記者によるワシントンの腐敗した文化への解決策は、首都をニューヨークに移転させることだった。そこでは、ワシントンの立法者たちを飲み込んだ腐敗的影響から逃れたことで、市民の美徳が繁栄する、というわけだ。ウォール街文化や２００８年の大不況を見ていた人々は、このシカゴの記者の判断を疑問視するかもしれない。でも政府の場所が汚職に影響するのではという発想は、経済学者フィリップ・キャンパントとクオックアン・ドウによる最近の研究に支持されている[41]。この研究では、アメリカだと州都が有権者たちから孤立している州は、汚職率が相対的に高い傾向があるとされる。というのも政治家にアカウンタビリティを求める有権者や活動家たちからあまりに離れているからだ。この理論によれば、ニューヨーク州は州都をオルバニー市からニューヨーク市に移すことを本気で考えるべきかもしれない。

多少の創造性、実験、頑張りがあれば、こうした手法がいずれは汚職を根絶できると想像するのは現実的だろうか？　人間が天使になるか、汚職不能なロボットが支配者にでもならない限り無理だろう。当分の間、公務員の行動を制約する法律を作り、それを施行する必要性はずっと続く。社会学者マックス・ウェーバーは官僚制を「鉄の檻」と評したことで有名だ——硬直していて、人間性を失わせるもの、という意味だ。この檻は、官僚たちの権力濫用を防ぐために必要である一方、官僚たちのやる気を失わせ、適切な判断を下さないようにさせてしまうものでもある。だからルールと裁量のバランスが必要だ。ほとんどの場合、公職を任せられた人々は、その裁量を美徳と誠実さをもって下すものと期待できる。でもそうでない者もいる。これがルールだけでなく信頼に頼るコストだ。

汚職なき世界という目標は、世界の陰謀家や詐欺師たちにとっても不都合なものだ。改革者が人々を正直に保つ方法を見つける一方で、法の支配を覆そうとする人々もまた、まちがいなく新しい汚職の手法を探すはずだ。反汚職救世主たち（そしてもっと一般的には法執行関係者全般）の問題は、ゲームセンターでお馴染みのモグラ叩きゲームに似ている。小さい毛むくじゃらの動物が穴から頭を突き出すので、こちらはトンカチでそいつをなるべく素早く穴に叩き戻すわけだ。でも一匹を叩いた瞬間に、別のやつが登場する。モグラをすべてやっつけることはできない。単に跳びだしてきたやつをできるだけ素早く叩くだけだ。新しい横領手法や贈賄手法が、以前のものよりは高価でむずかしくなるのを祈るしかない――そうすれば、成功する悪漢も減るはずだ。

このどれ一つとして、反汚職活動が無駄だと示唆するものではない。命がけで正直な政府を目指した多くの活動家や改革者なくしては、問題はずっとひどいままだったろう。そして世界の住民のほとんどが体験する、つまらないコストや嫌がらせ――さらには政府の金庫から政治家のポケットへと流れる何十億ドルもの資金は言うまでもない――は、汚職との戦いのやりすぎなんかを心配するにはほど遠いところに私たちがいるのだという、説得力ある証拠となっている。

第9章で学んだこと

◎公務員給与の引き上げが汚職をうまく減らすには、あわせて取締の強化や賄賂容認の規範を変える努力が必要だ。
◎監視と取締の強化を通じて汚職と戦う場合、監視者や執行者自身が汚職をしないためにはどうするべきかという問題を引き起こす。専門の自立した汚職対策機関は、高汚職環境ですら人々の支持があれば汚職退治に有望だ。
◎バイオメトリックIDといったハイテクは、政府プログラムや選挙の不正を制限するのに有望だ。でも技術はその結果として損をする人々により潰されかねない。
◎自由なマスコミは、汚職を曝露して改革支持を引き起こすのに有用だ。でも世界の多くの部分では、メディアは政府が直接間接に所有・コントロールしている。
◎ソーシャルメディアは共有知識を作り出し、反汚職活動をボトムアップで作り出す可能性が特に大きい。
◎汚職規範の変化をトップダウンで引き起こすには有効なリーダーシップがとても大事で、一般市民のさらなる活動を調整するのに貢献する。

解説　反汚職のための冴えたやり方

溝口哲郎（高崎経済大学経済学部）

日々の生活において、あなたは賄賂を支払わなければならないような状況に遭遇したことがあるだろうか？　もしそうでなければ、あなたは国家制度が機能している国の幸せな住人である。しかしながら世界には、日常的に賄賂を要求され、支払わなければ生活ができないという人たちも存在する。例えば医療サービスを受けるために賄賂を支払わなければ、治療を受けられず、命を失ってしまうような国家で生活するような場合である。本書『コラプション』は、そんな腐敗・汚職について、様々な角度から対抗するための処方箋を提供してくれる本である。まず腐敗・汚職との戦いはなぜ始まったのか、軽く俯瞰してみたい。

腐敗防止の取り組みのこれまでの経緯

1990年代半ばより世界銀行を中心とした国際機関において、腐敗・汚職の問題は、開発援助の有効性を損ねるものという認識がもたれていた。1996年、世界銀行のジェームス・ウォルフェンソン総裁が、「腐敗・汚職という害悪との闘い」を世銀の最優先課題に据えたことが転換点となり、腐敗・汚職防止に対する国際的な法体制の構築が促進されていった。まず1997年11月に、不当な利益の取得のために外国公務員に対して金銭等の不当な利益を供与することを締約国の国内法において犯罪と規定するOECD対外国公務員贈賄禁止条約が締結された。さらに企業活動がグローバル化した状況で、各国企業が公正で効率的な国際競争による受注が要請され、贈賄などの不正な利益供与による腐敗行為での獲得は防止すべきというコンセンサスが高まってきた。そこで1999年1月にスイス・ダボスで開催された企業の自主行動原則を謳った国連グローバル・コンパクトの10原則の10番目の腐敗防止（強要と贈収賄を含むあらゆる形態の腐敗を防止するために取り組む）として盛り込まれた。そして2003年に国際連合で締結された「腐敗の防止に関する国際連合条約（略称：国連腐敗防止条約）」では、国際的な現象となっている腐敗・汚職に対して効果的に防止するために、腐敗行為の防止措置・腐敗行為の犯罪化・犯罪収益の没収と返還を踏まえた財産回復の国際的な協力体制を強化するに至っている。

著者略歴と本書執筆のいきさつについて

レイモンド・フィスマンは1996年にハーバード大で経済学のPh.D.を修得、現在ボストン大学のスレーター家行動経済学寄付講座教授として活躍している。フィスマンは、統計データを使用した腐敗に関する実証研究を数多く発表しており、彼の研究の特徴は、データによって腐敗との関連で可視化が難しい事象を結び付けるもので、ユニークで独自性が高いものである。なお翻訳されたフィスマンの著作には、エドワード・ミゲルとの共著（2014）『悪い奴ほど合理的』以外に、会社における不合理を経済学の視点から分析したティム・サリバンとの共著（2013）『意外と会社は合理的』（こちらはレイ・フィスマン名義）がある。もう一人の共著者であるミリアム・A・ゴールデンは1983年にコーネル大学で政治政策のPh.D.を取得。現在はカルフォルニア大学ロサンゼルス校の政治学部の教授として長年、世界各国の政治データを歴史的に分析しており、特に本書におけるイタリアの政治腐敗・汚職の研究についてはゴールデンの貢献が大きい。本書の「はじめに」にあるように、腐敗・汚職に関してそれぞれの領域で独自の研究を続けてきた二人が別々に、オックスフォード大学出版会から腐敗・汚職のトピックで執筆を偶然依頼されたことから、共著することになったのはまさに僥倖であった。それぞれの分野で名声の高いフィスマンとゴールデンが協働することによって、より腐敗・汚職の問題の核心に迫ることに成功している。

なぜ「腐敗・汚職」が重要なのか

ではなぜ腐敗・汚職防止が重要なのだろうか?腐敗・汚職は「公から委ねられた権限を個人の利得のために濫用すること」と定義される。つまり公務員が与えられた権限を利用して、賄賂などを私的に得ることである。賄賂以外にも、腐敗・汚職は、先進国・開発途上国を問わず、資源配分を歪めることで社会発展を阻害し、政府や各種制度を弱体化させる。このことこそが、腐敗・汚職が社会にもたらす損失である。時として腐敗・汚職は人命を失わせしめる重大な事故を引き起こし、大損失を社会にもたらすことがある。なおCorruptionの訳語には「腐敗」または「汚職」のいずれかが充てられるが、腐敗の方が汚職よりもより広義で利用されることが多い（例えば、国連腐敗防止条約では、対象は公務員以外の個人も含まれ、腐敗行為の防止措置、腐敗行為の犯罪化、財産回復などの国際協力が推進されている。日本は２０１７年７月から受諾し、同年８月に効力が発効されている）。次に腐敗・汚職の具体的なイメージをつかむために、身近な腐敗・汚職の事例と、本書とも関連する租税回避の問題についても紹介したい。

スポーツをめぐる腐敗・汚職の問題

国際的なスポーツを取り巻く汚職もまた、その利権を求めて巨額の賄賂がやり取りされることが多い。２０１５年に国際サッカー連盟（ＦＩＦＡ）の幹部14人をアメリカ司法省が組織的犯罪の罪で起訴・逮捕したＦＩＦＡ汚職事件が記憶に新しい。彼らはＦＩＦＡワールドカップの地区予選・南米選手権・南米クラブ選手権など、九つの大会を巡っての放送権の受注、そして南アフリカで２０１０年に行われたＦＩＦＡワールドカップの招致活動、さらに２０１１年に行われたＦＩＦＡ会長選における腐敗行為によって起訴、逮捕された。この事件では、ＦＩＦＡの幹部が自らの地位を濫用して、私利私欲のためにワールドカップ開催地、放映権の割り当ての決定を賄賂によって歪めたことが腐敗行為とされる（詳細はジェニングス［２０１５］を参照のこと）。このように聖域とされるスポーツの領域においても、放送権という利権を利用して、汚職が引きおこるあたりに腐敗の問題の根深さを感じる。そして我が国においても、巨額の利益と利権が絡むスポーツについての腐敗は例外ではない。目下フランス検察局が捜査中であるが、東京オリンピックの招致に関して、当時の招致委員会が2億2千万円余の契約料をシンガポールのコンサルタント会社に支払い、五輪開催地の決定に影響を与えたとされる関係者に贈賄していたとされる案件があり、海外では実名を含め、大きく報じられたことは記憶に新しい（例えばロイターの記事などを参照：https://jp.reuters.com/article/olympics-2020-breakingviews-idJPKCN1PC05P［２０１９年9月3日アクセス］）。

租税回避と腐敗・汚職の問題

次に腐敗と関連して、租税回避（Tax Evasion）の問題も取り上げておきたい。２０１６年に「パナマ文書（Panama Papers）」と呼ばれるオフショア企業に関する２．６ＴＢ分の文書がパナマの法律事務所モサック・フォンセカ（Mossack Fonseca）から流出した事件によって、実行税率の低い租税回避地（タックス・ヘイブン）における企業や個人の活動が明らかになったことは記憶に新しい。パナマ文書によって流出した情報には、オフショアを利用する21万４０００社の株主や関係者の名簿が流出し、その中には公的組織や世界の有力者などの名前のリストなどが含まれていた。これにより、世界の権力者層やその親族、企業や個人が脱税の目的で租税回避地に設置された実体のないオフショア企業に多額の資金を隠蔽、さらにはマフィアなどの反社会的勢力がマネーロンダリングを通じた腐敗、犯罪資金の租税回避地への資金移動を行っている実態も見られ、腐敗や汚職による資金の流れの一部も可視化された。その後、さらにパナマ文書に続きタックス・ヘイブン取引の現状がリークされ、パラダイス文書、オフショアリークスという形で国際ジャーナリズム連合（ＩＣＪ）によってデータベース化された。富裕層や国家の支配者層による蓄財や租税回避を目的とした行動は、法的にはグレーゾーンであり、本来であれば国家に納められるべき税金を富裕層が支払っていないという現実に対して、世界中から非難の声が上がった。特に腐敗した国家の支配者層や犯罪組織による租税回避地を経由してマネーロンダリングされた資金の追跡が難しくなることは、腐敗防止の観点から見ても大きな問題となっている。租税回避の経済的効果については、ズックマン（２０１５）に詳しい。

腐敗や租税回避などの問題に対抗するために、政治、社会、経済の領域を統合するような全体的アプローチが、社会科学の領域で進行している。腐敗の経済分析は、統計データの整備やランダム化比較実験（ＲＣＴ）、参与観察から得られた独自データからの分析（例えばヴェンカテッシュ（２００９）などが有名）の結果、新たな知見が得られている。これらの知見の中には、これまでの腐敗の実証分析の研究結果とは整合性が取れないケースもある。また実験経済学や行動経済学の知見が加わり、腐敗の研究の深化、各種データの整備の深化、腐敗の因果関係や相関関係に影響を与える新たな要因も発見され、腐敗防止のための学問領域を超えた分析がなされている（なお腐敗・汚職の研究の実証研究・理論研究に関する最近の動向については、溝口［２０１７］、小山田［２０１９］が詳しい）。

本書「コラプション」の特徴：腐敗・汚職を「均衡」として捉える

世界人口の半分が汚職・腐敗が日常的な国々で生活している状況で、汚職・腐敗に対する知見を深め、その防止策および撲滅のための入門書として一般向けに書かれた本である。著者双方とも「腐敗・汚職は資源配分の効率性を損ない、社会的格差を拡大し、民主主義の機能を損なう」という立場ではあるが、直接的に万人に影響を及ぼすわけではないので解決が難しいと指摘する。つまりミクロレベルの腐敗・汚職取引は個別で見れば利益は得られるかもしれないが、集計して社会全体で見れば損になるという合成の誤謬的な状況が成立しているといえる。そんな複雑な様相を呈する腐敗・汚職に対してどう対抗するのか、医者が患者の病気を精査するように、腐敗の要因を詳しく分解して見ていくことで、その謎を明らかにしていく。その診断後に、腐敗・汚職への処方箋を検討・提示していくが、その中でも最も重要なのは「高汚職均衡から低汚職均衡への転換点」を社会でどう発生させるのかにある。

なぜある国では腐敗・汚職が蔓延し、そうではない国があるのかを本書では「均衡」概念で説明する。「均衡」という言葉は、経済学に疎い読者にはやや聞きなれないかもしれないが、時間を通じて、ある現象がバランスを保ちながら変化しない状況へ移行した状態をイメージするとわかりやすいだろう。本書では汚職を「均衡」とみなし、人々がゲームのルールとして汚職を選んだ結果、と考える。つまり自分が腐敗・汚職行為をしたくないとしても、周囲が腐敗・汚職を継続しているのであればなかなかやめることができないという悪循環を一種の「均衡」としてみなす。本書でも触れられているように、賄賂支払いによってサービスを得ることができるというルールが成立すると、そのルールは頑健でなかなか変更が利かなくなり、ゲームのルールとして成立してしまう。そうなると変更が難しくなり、汚職・腐敗が蔓延する「均衡」になってしまう。一度成立した汚職の「均衡」をどう転換するのか、その制度設計こそが高腐敗国から低腐敗国への移行への鍵である。その際に重要になるのは、人々の期待が果たす役割である。政府が本格的に反腐敗・反汚職の活動にコミットするという姿勢を維持することは、人々の期待に働きかけ、腐敗の水準を低める「均衡」に移行するかもしれない。すなわち人々の期待が変わることによって、高い腐敗・汚職均衡から低い腐敗・汚職均衡への転換がなされる可能性がある。

腐敗・汚職とは何か

著者らはまず「腐敗・汚職」とは何かを考える。先に示したように、腐敗・汚職は公職を利用して私益を追求することである。そのため汚職・腐敗には、金銭の授受だけではない様々な形態も含んでいる。そして政府高官が民間と政府のポジションを行き来する回転ドアや天下りのような事例は、先に取り上げた日本のケースや、アメリカのケースも含め、利益相反の伴う汚職と本書ではみなしている。このような事例を踏まえて本書では、アンケート調査によって可視化された腐敗・汚職のデータ(例えば腐敗認識指数など)を用いて、どのような場合に腐敗・汚職の水準が高いのかを示している。腐敗・汚職が高い国は、貧困国が多く、腐敗が貧困をもたらし、さらなる腐敗と貧困をもたらす罠の状況に陥っている国もあり、一度そのような状況になるとなかなか抜け出るのが難しい。

効率的な汚職・腐敗?

腐敗と貧困の問題は「卵が先か、鶏が先か」という問題であり、腐敗を低めれば貧困がなくなるのか、それとも逆なのか明確ではなかった。しかしながら経済成長の文脈ではレフが提唱した「腐敗・汚職は経済的効率性を促進する可能性がある」という「潤滑剤」の考え方と、腐敗・汚職は非効率性を是正するよりも、むしろ悪化させるという「滑り止めの砂」の考え方である。前者は、政府が無能である場合には、腐敗・汚職によって賄賂などがルール化されるために、資源配分の効率性が高まる可能性があるとする。一方、腐敗・汚職は効率性を損ねるという滑り止めの砂であるという考え方は、国家制度のもとで官僚がレントを追及するために資源配分の効率性が損なわれているものである。本書では前者を否定し、後者が正しいという立場である。腐敗・汚職は社会全体で見れば資源配分の効率性を損ね、その結果経済成長に悪影響を及ぼすからである（なおこの腐敗・汚職が経済的効率性を高めるという「潤滑剤」の仮説はその後、様々な実証分析によって現在は否定されていることを付記しておく）。加えてバングラデシュのダッカのラナプラザの悲劇で明らかにされたように、賄賂による手抜き工事による悲劇的な死亡事故などを引き起こすこともある。腐敗・汚職による人為的な損害は、予防することが可能であるにも関わらず世界各地で起こるというのは、腐敗・汚職による期待利得が高いからである。つまり経済全体では腐敗・汚職は悪影響を及ぼすことがわかっていながらも、個人レベルでは腐敗・汚職が継続している。なぜなら賄賂の供給側である企業と賄賂の需要側である官僚、政治家は、贈賄のコストと便益を図りながら、自分たちの利益を最大にしているからである。殊更、賄賂の供給側である企業が、一致団結して贈賄をやめれば利益を上昇できるが、個別企業は抜け駆けした方が一致団結したときの利益よりも大きいため、ミクロ的な腐敗抑止策が難しい。

腐敗・汚職と制度・文化・慣習

本書はさらに腐敗・汚職は文化・慣習であり、制度に組み込まれている状況を紹介している。各国において制度や文化は人々の経済・社会行動を規定するものである。もしこのような制度や文化がなければ、人々の間の相互関係の構築には高い取引費用を伴う。腐敗・汚職を伴う取引は、通常の取引よりも高い取引費用を伴う可能性が高い。ところが皆が腐敗・汚職をする文化・慣習のもとでは、腐敗・汚職が社会規範となり、ルールと化してしまう可能性がある。しかしながらある特定の文化や宗教、民族が腐敗を起こしやすいということはないものの、民族的な細分化した社会は腐敗・汚職が起こりやすいことをいくつかの事例を具体的に挙げて紹介している。加えて民主制度と政党政治の機能を精査した上で、民主制政治の国々が非民主制政治の国々よりも腐敗・汚職が低いとはいえないとしている。言い換えれば政治制度が汚職・腐敗を回避可能なのは皆がその制度を守るときのみである。高腐敗国から低腐敗国に移行するためには、有権者の行動、外部からの変化、国家トップの反腐敗行動へのコミットメントが重要である。

腐敗・汚職を防止するために

腐敗・汚職と対抗する具体的な手段として、著者らは公務員の賃金を上げる（効率賃金）にすること、独立した反腐敗機関の設立、情報の透明性を高めること、監視と執行能力を高めることを挙げ、それぞれの手段の長所と短所を十分に検討している。昨今ではソーシャルメディアやＩＴ技術の発展により、執行能力や監視能力は格段と上昇しており、汚職・腐敗に対する対抗手段の一つになりつつある。

また国家の指導者層が本腰を入れて反腐敗・反汚職防止運動にコミットすることで、腐敗の水準を低めることが可能になる事例も紹介されている。強いリーダシップ、情報の透明性の担保、市民共闘の深化等があれば、腐敗・汚職をある一定水準までコントロールすることは可能だろう。本書を読み終えた読者は、世界中で今なお進行している腐敗・汚職の本質を理解し、対峙する勇気を得ることができるだろう。

【参考文献】

スティール・ヴェンカテッシュ（2009）『ヤバい社会学：一日だけのギャング・リーダー』望月衛訳、東洋経済新報社

小山田英治（2019）『開発と汚職：開発途上国の汚職・腐敗との闘いにおける新たな挑戦』明石書店

アンドリュー・ジェニングス（2015）『FIFA腐敗の全内幕』木村博江訳、文藝春秋

ガブリエル・ズックマン（2015）『失われた国家の富：タックス・ヘイブンの経済学』林昌宏訳、NTT出版

レイ・フィスマン&ティム・サリバン（2013）『意外と会社は合理的：組織にはびこる理不尽のメカニズム』土方奈美訳、日本経済新聞出版社

レイモンド・フィスマン&エドワード・ミゲル（2014）『悪い奴ほど合理的：腐敗・暴力・貧困の経済学』田村勝省訳、NTT出版

溝口哲郎（2017）「腐敗の実証研究の最近の動向について」『高崎経済大学論集』第60巻、第2・3号、89〜104頁

訳者あとがき

本書はRay Fisman and Miriam A.Golden, *Corruption: What Everyone Needs to Know* (2017, Oxford University Press) の全訳となる。翻訳にあたっては、版元から提供されたPDFファイルと紙の本の両方を参考にしている。ちなみにこれは、様々な話題についてバランスの取れた優れた概説を提供するWhat Everyone Needs to Knowシリーズの一冊だ。「プライバシー」「人権」といったきわめて大きな話から、「女性スポーツ」など妙に特化した話や「ブレグジット」といった時事ネタまで扱う話も様々だが、どれもその時点の知見をなるべく偏らずにまとめている。一部は邦訳もあり、クローバー『チャイナ・エコノミー』(白桃書房) などは高い評価を得ている。

著者の一人レイ・フィスマンは若手経済学者で、かの『ヤバい経済学』のスティーブン・レヴィットのお仲間だ。すでにフィスマン&ミゲル『悪い奴ほど合理的』(NTT出版)、フィスマン&サリバン『会社は意外と合理的』(日本経済新聞出版社) などの邦訳もあり、経済合理性とは無縁と思われている人々や、一見不合理に思える各種活動も、実は経済合理性の裏付けがあることを様々な分野で示している。いわば経済学帝国主義の尖兵の一人だ。本書も、不合理に思える賄賂というものが持つミクロな合理性をもとに各種分析が行われている。

ゴールデンは政治学者として、途上国における政治的な腐敗に関するデータを集め、分析を行っている。詳細については溝口教授の解説をご参照いただきたい。

本書の概要

本書はそのシリーズの中で、汚職や腐敗を分析した入門書だ。とはいえ、これはそもそも分析がなかなかむずかしい問題だ。実際に行われている汚職の規模や件数についての正確な統計などあるはずもない。きちんとした対照実験ができる部分もきわめて限られている。各種の汚職撲滅運動も、結果は様々だし、地域や文化による個別性がきわめて大きい。だから、何かすごい理論体系があって、その入り口を紹介しましょう、というような意味での入門書ではない。むしろ既存研究をもとに、汚職についての知見をまとめた総合解説書と言うべきか。こうした個別性の高い分野では、ある場所でのデータや知見を一般化するのはなかなかむずかしいけれど、それを厳密にやりすぎたら、何も言えなくなる。本書は、多少そうした厳密性を多少は犠牲にしても、学問的な知見をある程度は一般化し、市井の人々がある程度は使えるようにしてくれる点で非常にありがたい。

そして、そこから出てくる結果は、多くの人の常識と一致している部分もあれば、そうでない部分もある。貧困国で汚職は多いらしい。富裕国はだいたい汚職は少ない。が、汚職が少なくても豊かになれるわけではない。訳者は、本業が発展途上国の開発援助なので、賄賂まみれの国にでかけることも多い。そういうところの公務員を見るにつけ、この人たちの給料を上げれば賄賂なんか一発でなくなるだろう、と思ってしまう。でもどうもそれだけでは効かないらしい。独裁制は独裁者への賄賂ですべてが決まるから、独裁制のほうが腐敗しやすいのだと思いがちだけれど、必ずしもそうではない。王政はむしろ汚職が少ないという結構意外な結果も出ている。一方、民主主義で汚職が減るかというと、そういうわけでもない。ソーシャルメディアも万能薬ではない（本書ではずいぶん期待されているけれど、いまのフェイクニュース跋扈への貢献を見ると、かなり用心すべきだとすら訳者には思える）。

ただ一つ言えるのは、どこの世界でも賄賂を払うのが好きな人はいないということのようだ。みんな、仕方ないから払っているだけだ。そして、みんなが賄賂を払う世界では、自分だけ払わないわけにはいかない。だからまず、賄賂の実態や個別の状況について情報をみんなが共有し、それをみんな嫌がってる認識を共有するところから始めよう。そして、みんなで手を組んで、賄賂や汚職に一斉に対抗するしかない！

あたりまえの話ではある。でも本書はその（ある意味でつまらない）結論に到達するまでに、みんなが漠然と思っている話をきちんと検証する。ぼくたちはついつい「XXは賄賂文化だから」「YY人は遺伝子に賄賂が染みついているから」なんてことを口走ってしまう。でもこれは本当に裏付けられることなのか？　清廉候補として台頭した政治家が、結局汚職まみれになるのはどうして？　そうした様々な側面からの分析を紹介することで、本書は汚職／腐敗が持つきわめて多様な側面を（可能な限り）実証的に示してくれる。

別の枠組み——腐敗のクズネッツ曲線？

本書が採用する枠組みは、腐敗の均衡というものだ。みんなが賄賂を払い、みんなが賄賂をもらうのが当然の場所では、それが社会としての均衡になっているので、そこから逸脱するのはとてもむずかしい。賄賂がない世界ではその逆だ。賄賂のない世界の人々が「賄賂なんか払わなければいい」と上から目線で説教するのは簡単だけれど、高い腐敗の均衡の中にいる人々にとって、自分だけ賄賂を払わなければ、生活が成り立たなくなる。

これはもちろん、賄賂の横行する文化の中で暮らした経験のある人なら、だれでも知っていることだ。汚職に直接関わったことのある人は、日本ではそんなに多くないかもしれない。でも外国、特に途上国で仕事をしたことのある人は、大なり小なり賄賂や汚職に触れざるを得ない。今世紀に入ってからはもうなくなったが、アジアやアフリカの一部の国は、入国審査官が袖の下を求めて嫌がらせをするので有名で、それを避けるためにパスポートに五ドル札をはさんでおけ、といった「生活の知恵」が流通していた。本書にもよく登場する、スピード違反の因縁をつけてくる警官への対応とか、その世界の「常識」がある。

時にはそれが笑い話にもなる。インドネシアのスハルト大統領のティエン夫人は、あらゆる公共プロジェクトで10%の袖の下を要求するので有名で、外国の関係者からは「マダム・ティエン・パーセント」というあだ名を奉られていた。微笑ましい話ではある——他人事として聞いている限りは。

でも、いったんそういう文化に入ってしまえば、賄賂はもはや事業経費の一部でしかなくなる。途上国経験の長いビジネスマンと話をすると「あの国は賄賂の透明性が高いからむしろ事業がやりやすい」という、一見するとわけのわからない話が出てくる。これはつまり、賄賂の相場が明確で（たとえば、「ティエン」パーセント）、変な腹の探り合いみたいなゴネ交渉が不要だという意味だ。ちなみに、本書では世界銀行などが一時、賄賂を制度の不備を補うものとして積極的に肯定していたかのような記述が登場するが、個人的にはあれがそういうものだとは思っていない。むしろいま述べたように、賄賂にある程度の透明性があれば、それが大きく経済活動を遅らせることはないから、ヘタにいじるな、という現場の（薄汚いが現実的な）知恵を反映したものだと思う。わずかな賄賂にこだわって医療援助を止めて人々を見殺しにするより、そこは目をつぶって人命を助けるべきでは？　レフたちの議論は、それを建前上擁護するための屁理屈で強弁だということは、当人たちもある程度はわかっていたはずだ。が、閑話休題。

そして、そういう話を聞いているうちに、ひょっとすると本書の分析、特に経済発展との関わりについての考え方は不十分かもしれない、という気もしてくる。本書では、ある一時点において、経済成長と腐敗水準との相関をとって、腐敗や汚職は経済成長にどう影響するか、という分析をしている。でも現実には、経済成長は汚職以外の要因が圧倒的に大きい。カンボジアはあまり清廉な国とは思われていないけれど、かなり高い成長を記録した。そういう例はたくさんある。そして汚職が減るときも、汚職が減ったから経済成長が高まるよりは、むしろ経済成長したから汚職が減ったような印象を受けることも多い。

すると、訳者は汚職や腐敗を考えるとき、別の枠組みが考えられるのでは、とも思う。腐敗クズネッツ曲線のような枠組みがあり得るのでは、ということだ。

クズネッツ曲線は、経済格差や環境についてよく使われる。貧しいときには、格差はそこそこ、環境もそこそこ。でも経済発展すると、格差も環境も悪化する。でも、さらに経済発展すると、貧乏人も豊かになるし、豊かな人々はひどい環境をいやがって、各種の公害対策にもお金が使えるようになる。すると格差も環境も以前よりずっと改善される、というものだ。

これが格差や環境について本当に正しいかは、いろいろ議論があるけれど、当てはまる部分も大きいようだ。そして汚職もそうなのでは？

貧困時には、そこそこ汚職や賄賂があるけれど、貧しいのでその規模はたかが知れている。でも経済発展してくると、様々なプロジェクトが生まれてきて、汚職の機会も増えるし、その規模も拡大する。でもさらに発展すると、本書で指摘されたように賄賂をいやがる中産階級が増え、腐敗低減への動きが生じる、という具合に。

これは本書で紹介されている近代化理論と似ている。でも、経済発展が賄賂の機会を増やしてそれを（金額的に）拡大する場合もある、というのを明示的に考慮する点がちょっとちがっている。まあ、これはぼくの単なる思いつきだし、一方でその程度のことはすでに考えている人もいるだろう。今後、汚職や腐敗の研究が進むにつれて、こうしたもっと動学的な分析も進むのでは、と期待したいところだ。

その他雑談

最後に、最近の汚職がらみの話題を。

2007年に、インドで賄賂をなくすキャンペーンとして、NGOフィフス・コラムが0ルピー札を作り出した。賄賂を要求されたら、それを渡す。これは、賄賂は払いませんという意思表示だ。でもそれだけではない。0ルピー札運動はメディアで広く宣伝された。だからそれを渡すことで自分が単に個人として賄賂を拒否するだけでなく、もっと大きな運動の一部でもあるのだということを示せる。

これは、ボゴタのモックス市長による取り組みと似ている。ちょっと笑えるパフォーマンスを、もっと大きな運動とからめ、それをメディアでのアピールにつなげることで共有知識にも影響を与える――キャンペーンとしてはかなりの成功をおさめ、いまやこの活動はインド以外にも拡大されつつある。それが実際の汚職低減にどこまで役だったかは、いずれ（本書の第2版などで）分析が出ると期待したい。

一方で、腐敗や汚職をなくしたいのであれば、なんでもかんでも汚職だ腐敗だと強弁するのは慎むべきだろう。日本では2017年のモリカケ疑惑なるものが国会やマスコミを賑わした。安部首相一家の自称お友だちなどに便宜が図られたので、首相が指図したにちがいない、という話だった。そしてそんな指図の証拠が見つからないと、いや指示がなくても下々の連中が勝手に配慮（「忖度」という異様な用語が湧いてきた）したんだ、よって首相の不正だ汚職だ、辞任しろというひどい議論が展開された。それは首相ではなく、勝手な思惑で実際に不正や勇み足を行った人々を糾弾すべきでしょう。政治の不正や汚職、縁故びいきをなくすのは重要なことだ。でもそれが実際の汚職追及よりは単なる政争の口実でしかないのを露骨に示しすぎたことで、本当の不正追及の機会まで不意にしてしまったのは愚かなことだ。本書でも、汚職追及が実は政敵打倒の手口でしかない例がいろいろ登場する。それをやりすぎると（まして理屈をねじまげてまでそれをやると）、むしろ不正糾弾についての人々の信頼すら揺るがす、狼少年状態を招きかねない。

最後に

本書は訳者二人で前半（守岡）と後半（山形）を分担し、それを最後に山形が統一する形で翻訳を進めた。厳しいチェックを行ってくれた編集担当の永田透氏と、解説も書いていただいた溝口哲郎氏には大いに感謝する。ありがとう。また記述のちょっとした誤りについての問い合わせにすぐ答えてくれた著者二人にも感謝する。使われたデータについては、まえがきにもあるように、著者たちのウェブサイトにあるので、興味ある方は自分でいろいろいじってみてほしい。

大きなまちがいはないと思うが、もちろん思わぬミスやかんちがいはあるだろう。お気づきの点があれば、訳者までご一報いただきたい。以下のサポートページの正誤表に随時反映する：https://cruel.org/books/corruption/ こちらには、著者のページなどのリソースへのリンクも載せておく。

２０１９年ハバナにて

訳者代表　山形浩生
hiyori13@alum.mit.edu

39. 反汚職の星とも言うべきロバート・クリットガードは、共著のハウツーマニュアルをオンラインでもフリー公開している。題名は *Corrupt Cities: A Practical Guide to Cure and Prevention* だ。以下でダウンロード可能: http://documents.worldbank.org/curated/en/2000/01/693273/corrupt-cities-practical-guide-cure-prevention, 2016年12月7日アクセス。彼の示唆と以下で私たちが論じるものには重複があるが、彼の処方箋は個別市民よりは政策担当者を対象としたものだ。
40. Z. Teachout, *Corruption in America: From Benjamin Franklin's Snuff Box to Citizens United* (Cambridge, MA: Harvard University Press, 2014), 12.
41. F. R. Carnpante and Q.-A. Do, "Isolated Capital Cities, Accountability and Corruption: Evidence from US States" (National Bureau of Economic Research [NBER], Working Paper No. 19027), 2013.

31. テジパルは強姦の罪で2013年に逮捕された。この裁判はまだ執筆時には進行中なので、彼が公的な不正を暴いただけでなく、自分の権威を使い女性を犠牲にしたかどうかは断言できない。テジパルが強制わいせつで有罪かどうかにかかわらず、彼が他の事柄に関連した政府の嫌がらせの被害者である可能性は十分にある。
32. 国民コミュニティとアイデンティティの感覚を構築するために共有情報が重要であることは、B. Anderson, *Imagined Communities: Reflections on the Origin and Spread of Nationalism* (London: Verso, 1983)〔『定本想像の共同体：ナショナリズムの起源と流行』白石隆、白石さや訳、書籍工房早山、2007〕でも強調されている。
33. ペスコフはそれが花嫁からの結婚の贈り物だったと主張したが、結婚の何ヵ月も前にそれをつけているところを見つかっている。
34. 類似のウェブサイトはオリジナルほどは成功しなかった。特に顕著な例として、中国版は実に急速に勢いを失った。政治学者ユエン・ユエン・アンは、これが中国政府による長期の弾圧の結果であり、おかげでこうした組織はインド版のようなプロ意識と自立性がなくなってしまったのだと論じた。Y. Y. Ang, "Authoritarian Restraints on Online Activism Revisited: Why 'I-Paid-A-Bribe' Worked in India but Failed in China," *Comparative Polilics* 47 (1) (2014): 21–40 参照。
35. この節は一部の材料を R. Fisman and E. Miguel, *Economic Gangsters: Corruption, Violence, and the Poverty of Nations* (Princeton: Princeton University Press, 2010) より拝借した。
36. Simon Romero, "A Maverick Upends Colombian Politics," *New York Times*, May 7, 2010, A8.
37. よく聞かれるのは、なぜパントマイマーたちが信号無視をからかったことで、殴られたり殺されたりしなかったのか、ということだ。ここでも、市民の間に概ね変化を求める願望があったことを思い出そう。たぶんパントマイムを攻撃したら、正義漢たちの群集がたちあがり、パントマイマーたちを守ろうとしたのではないかと思う。
38. モックスとボゴタ市の激変に関するドキュメンタリーが2本制作されている。その一つは *Cities on Speed* シリーズの1本で、オンラインで自由に鑑賞できる: https://www.youtube.com/watch?v=410kLNIT3gI, 2016年12月7日アクセス。

Corruption to Improve Schooling: Evidence from a Newspaper Campaign in Uganda," *Journal of the European Economic Association* 3 (2–3) (2005): 259–67.

18. B. Rothstein, "Anti-Corruption: The Indirect 'Big-Bang' Approach," *Review of International Political Economy* 18 (2) (2011): 228–50.
19. See E. Morozov, "To Save Everything, Click Here: The Folly of Technological Solutionism," *New York: Public Affairs* (2014) : ix を参照。
20. NREGA保障賃金は州ごとにちがう。ここでの数字は2016年のもの。
21. S. Dutta, "Power, Patronage and Politics: A Study of Two Panchayat Elections in the North Indian State of Uttar Pradesh," *South Asia: Journal of South Asian Studies* 35 (2) (2012): 329–52.
22. 報告書は以下にある: http://archive.indianexpress.com/news/nregs-loot-dead-men-walking-as-ghost-711901/, 2016年12月7日アクセス。
23. P. Niehaus and S. Sukhtankar, "The Marginal Rate of Corruption in Public Programs: Evidence from India," *Journal of Public Economics* 104 (2013): 52–64.
24. K. Muralidharan, P. Niehaus, and S. Sukhtankar, "Building State Capacity: Evidence from Biometric Smartcards in India," *American Economic Review* (近刊).
25. Sandip Sukhtankar との私信。
26. P. Barnwal, "Curbing Leakage in Public Programs with Biometric Identification Systems: Evidence from India's Fuel Subsidies," 未刊行論文, 2015.
27. 私たちの情報の一部は Prabhat Barnwal "Curbing Leakage in Public Programs with Direct Benefit Transfers," 未刊行ワーキングペーパー , https://assets.publishing.service.gov.uk/media/57a08986ed915d622c00026f/89111_barnwal2014leakage.pdf, 2016年12月4日アクセス。
28. こうした結果が報告されているのは M. A. Golden, E. Kramon, G. Ofosu, and L. Sonnet, "Biometric Identification Machine Failure and Electoral Fraud in a Competitive Democracy," 未刊行論文, 2015.
29. S. Djankov, C. McLiesh, T. Nenova, and A. Shleifer, "Who Owns the Media?" *Journal of Law and Economics* 46 (2) (2003): 141–82.
30. Ibid., 167.

6. 1787年に憲法制定会議で行われたフランクリンの演説、"Dangers of a Salaried Bureaucracy" より。
7. ここで取り上げた研究はS. Barfort, N. Harmon, F. Hjorth, and A. I. Olsen, "Sustaining Honesty in Public Service: The Role of Selection," 未刊行論文, 2016.
8. ユウェナリスはこの一節を不倫についての懸念で使ったが、発想は同じだ。
9. こうした知見はレオニド・ハーウィッツの2007年ノーベル賞受賞演説から採った。その録音を聴くには以下を参照: http://www.nobelprize.org/nobelprizes/economic-sciences/laureates/2007/hurwicz-lecture.html, 2016年12月7日アクセス。
10. 反汚職機関は独自の協会とそのウェブサイトを持っていて、それを見ればさらに情報が得られる: http://www.acauthorities.org/, 2016年12月7日アクセス。
11. 中国がTIの腐敗認識指数で2012年から2014年にかけて実は順位を落としたというのは興味深い。このため汚職の認識は、実際の汚職そのものだけでなく、その公的な曝露にも左右されるという見方に対する裏付けができた。
12. ギトンゴの汚職取締活動に関する詳細な記述としては M. Wrong, *It's Our Tum to Eat; The Story of a Kenyan Whistle-Blower* (New York: Harper Perennial, 2010) 参照。
13. こうした手口の多くはキバキの所属するキクユ族に恩恵を与えるようになっていた。第六章で、キバキが大統領としての権力を使って自分の民族集団たちにご褒美をあげていたのを思い出す読者もいるだろう。
14. ギトンゴが狙った人物の1人、エネルギー大臣キラツ・ムルンギは、ギトンゴがイギリスのスパイだったと主張する。この糾弾は裏付けられていない。
15. こうした事例の概観とまとめが以下にある: https://successfulsocieties.princeton.edu/publications/underdogs-watchdogshow-anti-corruption-agencies-can-holdpotent-adversaries, 2016年12月7日アクセス。
16. Gabriel Kuris, "From Underdogs to Watchdogs: How Anti-Corruption Agencies Can Hold Off Potent Adversaries," Innovation for Successful Societies, Princeton University Working Paper 3, 2014.
17. この研究結果が報じられたのは R. Reinikka and J. Svensson, "Fighting

22. A. Acconcia and C. Cantabene, "A Big Push to Deter Corruption: Evidence from Italy," *Giornale degli Economisti e Annali di Economia* 67 (1) (2008): 75–102, Figs. 1 と 2, 80 での記述。
23. この記述は M. Manion, *Corruption by Design: Building Clean Government in Mainland China and Hong Kong* (Cambridge, MA: Harvard University Press, 2004), chap. 2 で記述された研究に基づいている。
24. ジョージア国の汚職との戦いについては M. Light, "Police Reforms in the Republic of Georgia: The Convergence of Domestic and Foreign Policy in an Anti-Corruption Drive," *Policing and Society* 24 (3) (2004): 318–45 に基づいている。
25. シンガポールの汚職撲滅成功についての私たちの知見は J. S. Quah, "Controlling Corruption in City-States: A Comparative Study of Hong Kong and Singapore," *Crime, Law & Social Change* 22 (1995): 391–414 に基づいている。

第9章　汚職を減らすには何ができるだろうか?

1. C. Van Rijckeghem and B. Weder, "Bureaucratic Corruption and the Rate of Temptation: Do Wages in the Civil Service Affect Corruption, and by How Much," *Journal of Development Economics* 65 (2) (2001): 307–31 参照。
2. この情報は P. Mishra, A. Subramanian, and P. Topalova, "Tariffs, Enforcement, and Customs Evasion: Evidence from India," *Journal of Public Economics* 92 (10) (2008): 1907–25 に基づいている。
3. これは経済学における効率性賃金の一種だ。C. Shapiro and J. E. Stiglitz, "Equilibriwn Unemployment as a Worker Discipline Device," *American Economic Review* (1984): 433–44 参照。
4. R. Di Tella and E. Schargrodsky, "The Role of Wages and Auditing during a Crackdown on Corruption in the City of Buenos Aires," *Journal of Law and Economics* 46 (2003) : 269–92.
5. 研究は、取締が絶頂のときには賃金と支払われる価格との間にまったく相関を見つけられなかった。著者たちは、調達職員が当時はあまりにしっかり監視されていたので、サラリーにかかわらずだれもキックバックを要求したりはしなかっただろうと論じる。

果は分かれている。Evidence in Governance and Politics が様々な国で行った関連し合う研究群は、共有知識理論を支持するには弱いが、執筆時点ではまだ分析は途中だ。この研究群の計画は T. Dunning, G. Grossman, M. Humphreys, S. Hyde, C. McIntosh, C. Adida, and N. Sircar, “Political Information and Electoral Choices: A Pre-Meta-Analysis Plan,” 未刊行実験事前計画, 2015にある。結果の速報としては C. Adida, J. Gottlieb, E. Kramon, and G. McClendon, “How Coethnicity Moderates the Effect of Information on Voting Behavior: Experimental Evidence from Benin,” 未刊行論文, 2016 参照。

14. 興味ある読者はマッキーの原論文を参照; G. Mackie, “Ending Footbinding and Infibulation: A Convention Account,” *American Sociological Review* 61 (6) (1996): 999–1017. この材料はまたK. A. Appiah, *The Honor Code: How Moral Revolutions Happen* (New York: W. W. Norton, 2010) でもカバーされている。
15. これについては E. C. Chang, M. A. Golden, and S. J. Hill, “Legislative Malfeasance and Political Accountability,” *World Politics* 62 (2) (2010): 177–220 でもっと厳密に記録している。
16. 読者の中には、この状況がゲーム理論の囚人のジレンマ問題と似ていることに気づく人もいるだろう。この問題の標準版だと、囚人は同時に告白するかどうか決めるよう強いられるので、自分の決断を相手の自白に基づいたものにはできない。第5章の囚人のジレンマ構造の議論を参照。
17. R. S. Katz and P. Ignazi, “Introduction,” R. S. Katz and P. Ignazi (Eds.), *Italian Politics: The Year of the Tycoon, vol. 10, Italian Politics: A Review* (Boulder, CO: Westview, 1996), 22 所収。
18. R. Katz, “Electoral Reform and the Transformation of Party Politics in Italy,” *Party Politics* 2 (1) (1996): 31–53, 47.
19. M. J. Bull and J. L. Newell, *Italian Politics: Adjustment under Duress* (Cambridge: Polity, 2005), Table 6.1, 112 での記述。
20. R. Asquer, “Media Coverage of Corruption and Incumbent Renomination in Italy” (PhD論文, University of California at Los Angeles, 2015).
21. A. Del Monte and E. Papagni, “The Determinants of Corruption in Italy: Regional Panel Data Analysis,” *European Journal of Political Economy* 23 (2007): 379–96.

Experiments in Sweden and Moldova," *Electoral Studies* 32 (3) (2013): 536-43 での報告.

4. S. Djankov, C. McLiesh, T. Nenova, and A. Shieifer, "Who Owns the Media?" *Journal of Law and Economics* 46 (2) (2003): 341-82 参照。
5. C. Ferraz and F. Finan, "Exposing Corrupt Politicians: The Effect of Brazil's Publicly Released Audits on Electoral Outcomes," *Quarterly Journal of Economics* 123 (2) (2008): 703-45.
6. A. V. Banerjee, D. P. Green, J. McManus, and R. Pande, "Are Poor Voters Indifferent to Whether Elected Leaders Are Criminal or Corrupt? A Vignette Experiment in Rural India," *Political Communications* 31 (3) (2014): 391-407.
7. A. Chong, A. L. De La O, D. Karlan, and L. Wantchekon, "Does Corruption Information Inspire the Fight or Quash the Hope? A Field Experiment in Mexico on Voter Turnout, Choice and Participation," *Journal of Politics* 77 (1) (2015): 55-71参照。
8. R. Weitz-Shapiro and M . S. Winters, "Discerning Corruption: Information Credibility, Po-litical Sophistication, and the Punishment of Politicians in Brazil," *Journal of Politics* (近刊).
9. M. S.-Y. Chwe, *Rational Ritual: Culture, Coordination, and Common Knowledge* (Princeton: Princeton University Press, 2013)〔『儀式は何の役に立つか』安田雪訳、新曜社、2003〕.
10. これほどはっきりネットワーク化されていない製品でも共有知識に関するチウェの考え方に当てはまるかもしれない。もしアメリカの全員がナイキのかっこいいCMを見たら、ナイキのスニーカーを履けばみんなにかっこいいと思われることが自分にはわかる。
11. この用語はB. Magaloni, *Voting for Autocracy: Hegemonic Party Survival and Its Demise in Mexico* (New York: Cambridge University Press, 2006) からのものだ。
12. K. Bidwell, K. Casey, and R. Glennerster, "Debates: Voting and Expenditure Responses to Political Communication" (Stanford Center for International Development, Working Paper No. 563), 2016.
13. 共有知識の便益が、もっと広い国や状況においても政治家たちを正直にしておけるかどうかは、もっと多くの研究が必要だ。進行中の研究からの結

Flows, Water Trickles: Explaining the Disconnect between Spending and Improved Access to Clean Water in Tanzania,"（PhD 論文, University of California at Los Angeles, 2016）にある。

20. インドネシアのある最近の研究は、地元指導者が実施をコントロールしているコメの補助金プログラムについて、村人に情報を提供した。市民に彼らが受け取る権利を持つ便益について情報を提供しただけで、受益者が受け取る補助金額は25％も増えた。A. Banerjee, R. Hanna, J. C. Kyle, B. A. Olken, and S. Sumarto, "The Power of Transparency: Information, Identification Cards and Food Subsidy Programs in Indonesia"（National Bureau of Econornic Research［NBER］, Working Paper No. 20923）, 2015 参照。
21. C. Ferraz and F. Finan, "Electoral Accountability and Corruption: Evidence from the Audits of Local Governments," *American Economic Review* 101（4）（2011）: 1274–311.
22. D. Coviello and S. Gagliarducci, "Tenure in Office and Public Procurement," 未刊行論文, 2015.
23. 選挙資金に関する私たちの知識は、国際民主主義研究所の政治財務データベースから得られるデータに基づいている。この説明については M. Ohman, "Political Finance Regulations around the World: An Overview of the International IDEA Database," Stockholm, 2012 を参照。

第8章　国はどうやって高汚職から低汚職に移行するのだろうか？

1. C. E. de Vries and H. Solaz, "The Electoral Consequences of Corruption," *Annual Review of Political Science* 20（2017）.
2. B. Nyblade and S. R Reed, "Who Cheats? Who Loots? Political Competition and Corruption in Japan, 1947–1993," *American Journal of Political Science* 54（4）（2008）: 926–41 の興味深い分析を参照.
3. サーベイ実験を使った調査で、政治学者2人は低汚職のスウェーデンの有権者たちは、決して汚職を容認しないことを発見した——それが規範として容認不能と思われており、有権者は汚職行動を無理強いされた経験がないからと思われる。これに対し、汚職の激しいモルドバでは、有権者は汚職に対して反対したのは経済が低調なときだけだった。M. Klasnja and J. A. Tucker, "The Economy, Corruption, and the Vote: Evidence from

16. もちろんこの全般的な観測の例外はある。たとえば K. Baldwin, *The Paradox of Traditional Chiefs in Democratic Africa*（New York: Cambridge University Press, 2015）に記録された、ザンビアにおける地元の選出されない指導者に関するすばらしい研究を参照。
17. 一方では、ダニエル・トレイスマンによる国際研究によれば、他の条件が同じなら連邦国家のほうが中央集権型国家より汚職がひどいという。D. Treisman,' The Causes of Corruption: A Cross-National Study," *Journal of Public Economics* 76 (3) (2009): 399–457 参照。これは少なくとも多少は、R. Fisman and R Gatti, "Decentralization and Corruption: Evidence from U.S. Federal Transfer Programs," *Public Choice* 113 (1) (2002): 25–35）で報告された別の研究と対立している。こちらの研究は、地方または州政府が中央政府よりも大きな割合の金融リソースを動かしていれば、そういう国は汚職が少ないと示している。この2種類の結果は、最低でも地方分権と汚職との関係が持つ複雑性（および国レベルの国際分析から学べることの限界）を示している。
18. P. Bardhan and D. Mookherjee, "Pro-Poor Targeting and Accountability of Local Govern-ments in West Bengal," *Journal of Development Economics*, 79 (2) (2006): 303–27 での報告。
19. 学生の1人は、タンザニアでの共同上水提供インフラ——井戸やポンプ——の割り当てを研究し、やはり地元政治による歪みの証拠を見つけた。タンザニアは名目上は民主国だが、実質的には一党支配の政治体制であり、貧困のためかなりの外国援助を受けている。近年では、多くの援助は地方部の上水アクセス改善の試みにあてられている。同国の社会主義時代にさかのぼるインフラは崩壊寸前になってしまったからだ。詳細な予算データと、国内のあらゆる水アクセス地点を示す地図を使い、ルース・カーリッツは上水供給の金融リソース配分はかなり公平だということを発見した。だから国の政府は、上水アクセス改善において、おおむねやるべきことをやっていた。だが地方政府当局の中だと、カーリッツは、政治的利益誘導のパターンを見つけた。地元政治家たちは新しい取水地点を、選挙で自分を支持してくれた選挙区には報い、支持の少なかった地域では処罰する形で配分しているのだ。これは別に違法でも汚職でもないかもしれないが、政治的利益誘導は、政治家が名目的に有権者たちに近いというだけで止まるわけではないことを示唆している。この研究は R. Carlitz, "Money

U.S.: The Stolen Millions of Despots and Crooked Elites," *New York Times*, February 16, 2016 での記述.

8. "Mozambique Is Floundering Amid Corruption and Conflict," *The Economist*, March 18, 2016, https://www.economist.com/middle-east-and-africa/21695203-scandals-and-setbacks-gas-and-fishing-industries-darken-mood-mozanbique, 2016年8月3日アクセス。
9. たとえば D. Treisman, "What Have We Learned about the Causes of Corruption from Ten Years of Cross-National Empirical Research?" *Annual Review of Political Science* 10 (2007): 211–44 参照。
10. 原理的には、もっと正直な候補を見つけるのは特に必要ない。もし有権者が、腐敗した現職者を更迭という形で罰すれば、いずれ着服や収賄の好きな政治家でさえ、そんなことを続けていたらすぐに追い出されると悟り、自分の行動を抑えようとする。次章で示すように、有権者たちは汚職政治家を追い出したりできないのが通例だ。この問題に関する一般的な記述としては T. Besley, *Principled Agents? The Political Economy of Good Government* (Oxford: Oxford University Press, 2006) 参照。
11. 発言と離脱とのちがいと、その多くの意味合いに関する議論については A. O. Hirschman, *Exit, Voice, and Loyalty: Responses to Decline in Firms, Organizations, and States* (Cambridge, MA: Harvard University Press, 1970)〔『離脱・発言・忠誠——企業・組織・国家における衰退への反応』矢野修一訳、ミネルヴァ書房、2005〕参照。
12. E. Kramon, "Vote Buying and Electoral Turnout in Kenya," M. Bratton (Ed.), *Voting and Democratic Citizenship in Africa* (Boulder, CO: Lynne Rienner, 2013), 106 所収での引用。
13. 関連した現象と事例についての興味深い議論が E. L. Gibson, *Boundary Control: Subnational Authoritarianism in Federal Democracies* (New York: Cambridge University Press, 2013) にある。
14. D. Treisman, "What Have We Learned about the Causes of Corruption from Ten Years of Cross-National Empirical Research?" *Annual Review of Political Science* 10 (2007): 21 1–44, 232.
15. こうした問題を克服しようという思慮深い試みは T. Persson and G. Tabellini, *The Economic Effects of Constitutions* (Cambridge, MA: MIT Press, 2003) にある。

その推測の誤差の偏差はその国が平均的な汚職水準を持つと単純に推測した場合に比べ、60%小さくなるということだ。

2. これは総数に基づく国際データを元に述べており、公共サービスや公共財の提供において民主主義が何も有意な長所を示せないデータだ。最近の、電力提供を人工衛星データを元に分析する研究で、Brian Min は民主主義がこの特定サービスに限り、特に地方の貧困者たちに対してサービス提供の面で優れていることを記録した。B. Min, *Power and the Vote: Elections and Electricity in the Developing World*（New York: Cambridge University Press, 2015）参照。
3. A. Przeworski, M. E. Alvarez, J. A. Cheibub, and F. Limongi, *Democracy and Development: Political Institutions and Well-Being in the World, 1950–1990*（New York: Cambridge University Press, 2000）.
4. B. F. Jones and B. A. Olken, "Do Leaders Matter? National Leadership and Growth since World War Ⅱ," *Quarterly Journal of Economics* 120 (3) (2005): 835-64 で、経済学者ベンジャミン・ジョーンズとベンジャミン・オルケンは、平均の経済成長では差がないながら、独裁制は急発進急停止型の成長になりやすいと記述している。つまり、シンガポールのリー・クアンユーやチリのアウスグト・ピノチェトのような「成長促進」独裁者の下で急成長をとげたり、混沌とした泥棒支配の下で経済崩壊を経験したりする（事例は多すぎてとても挙げきれない）というわけだ。
5. 一部の現代政治学者たちは「独裁制」という用語を避ける。というのも民主主義でない政治体制はいろいろあって、単独の独裁者が支配するものはそのごく一部でしかないからだ。
6. ときには、寡占政治——少数エリートによる支配——などいくつか他のレジーム種類も追加されるが、主要なものはここに挙げたものだ。
7. 2016年の新聞記事はンゲマの息子（同じくテオドロという名前）を次のように描いている。「テオドロ・ンゲマ・オビアング・マングエほどおもちゃをたくさん持つ公職者はなかなか想像できない。彼は3億ドルをフェラーリ、ガルフストリームジェット機、カリフォルニアの邸宅、さらにはマイケル・ジャクソンの『スリラー』のジャンパーに使っている。この御大尽ぶりがなおさらすごいのは、アフリカで最小の国の一つである赤道ギニアの支配一家の跡取り息子がこれらすべてを、年額10万ドルの給料しかもらっていないのに買えたということだ」。Leslie Wayne, "Wanted by

tion and Intergroup Behaviour," *European Journal of Social Psychology* 1 (2) (1971): 149–78.

25. タジフェルの研究は，その後再現され拡張され、いまやクレー＝カンディンスキー研究よりはるか前に行われた非科学的実験という先例すら持っている。読者の中には、1968年マーチン・ルーサー・キング暗殺翌日に、学校教師ジェーン・エリオットが行った実験を知っている方もいるだろう。ここで彼女は教室を目の色に基づいて分類すると、すぐにそれまでは仲良しだった青い目の生徒と茶色い目の生徒との間に敵対心が生じた。
26. もともと民族的に敵対しないところでも、植民勢力は現地を「分割征服」するために敵対を煽った。
27. A. Alesina, A. Devleeschauwer, W. Easterly, S. Kurlat, and R. Wacziarg, "Fractionalization," *Journal of Economic Growth* 8 (2) (2003): 155–94 参照；議論としては J. D. Fearon, "Ethnic and Cultural Diversity by Country," *Journal of Economic Growth* 8 (2) (2003): 195–222 参照。
28. A. Alesina et al., "Fractionalization."
29. 似たような相関が、断片化のもっと粗雑な指標を使って経済学者パオロ・マウロにより観察されている。これは彼の、汚職と経済成長に関する重要な研究に見られる；P. Mauro, "Corruption and Growth," *Quarterly Journal of Economics* 110 (3) (1995) : 681–712.
30. A. Banerjee and R. Pande, "Parochial Politics: Ethnic Preferences and Politician Corruption" (Kennedy School of Government Working Paper No. RWP07–031), Centre for Economic Policy Research, 2007 参照。
31. J. Habyarimana, M. Humphreys, D. N. Posner, and J. M. Weinstein, *Coethnicity: Diversity and the Dilemmas of Collective Action* (New York: Russell Sage Foundation, 2009) 参照。
32. ボツワナの経済的成功に関する議論としては J. A. Robinson, D. Acemoglu, and S. Johnson, "An African Success Story: Botswana," D. Rodrik (Ed.), *In Search of Prosperity: Analytic Narratives on Economic Growth* (Princeton: Princeton University Press, 2003) 所収を参照。

第7章　政治制度が汚職に与える影響は？

1. もっと専門的な言い方をすると、これはつまり、その国の1人当たりGDPがわかり、それに基づいてその国の汚職度合いをあてねばならない場合、

14. N. R. Buchan, R. T. Croson, and R. M. Dawes, "Swift Neighbors and Persistent Strangers: A Cross-Cultural Investigation of Trust and Reciprocity in Social Exchange," *American Journal of Sociology* 108 (1) (2002): 168–206.

15. この実験を考案したのは J. Berg, J. Dickhaut, and K. McCabe, "Trust, Reciprocity, and Social History," *Games and Economic Behavior* 10 (1) (1995): 122–42.

16. J. T. Noonan, *Bribes* (Berkeley: University of California Press, 1987).

17. M. Granovetter, "The Social Construction of Corruption," V. Nee and R. Swedberg (Eds.), *On Capitalism* (Stanford: Stanford University Press, 2007) 所収。

18. この学生はいまや高名なファイナンスの教授で、いまでもプレゼントを贈り続けている。

19. E. M. Uslaner, "Trust and Corruption," J. G. Lambsdorff, M. Taube, and M. Schramm (Eds.), *The New Institutional Economics of Corruption* (London: Routledge, 2004) 所収。

20. 研究者たちは、この同じ投資ゲームをシチリアのパレルモ市の高校生にやってもらった。歴史的にマフィアが仕切る地域からきた生徒は、信頼が低かった。映画『ゴッドファーザー』を観た人ならご承知の通り、マフィアの親分からの好意というのはしばしば「拒絶不可能な申し出」といった形のものであり、いずれ将来、恐ろしい恩返しが求められる。以下を参照。 S. Meier, L. Pierce, and A. Vaccaro, "Trust and In-Group Favoritism in a Culture of Crime," 未刊行論文, 2014.

21. "ISIS Crucifies One of Its Own in Syria for Corruption," *Al Arabiya*, June 27, 2014, http://english.alarabiya.net/en/News/middle-east/2014/06/27/ISIS-crucifies-one-of-its-own-in-Syria-for-corruption-.html, 2016年7月29日 アクセス。

22. R. Gatti, S. Paternostro, and J. Rigolini, "Individual Attitudes toward Corruption: Do Social Effects Matter?" World Bank Policy Research Working Paper, (3122), 2003.

23. D. Treisman, "The Causes of Corruption: A Cross-National Study," *Journal of Public Economics* 76 (3) (2000): 399–457.

24. H. Tajfel, M. G. Billig, R. P. Bundy, and C. Flarnent, "Social Categoriza-

Explaining Regional Shirking Differentials in a Large Italian Firm," *Quarterly Journal of Economics* 115 (3) (2000): 1057–90.

5. アビゲイル・バーとダニエル・セラがオックスフォード大学の学生と行った実験は、文化と文化変化の問題を実験室という環境の中で明らかにするよう明示的に設計されていた。研究者たちは、オックスフォード大学の学部生の中で、きわめて腐敗した国からの学生は他の被験者に「贈賄」する傾向が、汚職の容認されない文化からの学生に比べて高かったという結果を出している。ただしこの結果は、イギリスの規範に曝されることで部分的に消えた。A. Barr and D. Serra, "Corruption and Culture: An Experimental Analysis," *Journal of Public Economics* 90 (2010): 862–69 で報告されている。
6. 引用は、アル・パチーノ主演の 1973 年映画『セルピコ』より。
7. R. Hanna and S.-Y. Wang, "Dishonesty and Selection into Public Service: Evidence from India" (National Bureau of Economic Research [NBER], Working Paper No. 19649), 2015.
8. この実験手法を考案したのは U. Fischbacher and F. Fölmi-Heusi, "Lies in Disguise－An Experimental Study on Cheating," *Journal of the European Economic Association* 11 (3) (2013): 525–47.
9. S. Barfort, N. Harmon, F. Hjorth, and A. L. Olsen, "Sustaining Honesty in Public Service: The Role of Selection," 未刊行論文, 2016 を参照。
10. 両国の総合的なインチキ率を比較するのはむずかしい。オランダの実験はオンラインだったが、インドの実験は対面でコンピュータ室で行われたからだ。
11. 引用は J. T. Noonan, *Bribes* (Berkeley: University of California Press, 1984) の書評から取ったもので、書評は D. H. Lowenstein, "Review: For God, for Country, or for Me?" *California Law Review* 74 (4) (1986): 1479–1512 に掲載。
12. 中国における贈り物と賄賂との微妙なちがいについての議論としては、たとえば M. M.-h. Yang, *Gifts, Favors, and Banquets: The Art of Social Relationships in China* (Ithaca: Cornell University Press, 1994) を参照。
13. M. Mauss, *The Gift: The Form and Reason for Exchange in Archaic Societies*, Routledge Classics Series (New York: Routledge, 1990)〔『贈与論』森山工訳、岩波書店、2014〕.

matical Insights on Fighting, Voting, Lying, and Other Affairs of State (New York: Norton, 2016), item 1参照.

32. こうした国々は、自分の国内では汚職をほとんど容認しないが、自国企業が他の国で賄賂を払うのは許している——そして支払った賄賂を事業経費として税控除の対象にすらしている。
33. 世界的な国際汚職を感覚的につかむには L. Escresa and L. Picci, "A New Cross-National Measure of Corruption," World Bank Policy Research Working Paper, (7371), July 2015参照。
34. European Commission, "Corruption," Special Eurobarometer 397, February 2014, http://ec.europa.eu/public_opinion/archives/ebs/ebs_397_en.pdf, 2016年7月15日アクセスで報告されている。
35. この研究は以下にある。http://www.pewglobal.org/files/2014/11/Pew-Research-Center-Country-Problem pdf, 2016年12月7日アクセス。
36. これは R. Rose and C. Peiffer, *Paying Bribes far Public Services: A Global Guide to Grass- Roots Corruption* (New York: Palgrave Macmillan, 2015) が世界の各地で行った各種の「バロメーター」調査すべてで記録されている。
37. R. Di Tella, R. Perez-Truglia, A. Babino, and M. Sigman, "Conveniently Upset: Avoiding Altruism by Distorting Beliefs about Others' Altruism," *American Economic Review* 105 (11) (2015): 3416–42.

第6章　汚職の文化的基盤とは？

1. 彼の経験に基づく研究としては J. J. Cooper, "How Robust Is Institutionalized Extortion? A Field Experiment with Truck Drivers in West Africa," 未刊行論文, 2015を参照。
2. こうしたお話を自分で掘り起こしたい（現行犯で捕まった人物のビデオも含め）と思う方に、リーバーマンは以下でググるよう奨めている："extranjero trata de sobornar a carabinero"（「外国人がチリの警官に賄賂を贈ろうとする」）.
3. R. Fisman and E. Miguel, "Corruption, Norms, and Legal Enforcement: Evidence from Diplomatic Parking Tickets," *Journal of Political Economy* 115 (6) (2007): 1020–48.
4. A. Ichino and G. Maggi, "Work Environment and Individual Background:

投資家たちは、スハルトとその身内がいなくなれば、公共事業契約の受注や許認可をこうした企業が確保する可能性が高まるかもしれないと思ったからだ。この論点は、縁故資本主義が当時のインドネシアでいかに強烈だったかを物語る。

27. 図5.1を検討すると、ビマンタラ・シトラ社の株価に別のおもしろいパターンがあるのがわかるはずだ。政府がスハルトのドイツへの治療旅行を1996年7月4日に発表したのを思い出そう。でも発表の2日前に、ビマンタラの株価はすでにかなり暴落していて、以前より5%下がっていた。投資家たちの集合的な叡智は、スハルトがドイツに治療にでかけるのを、発表の丸2日前に予見していたようなのだ。どうしてそんなことがあり得るのか？　この話には巨額のお金がかかっていた。7月2日に、ビマンタラ社の株価が7月4日に暴落すると知っていたら、手持ちの株を、2日後よりはるかに高値で売れた。まちがいなくスハルトの医師たちは来る旅行を知っていただろうから、個人的に持っていたビマンタラ社株を叩き売っていたはずだと推測できる。これが公式発表前に株価を押し下げたのだろう。同じことが、スハルトの医療チームや内輪の親しい幸運な投資家たちについても言える。こうした事前の動きは、私たちの25%の計算には含まれていない。これを考慮すれば、コネの価値としては少し高い数字が得られる。ビマンタラ社の株価に見られる初期の低下は、直接的には違法なインサイダー取引とは結びつけられないが、確かに、なんというか……示唆的ではある。

28. ロビイスト企業の財務が、その政府とのコネに直結していることを示す論文2本について、第2章で論じた。たとえば、アメリカ上院議員の元補佐役を雇うロビイスト企業は、その上院議員が退任すると売上が激減する。M. Bertrand, M. Bombardini, and F. Trebbi, “Is It Whom You Know or What You Know? An Empirical Assessment of the Lobbying Process,” *American Economic Review* 104 (12) (2014): 3885-920; および J. Blanes i Vidal, M. Draca, and C. Fons-Rosen, “Revolving Door Lobbyists,” *American Economic Review* 102 (7) (2012): 3731-48 参照。

29. 詳細は第2章注7を参照。

30. コネの価値推計にあたり、ファックトは市場が、企業の経営理事会就任の予想外の発表に対してどう反応したかも見ている。

31. 囚人のジレンマの図解としては M. Humphreys, *Political Games: Mathe-*

有力な1970年論説「企業の社会的責任は利潤を増やすことである」(M. Friedman, "The Social Responsibility of Business Is to Increase Its Profits," *New York Times Magazine*, 1970, 32–33, 122–24) を書いた。フリードマンは、自由市場資本主義は、価格信号と消費者や生産者双方の利己的動機に動かされて、可能なもののうち最高の (少なくとも最も効率的な) 世界を実現すると述べた。たとえば労働者に「払いすぎ」たり、河川を法律で決めたよりもきれいにしたりするといった、利潤最大化から逸脱した行動はすべて、市場にとって価値を破壊する歪みとなる。フリードマンは、もし利潤最大化が示唆するよりきれいな河川や高賃金の従業員がほしいなら、それは政府の役割であり、政府がもっと厳しいルールを決めるべきだという。企業重役たちは、民主主義を迂回して、そうした決断を自分で下してはいけない、と彼は考える。半世紀近くたった今も、フリードマンの論説をめぐっては議論が大きく分かれる。いずれにしても、汚職は彼の議論の埒外にある。というのも彼ははっきりと、企業が利潤最大化するのは法が決めた制約の範囲内でのことだと主張しているからだ。

21. 企業を利潤最大化のブラックボックスと考えるのは、企業がなぜ賄賂を贈るか理解する出発点としては有益だ。だがこれは必然的に不完全なものでしかない。政府は個人としての官僚や政治家で構成される。同様に企業も所有者と従業員で構成され、そのどちらもさらに、私たちと同じように利己的な動機と良心との集合体なのだ。みんな、同じ社会的圧力にさらされ、没入している文化規範になんであれ準拠し、同じ合理化を行う。こうした問題についての議論は第6章の、汚職の文化についての議論に譲る。
22. N. Ufere, S. Perelli, R. Boland, and B. Carlsson, "Merchants of Corruption: How Entrepreneurs Manufacture and Supply Bribes," *World Development* 40 (12) (2012): 2440–53.
23. Ibid., 2444.
24. この節は R. Fisman and E. Miguel, *Economic Gangsters: Corruption, Violence, and the Poverty of Nations* (Princeton: Princeton University Press, 2010)〔『悪い奴ほど合理的』田村勝省訳、NTT出版、2014〕, chap. 2 に大きく基づいている。
25. R. Fisman, "Estimating the Value of Political Connections," *American Economic Review* 91 (4) (2001): 1095–102.
26. 実はスハルトの病気は一握りのコネの弱い企業にとっては好都合だった。

"Is It Worth It? On the Returns to Holding Political Office"（IEB Working Paper No. 2013/014), 2013を参照; イギリスについては A. Eggers and J. Hainmuller, "MPs for Sale? Returns to Office in Postwar British Politics," *American Political Science Review* 103 (4) (2009): 319–42; アメリカについては P. Querubin and J. M. Snyder Jr., "The Control of Politicians in Normal Times and Times of Crisis: Wealth Accumulation by U.S. Congressmen, 1850–1880," *Quarterly Journal of Political Science* 8 (4) (2013): 409–50 を参照。

13. ヴァージニア州批准大会におけるマディソンの演説1788年6月20日より。引用は Z. Teachout, *Cor-ruption in America: From Benjamin Franklin's Snuff Box to Citizens United.* (Cambridge: Harvard University Press, 2014), 52 より．
14. これに関する私たちの情報源は S. Kernell and M . P. McDonald, "Congress and America's Political Development: The Transformation of the Post Office from Patronage to Service," *American Journal of Political Science* 43 (3) (1999): 792-811.
15. ブラジルの国有石油会社ペトロブラス従業員たちのうち、ペトロブラス・スキャンダルで明るみにでたキックバック方式を生み出した者たちは、ほとんどがコネによる入社だった。こうした従業員たちは個人的に便宜を受けたが、その政治的な後見人たちも恩恵を受けた。何百万ドルものキックバックは、与党である労働者党の政治キャンペーンに使われたのだった。
16. M. Callen and J. D. Long, "Institutional Corruption and Election Fraud: Evidence from a Field Experiment in Afghanistan," *American Economic Review* 105 (1) (2015): 354–81.
17. R. Wade, "The System of Administrative and Political Corruption: Canal Irrigation in South India," *Journal of Development Studies* 18 (3) (1982): 287–328.
18. T. Gong, "Dangerous Collusion: Corruption as a Collective Venture in Contemporary China," *Communist and Post-Communist Studies* 35 (2002): 85–103, 94-97 での回想。
19. "Fighting Corruption," *The Economist*, April 29, 2004, http://www.econornist.com/node/ 2643440, 2016年7月14日アクセス。
20. このために、偉大なリバータリアン経済学者ミルトン・フリードマンは、

4. 汚職と単なる非効率、怠慢、愚鈍さを区別するのは実にむずかしい。コンシップの導入を研究した研究者たちは、最初の無駄のほとんどを、汚職よりは怠慢のせいだとしている。
5. 官僚の裁量が収賄につながるという経済モデルとしては A. V. Banerjee, "A Theory of Misgovernance," *Quarterly Journal of Economics* 112 (4) (1997): 1289-332 を参照.
6. ケベック州調達における入札詐欺の経済的影響に関する定量的評価としては R. Clark, D. Coviello, J.-F. Gauthier, and A. Shneyerov, "Bid Rigging and Entry Deterrence: Evidence from an Anticollusion Investigation in Quebec," 未刊行論文, 2015 を参照。
7. オルソンは、旅する山賊と一ヶ所で活動する山賊との分析の着想源として、エドワード・バンフィールドの南イタリア研究を引用している。「王政は最高の政府である。なぜなら、その場合は王様が国の所有者だからだ。家の所有者と同じく、何か配線がおかしければ、持ち主がそれを直せる」。ちなみにオルソンは、うまく機能する民主主義は、先見の明を持つ専制君主よりもっとよいと考えていた。バンフィールドの引用はM. Olson, "Dictatorship, Democracy, and Development," *American Political Science Review* 87 (3) (1993): 567-76, 567 に登場。
8. この節の材料の一部は、オンライン誌*Slate*の拙コラムを使い回している。このコラムは以下でアクセス可能 http://www.slate.com/articles/business/the_dismal_science/2012/04/how_corrupt_are_politicians_in_india_at_least_being_in_parliament_doesn_t_pay_.html, 2016年12月7日アクセス。
9. R. Fisman, F. Schultz, and V. Vig, "Private Returns to Public Office," *Journal of Political Economy* 122 (4) (2014): 806-62.
10. 実際には、私たちは「回帰不連続性デザイン」というものを使って、勝ちの便益を研究している。この手の統計分析に興味があれば、T. Dunning, *Natural Experiments in the Social Sciences: A Design-Based Approach* (New York: Cambridge University Press, 2012), cha. 3 を参照するようお奨めする。
11. 分析の中では、元大臣の中で、再選はされたが大臣にはならなかった人々（その人の党が政権与党にならなかったため）は、資産が特に急速に増えたりはしないことも示している。これは「賢い大臣」仮説に反する。
12. スウェーデンにおける公職の収益性については、たとえば H. Lundqvist,

ことだが、これは多くの場合に現実的な解決策ではない。この方向性での興味深い研究が S. Jayachandran, J. de Laat, E. F. Lambin, and C. Y. Stanton, "Cash for Carbon: A Randomized Controlled Trial of Payments for Ecosystem Services to Reduce Deforestation"（National Bureau of Economic Research [NBER], Working Paper No. 22) 78), 2016だ。

46. 汚職と保存に関するきわめてわずかな実験研究の一つがこれだ。A. Sundstrom, "Corruption and Violations of Conservation Rules: A Survey Experiment with Resource Users," *World Development* 85 (2016): 73-83参照。

第5章　だれがなぜ汚職をするのだろうか？

1. これは最近まで、みなさんが思うよりも議論の分かれる主張だった。支配的な学派は、個人は自分の「参照」消費水準を、自分の新しい繁栄水準にあわせて調整することで対応するのだ、と主張した。スクーターの運転で満足でも、いったん自動車を手に入れたら、自動車なしの生活が味気なく思える、というわけだ。そしてベンツを買えるくらいお金持ちになったら、トヨタを運転するなんて実存的な絶望となる。この見方によると、人は所得が上がっても一時的にしか幸せではなくなり、新しい繁栄水準に適応したら、喜びはすぐに消えうせてしまう。経済学者ベッツィー・スティーブンソンとジャスティン・ウォルファーズは、多くの国についての幸福と所得を巡る長年のデータを使い、この仮説をおおむね否定した。彼らの研究によると、所得が高くなれば幸福も改善し続ける。これは少なくともアンケート回答者が稼ぐ所得の範囲では成立する。これは最大 10 万ドルまでとなっている。B. Stevenson and J. Wolfers, "Economic Growth and Subjective Well-Being: Reassessing the Easterlin Paradox"（National Bureau of Economic Research [NBER], Working Paper No. 14282), 2008を参照。
2. Mahmoud Bahrani, "The Economics of Crime with Gary Becker," *Chicago Maroon*, May 25, 2012, http://chicagomaroon.com/2012/05/25/the-economics-of-crime-with-gary-becker/, 2015年9月10日アクセス。
3. O. Bandiera, A. Prat, and T. Valletti, "Active and Passive Waste in Government Spending: Evidence from a Policy Experiment," *American Economic Review* 99 (4) (2009): 1278–1308.

しがちだった。でも天然資源からの棚ぼた収入から得た物であっても、公的な資金がどう使われるかについて市民が無関心というわけでもなかった。L. Paler, "Keeping the Public Purse: An Experiment in Windfalls, Taxes, and the Incentives to Restrain Government," *American Political Science Review* 107 (4) (2013) : 706-25 参照。

38. 資源の呪いの各種理論についての議論（および追加の参考文献）については、M. L. Ross, "The Political Economy of the Resource Curse," *World Politics* 51 (2) (1999): 297–322 を参照。ここで注目した汚職関連の理論以外に、ロスは「オランダ病」の役割について論じている。これはある国が単一の部門に過剰投資してしまうという話だ。オランダが16世紀に、チューリップに狂ったように投資したのにちなんだ名前だ。もちろんその投資は、後から考えればバブルだった。他部門に分散化していなかったオランダ経済もおかげで破綻した。同様に、石油やダイヤモンド生産に過剰投資する国々は、商品価格の高騰 = 暴落周期に曝されてしまう。
39. J. D. Sachs and A. M. Warner, "Natural Resource Abundance and Economic Growth" (National Bureau of Economic Research [NBER], Working Paper No. 5398), 1995.
40. M. L. Ross, "The Political Economy of the Resource Curse," *World Politics* 51 (2) (1999): 297–322.
41. 汚職が多いとランキングされている国々では、森林消失率も高く、生物多様性保存にもあまり成功していないという多くの証拠がある。もちろん因果関係は双方向に向いているのだろう。
42. P. O. Cerutti and L. Tacconi, "Forests, Illegality, and Livelihoods: The Case of Cameroon," *Society and Natural Resources* 21 (9) (2008): 845–53.
43. こうした犯罪活動を描く材料としては C. Nellemann and INTERPOL Environmental Crime Program (Eds.), "Green Carbon, Black Trade: Illegal Logging, Tax Fraud and Laundering in the World's Tropical Forests," A Rapid Response Assessment, United National Environmental Programme, 2012 を参照。
44. 読者は彼女の古典的な著作、E. Ostrom, *Governing the Commons: The Evolution of Institutions for Collective Action* (New York: Cambridge University Press, 1990) を参照してほしい。
45. 天然資源の汚職を減らす一つの方法は、保護のために人々にお金を支払う

30. 個人の努力が税率にどれほど敏感かという問題は、労働経済学者や公共財政経済学者の間で大いに論争されている問題だが、ここでは扱わない。
31. 政府の政策も不確実性だらけになりがちだ。政府はどんどん変わる。一部は減税し、一部は増税する。また政策の不確実性が投資に与える影響についてはかなりの研究があり、特に読者諸賢には D. Rodrik, “Policy Uncertainty and Private Investment in Developing Countries,” *Journal of Development Economics* 36 (2) (1991) : 229–42 をお奨めしたい。だがすぐに見る通り、政策の不確実性がどんな影響を持っているにしても、袖の下を要求する官僚が引き起こすリスクに比べれば、おそらくものの数ではない。
32. S.-J. Wei, “How Taxing Is Corruption on International Investors?” *Review of Economics and Statistics* 82 (1) (2000): 1–11.
33. S.-J. Wei, “Why Is Corruption So Much More Taxing Than Tax? Arbitrariness Kills” (National Bureau of Economic Research [NBER], Working Paper No. 6255), 1997.
34. 契約の曖昧さの結果として最近の例は、アメリカの最高裁が同国のアフォーダブル保健法をめぐる裁判に関する心理を行ったときに生じた。これは同法が、健康保険の取引は「ステートにより確立」されるべきだと述べていたのを根拠に、この法律を廃止させようとするものだった。政府は、この表現の意図について連邦政府（つまりステート）が健康保険取引の義務を作り出したと論じたが、同法を否定しようとする人々は、この用語が50州のそれぞれが独自に、保険取引を提供するかどうか決めろということだと論じた。法廷は連邦政府に味方したが、1万1000ページにわたる文書のほんの数語のために、法律全体が潰されかねなかった。
35. Victor Mallet, “Thais Make a Mess of Their Muddling,” *Financial Times*, June 22, 1993.
36. この引用は INSEAD 教材の事例 Ulla Fionna and Douglas Webber, *Manulife in Indonesia*, rev. ed. (Feb. 26, 2015) から採った。
37. この主張の裏付けとなる証拠はほとんどないも同然で、政治学者ローラ・パーラーが実施した研究の結果を見ると、真実はおそらくこれほど明確ではないと示唆される。パーラーはインドネシアで、一連の税金の実験と組み合わせて一般認識を高めるキャンペーンを実施した。期待通り、市民たちは自分のお金がかかっているのを見ると、現職政治家に説明責任を要求

19. S. Gupta, H. Davoodi, and R. Alonso-Terme, “Does Corruption Affect Income Inequality and Poverty?” *Economics of Governance* 3 (1) (2007): 23–45.
20. J. Hunt, “Bribery in Health Care in Uganda,” *Journal of Health Economics* 29 (5) (2010); 699–707.
21. J. Botero, A. Ponce, and A. Shleifer, “Education, Complaints, and Accountability,” *Journal of Law and Economics* 56 (4) (2013): 959–96.
22. C. J. Anderson and Y. V. Tverdova, “Corruption, Political Allegiances, and Attitudes toward Government in Contemporary Democracies,” *American Journal of Political Science* 47 (1) (2003): 91–109.
23. A. Chong, A. L. De La O, D. Karlan, and L. Wantchekon, “Does Corruption Information Inspire the Fight or Quash the Hope? A Field Experiment in Mexico on Voter Turnout, Choice and Participation,” *Journal of Politics* 77 (1) (2015) : 55–71.
24. A. Shleifer and R. W. Vishny, “Corruption,” *Quarterly Journal of Economics* 108 (1993): 5–17.
25. B. A. Olken and P. Barron, “The Simple Economics of Extortion: Evidence from Trucking in Aceh,” *Journal of Political Economy* 117 (3) (2009): 417–52.
26. オルケンとバロンの論文はまた、インドネシアのトラック業者恐喝の他の側面も見ている。たとえば賄賂は運転手が目的地に近づくと上がるかどうか、銃を持つ兵士は武装の軽い兵士に比べて賄賂をたくさん得られるのか、といった問題だ。
27. Tracy Wilkinson, “In Honduras, Rival Gangs Keep a Death Grip on San Pedro Sula,” *Los Angeles Times*, December 17, 2013 での報告、http://www.latimes.com/world/la-fg-cl-hondurasviolence-20131216-dto-htmlstory.html, 2016年7月11日アクセス。
28. 保護という概念については D. Gambetta, *The Sicilian Mafia: The Business of Private Protection* (Cambridge, MA: Harvard University Press, 1993) を参照。
29. ホンジュラスのバス運転手の窮状を描いた *The Planet Money* のエピソードは http://www.npr.org/sections/money/2014/12/12/370350849/episode-589-hello-i-m-calling-from-la-mafia, 2016年12月7日アクセスにある。

一研究』上下巻、ただし縮刷普及版の全訳、板垣与一他訳、東洋経済新報社、1974。該当箇所は普及版にはないが類似の記述が上 246-7 にある。〕

10. D. Kaufmann and S.-J. Wei, "Does 'Grease Money' Speed up the Wheels of Commerce?"（National Bureau of Economic Research［NBER］, Working Paper No. 7093）, 1999.
11. https://www.bloomberg.com/news/articles/2013-04-25/-suddenly-the-floor-wasn-t-there-factory-survivor-says, を参照。2016年12月4日アクセス。
12. R. Fisman and Y. Wang, "The Mortality Cost of Political Connections," *Review of Economic Studies* 82（4）（2015）: 1346-82.
13. "Coal Miners Pay with Their Lives for Cronyism in China," *Hindustan Times*, August 11, 2005.
14. Dan Barry, "Courthouse That Tweed Built Seeks to Shed Notorious Past" 参照、以下で入手可能：http://www.nytimes.com/2000/12/12/nyregion/courthouse-that-tweed-built-seeks-toshed-notorious-past.html, 2016年7月27日アクセス。
15. 公共建築と同様に、軍の調達も賄賂、不正入札、価格水増しが似たような理由で行われていると言われる。技術的な複雑性のため、戦闘機の契約は一般市民では評価できない。できたとしても、軍事購入は安全保障上の配慮のため、関係情報が入手できないことも多い。
16. 結果は以下の論文として発表された：B. Olken, "Monitoring Corruption: Evidence from a Field Experiment in Indonesia," *Journal of Political Economy* 115（2）（2007）: 200–49.
17. 道路建設における汚職のコストをもっと大規模に調べようとする努力の一つが、ジョナサン・レーネ、ジェイコブ・シャピロ、オリヴァー・アインデによる研究だ。この3人は、州レベルの政治家が選挙で接戦で選ばれたときに道路契約に何が起きるかを検討した。すると当選後に、その政治家と同じ姓を持つ個人の所有する企業は、道路建設契約を受注する確率が高まる。さらに「関連」企業が建設した道路の費用は高く、品質は低いことも示している。J. Lehne, J. N. Shapiro, and O. V. Eynde, "Building Connections: Political Corruption and Road Construction in India," 未刊行論文, 2016 参照。
18. N. Ambraseys and R. Bilham, "Corruption Kills," *Nature* 41–9（7329）（2011）: 153–55.

第4章　汚職はどんな影響をもたらすの？

1. N. H. Leff, "Economic Development through Bureaucratic Corruption," *American Behavioral Scientist* 8 (2) (1964): 8–14.
2. *The Wealth of Nations* 第4巻第2章より（強調引用者）〔『国富論』〕。
3. この議論の現代的な定式化としては R. Lipsey and K. Lancaster, "The General Theory of Second Best," *Review of Economic Studies* 24 (1) (1956): 11–32 参照。発表タイミングから見て、ナサニエル・レフは "Economic Development through Bureaucratic Corruption" 執筆時点ですでに「次善」議論は知っていたはずだ。
4. S. P. Huntington, *Political Order in Changing Societies* (New Haven: Yale University Press, 1968)〔『変革期社会の政治秩序』上下巻、内山秀夫訳、サイマル出版会、1972〕.
5. A. V. Banerjee, "A Theory of Misgovernance," *Quarterly Journal of Economics* 112 (4) (1997): 1289–332 では、煩雑な手続きの定義そのものが、政府が仕事をするのに必要な以上の官僚主義とされている。
6. P. Mauro, "Corruption and Growth," *Quarterly Journal of Economics* 110 (3) (1995): 681–712.
7. S. Djankov, R La Porta, F. Lopez-de Silanes, and A. Shieifer, "The Regulation of Entry," *Quarterly Journal of Economics* 117 (1) (2002): 1–37.
8. 規制のルールと実際のビジネス環境調査に基づく規制慣行との対比は、M. Hallward-Driemeier and I. Pritchett, "How Business Is Done in the Developing World: Deals versus Rules," *Journal of Economic Perspectives* 29 (3) (2015): 121–40 参照。
9. 賄賂をむしり取るためだけに存在する規制についての議論は、グンナー・ミュルダール『アジアのドラマ』という、インドとパキスタンの貧困をめぐる政治と経済に関する3巻に及ぶ大著で1968年にすでに論じられている。ミュルダールは1962年にインドの汚職を調査するため組織された、サンタナム委員会を引用している。同委員会は1964年の報告書でこう述べた。「私たちは、この遅れが何らかの不正な満足（引用者注：つまり賄賂）を獲得するために、意図的に構築されているのはまちがいないと考える」。G. Myrdal, *Asian Drama: An Inquiry into the Poverty of Nations* (London: Allen Lane/Penguin Press, 1968), 952〔『アジアのドラマ：諸国民の貧困の

にすぎず、モンテシーノスが糸を引いていたと考えている。モンテシーノスは、フジモリが「完全に言いなりだった。私に断りなしに何一つやらない」と豪語したと言われる。J. McMillan and P. Zoido, "How to Subvert Democracy: Montesinos in Peru," *Journal of Economic Perspectives* 18 (4) (2004) : 70. ほとんどのテープで、モンテシーノスは収賄側に対し、このやりとりは録画されていると告げ（あるいは収賄者に対し、実はカメラがまわっていたと告げる）役となっている。また彼らは、現金の受け渡しがはっきり映っていると断言した。つまりこのテープは、自分に逆らうかもしれない人を脅す材料となった——そうした人にはフジモリも含まれ、このテープが公開されたことで彼の大統領職もおしまいとなった。

22. モンテシーノスが支払った賄賂についての私たちの情報は驚異的な研究である J. McMillan and P. Zoido, "How to Subvert Democracy: Montesinos in Peru," *Journal of Economic Perspectives* 18 (4) (2004): 69–92 からのものだ。
23. Evan Osnos, "Born Red: How Xi Jinping, An Unremarkable Provincial Administrator, Became China's Most Authoritarian Leader since Mao," *The New Yorker*, April 6, 2015, http://www.newyorker.com/magazine/2015/04/06/born-red.
24. 政敵を始末するのに政府の浄化を口実としたのは、習近平よりはるか昔からの手口だ。近年ではザンビアやケニアでの反汚職キャンペーンは、大統領が権力を集中させるためのインチキでしかなかった。
25. 2016年1月26日に Ryan Lenora Brown, "Is Nigeria's Anti-Corruption Crusade Aimed at Clean-Up or Political Opponents?" *Christian Science Monitor* で報告, http://www.csmonitor.com/World/Africa/2016/0126/Is-Nigerias-corruption-crusade-airned-at-clean-up-or-political-opponents, 2016年12月7日アクセス。
26. B. Nyhan and M. M. Rehavi, "Tipping the Scales? Political Influence on Public Corruption Prosecutions," 未刊行論文, 2016.
27. 圧力団体の政治に関するもっと深い理解のためには G. M. Grossman and E. Helpman, *Special Interest Politics* (Cambridge: MIT Press, 2001) をお奨めする。

ならない。これは、先進国では汚職低減は、票買収減少の原因とは別物かもしれないと示唆するものだ。明らかに、もっと多くの歴史的研究が求められている。

13. アメリカ史のこの時代に関する詳細としてはR. Hofstadter, *The Age of Reform: From Bryan to FDR* (New York: Vintage, 1955) 参照。
14. 全体的な経済条件とは独立に、公務員の給料を上げるというのは反汚職活動に共通の処方箋だ。これは最も大きくは、シンガポールがリー・クァンユーの下で汚職根絶に成功した経験に基づくものだ。彼は各種の改革を実施したが、その中で公務員の賃金も大幅に引き上げた。この非常にありがちな政策提言は第9章でもっと詳しく検討するが、その適用にはいろいろややこしい部分がある。
15. N. Quian and J. Wen, "The Impact of Xi Jinping's Anti-Corruption Campaign on Luxury Imports in China," 未刊行論文, 2015.
16. Naomi Larsson, "Anti-Corruption Protests around the World-in Pictures," *Guardian*, March 18, 2016 での報告, http://www.theguardian.com/global-development-professionals-network/gallery/2016/mar/18/anti-corruption-protests-aroundthe-world-in-pictures, 2016年6月12日アクセス。
17. L. Picci, "The Supply Side of International Corruption: A New Measure and Critique," 未刊行論文, 2016の分析を参照。
18. 前章で、汚職の実験的な指標について詳しく述べたのを思い出そう。それらのカバー範囲があまりに限定的で、解釈上の独自の困難を抱えているため、時間を追って信頼できるベンチマークを提供できるものではないと述べた。
19. スハルト一族はいまだに汚職の疑惑を否定しており、一族の資産を150億米ドルとした1999年の暴露記事について*Time Asia*を訴えたが、この数字でも多くの人は過少だと考えている。http:// edition.cnn.com/ASIANOW/time/asia/magazine/1999/990524/cover1.html, 2016年7月26日アクセス。
20. これは私たちだけではない。最近、*The Economist*も同じ議論をしている。以下を参照：http://www. economist.com/news/leaders/21699917-more-visible-scandals-may-mean-country-becoming-less-corrupt-cleaning-up? force=scn/tw/te/pe/ed/cleaningup, 2016年6月5日アクセス。
21. 実はモンテシーノスは政治的な立ち回りのうまさで有名だった。フジモリは1990年に権力を握った際には政治の素人で、多くの人はフジモリは傀儡

活動（バスク語の「蓄積」を意味するメタケタにちなんでMetaketaとラベリングされている）は以下にある：http://egap.org/metaketa, 2016年12月7日アクセス。

9. ノーベル賞経済学者アマルティア・センは、ケララの成果に注目を集めるにあたり、特に有力だった。たとえば J. Dreze and A. Sen, *Indian Development: Selected Regional Perspectives*（New York: Oxford University Press, 1997）を参照。開発の非所得面についてもっと広い議論としては A. Sen, *Development as Freedom*（New York: Oxford University Press, 1999）〔『自由と経済開発』石塚雅彦訳、日本経済新聞社、2000〕参照。
10. たとえば Amol Sharma, "It's Not the Economy, Stupid, It's the Free Blenders and Sheep," *Wall Street Journal*, April 11, 2011 参照, http://www.wsj.com/articles/SB10001424052748703280904576246722341966968.
11. これについてよく調べられ、地に足のついた研究が A. Gupta, *Red Tape: Bureaucracy, Structural Violence, and Poverty in India*（Durham, NC: Duke University Press, 2012）.
12. かつては腐敗していた国が、その度合いをどうやって減らしたかについては、近年では驚くほど研究が少ない。例外として、E. I. Glaeser and C. Goldin, eds., *Corruption and Reform: Lessons from America's Economic History*（Chicago: University of Chicago Press, 2006）所収論文を参照。おそらく歴史データを使って計測するのが容易だからだろうが、不正選挙が秘密投票の導入で減ったことを示す研究は多い。たとえば J.-M. Baland and J. A. Robinson, "Land and Power: Theory and Evidence from Chile," *American Economic Review* 98（5）（2008）: 1737–65; および I. Mares, *From Open Secrets to Secret Ballots: The Adoption of Electoral Reforms Protecting Voters against Intimidation*（New York: Cambridge University Press, 2015）を参照。恩顧主義の減少についての概観を示したのが S. C. Stokes, T. Dunning, M. Nazareno, and V. Brusco, *Brokers, Voters, and Clientelism: The Puzzle of Distributive Politics*（New York: Cambridge University Press, 2013）, chap. 8 だ。この最後の研究の焦点は、政党による票の買収で、これはかつては違法ではなかった。興味深いことに、Stokes et al. がイギリスとアメリカでの票買収の消滅にとって重要だとした要因――工業化、選挙の規模、1人当たり所得の上昇――は、もっと広く汚職を減らすために重要と思えるマクロレベルの要因と部分的にしか重

第3章　汚職がいちばんひどいのはどこだろう？

1. 汚職と貧困とのつながりは、ここで私たちが使う個別指標の選択に依存したものではない——他のどんな汚職指標（または所得指標）を選んでも、似たような驚くべきパターンが出てきたはずだ。M. Johnston, *Syndromes of Corruption: Wealth, Power, and Democracy*（Cambridge: Cambridge University Press, 2005）など他の研究は、国の並べ替えにもっと複雑なやり方を使っている。
2. ハイチの鉄道消失に関するもっと詳細な記述としては E. Abbott, *Haiti: The Duvaliers and Their Legacy*（New York: Touchstone Books, 1991）を参照。
3. P. Mauro, "Corruption and Growth," *Quarterly Journal of Economics* 110 (3)（1995）: 681/12 参照。
4. これは基本的に、本書第1章で言及した、近代化仮説の主張だ。
5. 経済開発の政策改善（汚職やガバナンス関連のものも含む）における無作為試行の役割に関する画期的な説明としては A. Banerjee and E. Duflo, *Poor Economics: A Radical Rethinking of the Way to Fight Global Poverty*（New York: Public Affairs Press, 2011）〔『貧乏人の経済学』山形浩生訳、みすず書房、2012〕参照。
6. これはこうした研究に協力してくれる政府を見つけるという実務的な問題とは別物だ。まず、「処置」群 における高い公務員給与は公庫から出るので、実験としてきわめて高価なものとなる。第2に、賃金上昇の恩恵を受ける人々の昇給を、給与が上がらない人々から隠しておくのはむずかしい——いや不可能だ。最低でもこれは、両群が相互に汚染しあう結果を生みかねない——たとえば不満を抱いた従業員たちの行動は、不公平な処置に対する不満のおかげでさらに悪化しかねない。もっとひどい可能性として、そうした公務員たちは怒りを政府そのものにぶつけかねない。
7. 外部への適用可能性の懸念は実験以外の結果にも適用される——もし高い公務員給与がシンガポールの汚職撲滅成功に重要な要素だったと考えたとしても、いきなり南イタリアの公務員給与引き上げをすべきだとは思わないだろう。まずは両者の環境がそこそこ共通点を持つかどうかについて、慎重に考えようと思うはずだ。
8. 外部への適用可能性の問題を検討するため、Evidence in Governance and Politics（EGAP）はちがう国での並行実験を設計実施している。こうした

て 2013 年に擁立した人物だった。ツニスは、議会での指名公聴会において、ノルウェーのことを恥ずかしいほどまったく知らないことを露わにしてしまったのだった。明らかに彼の名が挙がったのは、ノルウェー大使にふさわしい資格のためではなく、オバマの選挙資金調達が上手だったからだ——たとえば、彼はそれまでノルウェーを訪れたことさえなかった。

28. V. O. Key Jr., "Methods of Evasion of Civil Service Laws," *Southwestern Social Science Quarterly* 15 (4) (1935): 337–47.
29. こうした事例は M. A. Golden, "Electoral Connections: The Effects of the Personal Vote on Political Patronage, Bureaucracy and Legislation in Postwar Italy," *British Journal of Political Science* 33 (2) (2003): 189–212 から採った。
30. R. Burgess, R. Jedwab, E. Miguel, A. Morjaria, and G. Padró i Miquel, "The Value of Democracy: Evidence from Road Building in Kenya," *American Economic Review* 105 (6) (2015): 1817–51, 1825.
31. S. C. Stokes, T. Dunning, M. Nazareno, and V. Brusco, *Brokers, Voters, and Clientelism: The Puzzle of Distributive Politics* (New York: Cambridge University Press, 2013).
32. A. Diaz-Cayeros, F. Estevez, and B. Magaloni, *The Political Logic of Poverty Relief: Electoral Strategies and Social Policy in Mexico* (New York: Cambridge University Press, 2016).
33. M. A. Golden and L. Picci, "Pork Barrel Politics in Postwar Italy, 1953–1994," *American Journal of Political Science* 52 (2) (2008): 268-89.
34. 選挙不正についての有益な材料は F. E. Lehoucq, "Electoral Fraud: Causes, Types, and Consequences," *Annual Review of Political Science* 6 (1) (2003): 233–56; および A. Schedler, "The Menu of Manipulation," *Journal of Democracy* 13 (2) (2002): 36-50 にある。
35. 選挙詐欺は、他の汚職とはちがう測り方をするし、ほとんどの汚職を把握するための認識指数には含まれていない。選挙不正の指標として使えるもの——たとえばアンケートに基づく汚職指数——は、しばしばかなり印象に基づくもので、選挙監視にやってきた外国の観察者が集めたものが多い。
36. R. Hausmann and R. Rigobon, "In Search of the Black Swan: Analysis of the Statistical Evidence of Electoral Fraud in Venezuela," *Statistical Science* 26 (4) (2011): 543–63.

series.html, 2016年7月12日アクセス。

20. 以下にある情報を参照: http://www.publicintegrity.org/2003/01/06/3160/most-favored-corporation-enron-prevailed-federal-state-lobbying-efforts-49-times, 2016年2月24日。

21. たとえば2015年のギャラップ世論調査の結果を見てほしい。ここではアメリカ人の75%が、「この国の政府内では汚職が蔓延しているでしょうか?」という問いに、「はい」と答えている。この調査についての議論は以下を参照: http://www.gallup.com/poll/185759/widespread-govemmentcorruption.aspx, 2016年7月11日アクセス。

22. D. Igan, P. Mishra, and T. Tressel, "A Fistful of Dollars: Lobbying and the Financial Crisis" (National Bureau of Economic Research [NBER], Working Paper No. 11085), 2011.

23. 関連した問題として、選出された公職者たちは、自分が監督するはずの古参官僚たちが提供する情報の囚人になってしまうというものがある。これを提起したのはマックス・ウェーバーだ。これは企業による影響力の売り込み問題とは別だが、同じ源、つまり選出された政治家たちが政策や専門技能を欠いているという問題から生じている。M. Weber, *Economy and Society*, ed. G. Roth and C. Wittich (Berkeley: University of California Press, 1978) 参照。

24. M. Bertrand, M. Bombardini, and F. Trebbi, "Is It Whom You Know or What You Know? An Empirical Assessment of the Lobbying Process," *American Economic Review* 104 (12) (2014): 3885–920.

25. 上院議員や下院議員の職員たちを雇うロビイング企業の売上を検討した別の研究によれば、ロビイストの売上は旧雇い主が政府から引退したとたんに激減するとのこと。この研究の著者たちによれば、企業がロビイストのサービスに喜んでお金を出す理由は、技能よりは政府とのコネだという。J. Blanes i Vidal, M. Draca, and C. Fons-Rosen, "Revolving Door Lobbyists," *American Economic Review* 102 (7) (2012): 3731–48 参照。

26. 2010年2月17日 *Washington Post-ABC News* 世論調査での報告、http://www.washingtonpost.com/wp-dyn/content/article/2010/02/17/AR2010021701151.html, 2016年6月7日アクセス。

27. 党派的な恩顧主義が、出資者指名の正当性を歪めるという恥ずかしい実例が、ジョージ・ツニスだ。ツニスはオバマ政権がノルウェー大使候補とし

15. "Making a Killing on Contracts: How Italy's Mafia Has Plundered EU Building Funds," *The Daily Telegraph*, October 20, 2012, http://www.telegraph.co.uk/news/worldnews/europe/italy/9622553/Making-a-killing-on-contracts-how-Italys-Mafia-has-plundered-EU-building-funds.html, 2016年8月10日アクセス.
16. 私たちの官僚汚職と政治汚職の区別は、汚職をだれが行うかに基づいていることに注意しよう。画期的な研究である S. Rose-Ackennan, *Corruption: A Study in Political Economy*（New York: Academic Press, 1978）は「立法的」不正と「官僚的」不正を区別する。これは実行者よりも活動分野に基づく区別だ。ローズ＝アッカーマンは立法的不正を、立法において影響力を行使したり票を買ったりするものとし、官僚的不正を、法の施行における違法活動だとしている。彼女が立法的不正と定義しているものの相当部分は必ずしも違法ではなく、むしろ私たちが圧力団体政治と呼ぶものに属する。
17. 私たちの知るあらゆる民主主義国では大半の現職者は再出馬するが、現職が再出馬する度合いには国ごとにかなりの差があり、それと関連して、その再選確率も開きがある。たとえばアメリカでは、国レベルの政治家はすべて再出馬するし、その場合にはかなりの現職者有利を享受する。インドでは、再出馬する現職者は7–8割で（ただし上昇中）、現職者は選挙でむしろ不利になることもある。アメリカ議会の現職者有利については A. Gelman and G. King, "Estimating Incumbency Advantage without Bias," *American Journal of Political Science*（1990）: 1142–64 参照。インドその他の現職者不利については M. Klašnja, "Corruption and the Incumbency Disadvantage: Theory and Evidence," *Journal of Politics*（近刊）を参照。現職者不利の可能性についての問題は、興味深い論争を引き起こした。A. Fowler and A. B. Hall, "No Evidence of Incumbency Disadvantage," 未刊行論文, 2016参照。
18. この見方は I. Iyer and A. Mani, "Traveling Agents: Political Change and Bureaucratic Turnover in India," *Review of Economics and Statistics* 94（3）（2012）: 723–39 での分析で支持されている。
19. ウォルマートのメキシコにおける不正をめぐるピューリツァ賞受賞の記事は、*New York Times* の記者 David Barstow によるもので以下にある：http://www.nytimes.com/interactive/business/walmart-bribery-abroad-

標は企業と政府との汚職関係を反映しがちだ。だからこうしたアンケートの性質から、汚職の定義を違法活動だけに制限するほうがさらに有益だということになる。事業主は、自分が事業目的で賄賂を払うよう圧力を受けているかどうかにきわめて敏感だが、公職者のふるまいが、一般市民に不適切と思われるものかどうかについては、あまり気にしないか、そもそも知らない。だからトランスペアレンシー・インターナショナル（TI）のものの根底にあるアンケートや、他の指標は、厳密に違法なものだけを指すわけではないが、ほとんどの回答者が活動する一般的な環境は、公共契約や規制プロセスの歪曲を彼らの回答で最もありそうな参照点にしている。こうした手法に関する私たちの理解に特に影響を与えたのは C. Arndt and C. Oman, *Uses and Abuses of Governance Indicators* (Paris: OECD, 2006) で、これは認識指数の多くの側面についての詳細な批判を行っている。指数の問題について考えるための、別の便利な参考文献としては B. Hoyland, K. Moene, and F. Wiliumsen, "The Tyranny of International Index Rankings," *Journal of Development Economics* 97 (1) (2012): 1–14 がある。

11. M. Razafindrakoto and F. Roubaud, "Are International Databases on Corruption Reliable? A Comparison of Expert Opinion Surveys and Household Surveys in Sub-Saharan Africa," *World Development* 38 (8) (2010); 1057–69.
12. 専門家は、質問の実際の用語にもかかわらず、一般人が払う賄賂に加えて企業が支払う賄賂も暗黙のうちに念頭に置いているため、汚職の頻度を過大に推計することは考えられる。また企業は一般人よりも賄賂をよこせと脅される回数が多いことも考えられる。これは企業のほうが政府職員とやりとりを行う回数が多いということからだけでもあり得るだろう。だが専門家の認知は、単に汚職ランキングについての世界的なコンセンサスを追認しているというほうがありそうだ。というのも、専門家の回答は世界的に行われている他の専門家アンケートともきわめて相関が高いからだ。
13. 関心ある読者は、以下の論文に事後分析的経済研究の入門がある。E. Zitzewitz, "Forensic Economics," *Journal of Economic Literature* 50 (3) (2012): 731–69.
14. M. A. Golden and L. Picci, "Proposal for a New Measure of Corruption, Illustrated with Italian Data," *Economics and Politics* 17 (1) (2005): 37–75.

Kousser, "Turnout and Rural Corruption: New York as a Test Case," *American Journal of Political Science* 25 (4) (1981): 646-63 から採った。ハンガリーにおける有権者恫喝を記録した最近の研究が I. Mares and L. E. Young, "The Core Voter's Curse: Coercion and Clientelism in Hungarian Elections," 未刊行論文, 2016.

5. J. C. Scott, *Comparative Political Corruption* (Englewood Cliffs, N.J.: Prentice-Hall, 1972), chap. 1.
6. アニェッリ事例の詳細については M. Faccio, "Politically Connected Firms," *American Economic Review* 96 (1) (2006): 369–86 参照。
7. 研究結果を報じているのが M. G. Findley, D. Nielson, and J. Sharman, *Global Shell Games: Experiments in Transnational Relations, Crime, and Terrorism* (New York: Cambridge University Press, 2014).
8. たとえば "Panama Papers Reveal Wide Use of Shell Companies by African Officials," *New York Times*, July 25, 2016, http://www.nytirnes.com/2016/07/25/world/americas/panama-papers-reveal-wide-use-of-shell-companies-by-african-officials.html?_r=o を参照。パナマ文書についてもっと詳しくは、International Consortium of Investigative Journalists の設立した以下のウェブサイトを参照: https://panamapapers.icij.org/, 2016年12月7日アクセス。
9. 法的な訴追は、総合的な汚職頻度の指標として信頼性は劣るものの、他の面で有用かもしれない。たとえば、司法が国の中で地域ごとにあまり格差のない標準的な形で行動しているなら——たとえば汚職捜査が連邦当局により行われる場合など——訴追はその国の地域ごとに汚職がどう変動しているかの指標としてそれなりに使える。アメリカにおける州ごとの汚職を見るのに訴追件数を使う研究の例としては J. E. Alt and D. D. Lassen, "Political and Judicial Checks on Corruption: Evidence from the American States," *Economics & Politics* 20(1) (2008): 33–61; および R. Fisman and R. Gatti, "Decentralization and Corruption: Evidence from U.S. Federal Transfer Programs," *Public Choice* 113 (1) (2002): 25–35 などがある。
10. 世界銀行も、他の組織の調査に基づく類似の指標を創っている。CPIと世界銀行の汚職抑制指数は、元になっている指標が少しちがっているし、また指数計算の数式もちがうが、実際問題としてほとんど交換可能なものだ。多くのアンケート回答者は事業主なので、CPIや世界銀行指数のような指

したい。これを広めたのは J. A. Schumpeter, *Capitalism, Socialism, and Democracy* (New York: Harper & Row, 1962)〔『資本主義、社会主義、民主主義』I、II巻、大野一訳、日経BP、2016〕である。また M. P. Fiorina, *Retrospective Voting in American National Elections* (New Haven: Yale University Press, 1981) が提唱し、その後 J. Ferejohn, "Incumbent Performance and Electoral Control," *Public Choice* 50 (1-3) (1986): 5-25 が定式化した懐古的投票の理論も参照のこと.

11. 彼らの議論のわかりやすい説明としては D. Acemoglu and J. A. Robinson, *Why Nations Fail: The Origins of Power, Prosperity, and Poverty* (New York: Crown Publishing, 2012).
12. 自己強制的なものとしての民主主義制度（人々が正式なルールに自ら従おうとするという意味において）という理解は、部分的には A. Przeworski, "Self-enforcing Democracy," B. R. Weingast and D. Wittman, eds., *Oxford Handbook of Political Economy*, Oxford Handbooks of Political Science (New York: Oxford University Press, 2008) 所収と J. D. Fearon, "Self-enforcing Democracy," *Quarterly Journal of Economics* 126 (4) (2011): 1661-708 に基づく。

第2章　汚職とは何だろう？

1. http://www.transparency.org/what-is-corruption#define, を参照。2016年12月4日アクセス。
2. TIの定義は、他に実に様々な濫用を含んでいる。たとえば宗教機関による子供の性的虐待などだ。これは信頼により与えられた権力の文句なしに不道徳な濫用だが、定義をここまで何でも含むように広げると、その有用性も薄まってしまうと私たちは考える。
3. イタリアの経済学者ステファーノ・ガグリアルドゥッチとマルコ・マナコルダによる研究は、政治家が選出されると地元企業はその政治家の姓を持つ労働者を雇いがちになることを示した。ガグリアルドウッチとマナコルダはこの証拠をもとに、政治家に対するご褒美として現金ではなく縁故採用が行われているとしている。S. Gagliarducci and M. Manacorda, "Politics in the Family: Nepotism and the Hiring Decisions of Italian Firms," 未刊行論文, 2016参照。
4. 19世紀ニューヨーク州北部での投票買収事例は、G. W. Cox and J. M.

になっている。古い見方についてはS. P. Huntington, *Political Order in Changing Societies*（New Haven: Yale University Press, 1968）〔『変革期社会の政治秩序』上下巻、内山秀夫訳、サイマル出版会、1972〕; N. H. Leff, "Economic Development through Bureaucratic Corruption," *American Behavioral Scientist* 8 (2) (1964): 8–14; J. C. Scott, *Comparative Political Corruption* (Englewood Cliffs, N.J.: Prentice-Hall, 1972).

4. 汚職＝便益曲線は、やがて右肩下がりになるように描いている。というのも賄賂の利得は、他の贈賄者との競争が激化すると下がると思われるからだ。

5. あるいはもっと正確には、これを理解するというのは大きな知的課題であり、完全に満足いく研究結果はないものの、多くの人が解決しようとしているはずだと私たちは考える。

6. この逸話の初出はR. Fisman and T. Sullivan, *The Org: The Underlying Logic of the Office* (Princeton: Princeton University Press, 2013)〔『意外と会社は合理的』土方奈美訳、日本経済新聞出版社、2013〕.

7. もっと最近では M. Gladwell, *The Tipping Point: How Little Things Can Make a Big Difference* (Boston: Little, Brown, 2002)〔『ティッピング・ポイント：いかにして「小さな変化」が「大きな変化」を生み出すか』高橋啓訳、飛鳥新社、2000／『急に売れ始めるにはワケがある』高橋啓訳、SB文庫、2007〕がティッピング・ポイントの概念を普及させた。シェリングが先鞭をつけた「しきい値モデル」の図示としてはM. Humphreys, *Political Games: Mathematical Insights on Fighting, Voting, Lying, and Other Affairs of State* (New York: Norton, 2016), item 43 を参照.

8. 私たちの近代化理論の説明は、特に S. M. Lipset, *Political Man: The Social Bases of Politics* (expanded ed.) (Baltimore: Johns Hopkins University Press, [1963] 1981) の恩恵を受けている；また S. P. Huntington, *Political Order in Changing Societies* (New Haven: Yale University Press, 1968) が提示した拡張版の変種にも影響を受けた。

9. 経済学者アン・クルーガーは古典的な1974年論文で「レントシーキング」という用語を提案した。A. O. Krueger, "The Political Economy of the Rent-Seeking Society," *American Economic Review* 64 (3) (1974): 291–30 参照。

10. ここで読者には、民主主義が政治エリート同士の競争だという見方を示唆

注

1. J. C. Scott, *Comparative Political Corruption* (Englewood Cliffs, N.J.: Prentice-Hall, 1972).
2. S. Rose-Ackerman, *Corruption: A Study in Political Economy* (New York: Academic Press, 1978).

第1章　はじめに

1. この方向性での理由づけに対する反対の一つは、汚職がなければ政府契約への応札の競争性がずっと高まる、というものだ。公共契約が腐敗していると、賄賂を出せない企業は贈賄企業に絶対太刀打ちできないから、という。結果として、贈賄企業が実質的には業界を独占し、賄賂は正直な競争者にとって参入障壁となる。さらに汚職があると、企業は手抜きをして差額を懐に入れる——たとえば地震で倒壊するような学校を建てる——おかげで、政府が支払う金額の増額ではなく、費用の低さで競争するようになる。でもこの反対は、さっき私たちが述べた論点に戻ってくる。汚職があたりまえのところでは、市場が大幅に歪んでしまうので、それなしの世界がどんなものかはなかなかわからないのだ。全体として私たちとしては、こうした歪曲は業界内部の人々には有利だが、将来的な事業主コミュニティ全体にとっては不利なものだと論じる。
2. T. C. Schelling, *Micromotives and Macrobehavior* (New York: W. W. Norton, 1978)〔『ミクロ動機とマクロ行動』村井章子訳、勁草書房、2016〕
3. 汚職研究の第一波は、集中的な植民地の廃止と低開発国が新たに勝ち取った独立の時期に起きたもので、一般人が汚職についてどう考えるかについて、まったくちがう図式を明らかにしている。1960年代と70年代に執筆していた政治学者や経済学者たち、たとえばサミュエル・ハンチントン、ナサニエル・レフ、ジェームズ・C・スコットなどは、新独立国の有権者たちについて、汚職取引の熱心な参加者として描いている。これはしばしば公職者の適切な役割や責任に関するまったくの無知からくるものであることが多かった。だが今日では、世界最貧国の有権者ですら、もっと洗練されてきて、民主的規範についての認識も高まり、公職違反についても敏感

【ナ行】

【ハ行】

【サ行】

【タ行】

索引

【著者】

レイ・フィスマン（Ray Fisman）

ボストン大学スレーター家「行動経済学」寄付講座教授。著書に『会社は意外と合理的』（ティム・サリバンと共著、日本経済新聞出版社）。『悪い奴ほど合理的』（エドワード・ミゲルと共著、NTT出版）。

ミリアム・A・ゴールデン（Miriam A. Golden）

カリフォルニア大学ロサンジェルス校政治学教授。コーネル大学でPh.D.を取得。ヨーロッパ、アジア、アフリカの腐敗や不正行為のフィールド研究に取り組む。現在のプロジェクトとしてパキスタンの政治における反応の実験デザインを行っている。

【訳者】

山形浩生（やまがた・ひろお）

1964年生まれ。東京大学都市工学科修士課程およびMIT不動産センター修士課程修了。途上国援助業務のかたわら、翻訳および各種の雑文書きに手を染める。著書に『第三の産業革命』（角川インターネット講座10）ほか。訳書にバナジー＆デュフロ『貧乏人の経済学』（みすず書房）、ピケティ『21世紀の資本』（共訳、みすず書房）、オライリー『WTF経済』（オライリージャパン）、ブーシェイ他『ピケティ以後』（共訳、青土社）ほか。

守岡桜（もりおか・さくら）

翻訳家。訳書にピケティ『21世紀の資本』（みすず書房）、ウィーラン『統計学をまる裸にする』（日本経済新聞出版社）、シラー『それでも金融はすばらしい』（東洋経済新報社）、ブーシェイ他『ピケティ以後』（以上共訳、青土社）ほか。

【解説者】

溝口哲郎（みぞぐち・てつろう）

1973年生まれ。高崎経済大学経済学部教授。オタワ大学（カナダ）でPh.D.（経済学）を取得。研究分野は腐敗・汚職の経済学および公共経済学。著書に『国家統治の質に関する経済分析』（三菱経済研究所）。

コラプション
——なぜ汚職は起こるのか

2019年10月30日　初版第1刷発行

著　者————レイ・フィスマン+ミリアム・A・ゴールデン
訳　者————山形浩生＋守岡桜
発行者————依田俊之
発行所————慶應義塾大学出版会株式会社
〒108-8346　東京都港区三田2-19-30
TEL〔編集部〕03-3451-0931
〔営業部〕03-3451-3584〈ご注文〉
〔　〃　〕03-3451-6926
FAX〔営業部〕03-3451-3122
振替　00190-8-155497
http://www.keio-up.co.jp/
装　丁————米谷豪
ＤＴＰ————アイランド・コレクション
印刷・製本——中央精版印刷株式会社
カバー印刷——株式会社太平印刷社

Printed in Japan ISBN 978-4-7664-2626-7